Le Treizième Siècle
littéraire et scientifique,
par A. Lecoy de la Marche.

— COLLECTION LITTÉRAIRE. —

Société de Saint-Augustin,
DESCLÉE, DE BROUWER & Cⁱᵉ,
1895.

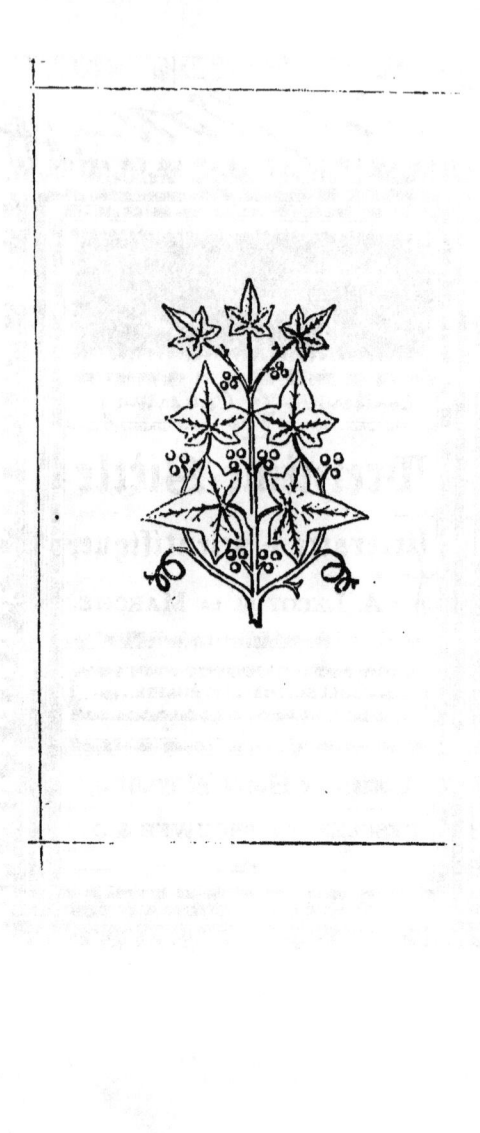

8° Z
14244

Le Treizième Siècle
littéraire et scientifique,
par A. LECOY DE LA MARCHE.

—◉— COLLECTION LITTÉRAIRE. —◉—

Société de Saint-Augustin,
DESCLÉE, DE BROUWER & Cⁱᵉ,
1894.

TOUS DROITS RÉSERVÉS.

Préface.

Le treizième siècle occupe dans le moyen âge la place que tient dans l'antiquité le siècle de Périclès, dans les temps modernes le siècle de Louis XIV. Il est, comme eux, le point culminant d'une longue période, l'expression la plus élevée des aspirations et de l'esprit d'une société organisée d'une façon particulière. En retraçant précédemment l'histoire du grand roi qui le personnifie, j'ai rencontré sur mon chemin presque toutes les grandes questions politiques et sociales que peut soulever l'étude du moyen âge: en peignant aujourd'hui le tableau des lettres et des sciences au temps de saint Louis, j'esquisserai forcément l'état intellectuel de la nation française durant près d'un millier d'années.

Le treizième siècle peut donc être considéré à bon droit comme une entité et comme une synthèse. Il marque même parmi les grandes époques de l'histoire, parmi celles qui ont exercé sur les destinées de l'humanité une influence décisive. Supérieur aux âges précédents sur beaucoup de points, inférieur aux âges suivants par quelques côtés seulement, c'est avant tout un siècle de progrès. Dans le domaine de la théologie, dans celui de la philosophie, le pas franchi par ses docteurs est énorme. Pour la haute éloquence, pour la poésie épique, il reste à peu près stationnaire ; mais, pour les autres genres poétiques et pour la plupart des genres de la prose, pour l'histoire, pour la géographie, pour les sciences physiques et mathématiques, sa marche en avant est nettement accusée. C'est là une vérité qu'on ne peut plus contester, et que l'on contestera moins encore, j'ose l'espérer, après la lecture des pages qui suivent. Le temps est passé où l'on jetait impunément à la face des siècles chrétiens par excellence le reproche d'ignorantisme, de somnolence et d'immobilité. La critique moderne a fait justice de ces accusations, dictées par la routine ou le parti-pris : en cherchant simplement la lumière, elle est arrivée à proclamer que notre civilisation tout entière est issue du moyen âge.

C'est à cette œuvre de réparation tardive, qui sera l'éternel honneur de notre époque, que ce livre a la prétention d'apporter une modeste contribution. Ses visées sembleront peut-être un peu moins téméraires, si l'on songe qu'il est le résultat d'une longue série d'études spéciales. Déjà, en effet, cinq ou six volumes ont été consacrés par l'auteur aux hommes ou aux choses du treizième siècle, et celui-ci à son tour sera suivi d'un autre qui en formera le complément naturel, traitant de l'histoire des arts durant la même période. En outre, la plupart des matières qui font l'objet de ces différentes publications ont été abordées dans la chaire d'histoire de l'Université catholique de Paris, au temps où cette tribune était debout; temps heureux, que j'ai dû expier depuis par plus d'une souffrance, mais où il m'a été donné, en revanche, de goûter une des joies les plus pures que l'homme puisse éprouver ici-bas, celle de faire passer directement ses convictions et ses sentiments dans l'âme de ses semblables. Quelques-uns des mêmes sujets ont été également effleurés, sous une forme plus concise et plus rudimentaire, dans les conférences de la salle Albert le Grand, où la fondation de l'enseignement supérieur libre des jeunes filles m'a valu ensuite, avec des amertumes d'un autre genre, des encouragements on ne peut plus précieux. Qu'on me pardonne de saluer en passant toutes ces sympathies qui sont venues à moi comme une consolation dans les jours d'épreuve !

Je me suis efforcé de rendre moins indignes d'elles, moins indignes du grand public, auquel je les adresse aujourd'hui, ces études d'histoire littéraire, inspirées avant tout par l'amour de la vérité. En leur donnant leur forme définitive, j'ai tenu à les compléter, à les appuyer sur des preuves plus solides, sur des citations et des exemples plus nombreux. Je me suis souvenu, en un mot, des égards que je devais au lecteur, et, s'il trouve encore dans ces pages trop d'imperfections, il est, du moins, un faible mérite qu'il voudra bien, je l'espère, reconnaître à l'écrivain : celui d'avoir été, à l'instar des penseurs du treizième siècle, un chercheur obstiné.

Chapitre premier. — La langue.

SOMMAIRE. — Origine de la langue française. — Part tout à fait prépondérante de l'élément latin dans sa composition ; influence des livres saints et de l'autonomie française. — Déformation graduelle des mots et de la syntaxe chez les peuples latins. — Premiers monuments de l'idiome vulgaire. — Ses progrès et son énorme extension au XIIIe siècle. — Règles grammaticales suivies à cette époque. — Le latin des clercs et des écoles ; ses caractères, son usage. — La connaissance du grec, des langues orientales, des langues vivantes.

QUICONQUE veut étudier sérieusement l'état intellectuel d'une époque ou d'un pays, doit porter d'abord son attention sur les deux véhicules ordinaires de toute science et de toute littérature : la langue et l'enseignement. La logique veut donc que nous examinions en premier lieu l'idiome employé au treizième siècle et toutes les questions subsidiaires qui s'y rattachent ; car, avant d'écrire ou de lire, il faut savoir parler ou comprendre, et, pour se familiariser avec des monuments littéraires quelconques, il faut préalablement connaitre l'instrument dont les auteurs se sont servis pour exprimer leurs pensées.

Cette étude particulière offre plus d'un genre d'intérêt. Elle embrasse trois points différents, répondant à autant de variétés de langage. Il y a, en effet, au temps de saint Louis, une langue vulgaire complètement formée (langue d'oïl ou langue doc), qui est d'un usage général pour la parole et d'un usage de plus en plus fréquent pour les monuments écrits. Il y a une langue savante, la langue des clercs et des écoles, c'est-à-dire le latin, un latin particulier et d'un emploi restreint. Il y a enfin, comme en tout temps, des langues complètement étrangères, mortes ou vivantes, que l'on étudie plus ou moins, dans le seul but d'entretenir un commerce, soit avec des auteurs anciens, soit avec des contrées lointaines. Nous allons nous occuper successivement de ces trois sujets.

Le langage, à son origine, est un don divin, fait à l'homme dans les premiers jours du monde. Il est la manifestation de la pensée, il en est le signe extérieur ; il a dû exister, en principe, dès le moment où le Créateur a insufflé son esprit dans sa créature privilégiée. Il est donc à lui seul une preuve de l'existence de l'âme et de la barrière infranchissable qui sépare la race humaine des autres espèces animées. Prenez l'être le plus rapproché de l'homme, perfectionnez-le, sélectionnez-le pendant mille ans, pendant quarante siècles ; vous n'obtiendrez tout au plus qu'un de ces charmants animaux domestiques dont on dit : il ne lui manque que la parole. Oui, mais il lui manquera toujours la parole. Qu'on me trouve un singe qui se soit entendu une seule fois avec un de ses semblables pour articuler des mots et attacher à chacun d'eux un sens précis, et je croirai à l'origine simienne de l'humanité. Ainsi, le langage en soi est une grande chose ; il est, au fond, la marque de l'unité de notre espèce et de sa supériorité éternelle. Mais, de même que Dieu a lancé les astres dans l'espace en leur disant : Roulez maintenant suivant les règles naturelles que je vous ai tracées ; il a livré les facultés de l'homme à leur propre essor, et la parole humaine n'a plus été soumise ensuite qu'aux lois de transformation régulière imposées par les événements, par les migrations des peuples, par les révolutions providentielles du monde. A partir de la dispersion de Babel, qui, sous l'apparence d'un châtiment, cachait un point essentiel du plan divin (car Dieu voulait qu'il y eût sur la terre des peuples différents, que l'humanité vécût en sociétés distinctes, et la confusion des langues était déjà la fondation de ces nationalités), à partir de ce moment, le langage, toujours un dans son principe, a revêtu des formes variées, qui se sont modifiées en sens divers sous des influences diverses, mais qui se sont groupées cependant en quatre ou cinq grandes familles : la famille indienne, la famille persane, la famille germanique, la famille celtique, la famille pélasgique. A cette dernière appartient la langue latine, et la langue latine est la mère de la nôtre.

En disant que le latin a produit le français, l'on ne dit peut-être pas assez ; cela a l'air d'une affirmation banale, d'un fait indéfini et vague. Il faut ajouter que *le français n'est autre chose que le latin transformé.* On croit assez communément que notre langue est le résultat du mélange de plusieurs idiomes anciens. Mais non ; les autres idiomes n'ont eu sur sa constitution qu'une influence insignifiante, à peine appréciable. De ce qu'on trouve un certain nombre de mots français issus du grec, du celtique ou du germain, il ne s'ensuit pas qu'il y ait eu un amalgame de ces divers éléments et qu'ils se soient combinés à l'origine pour former un dialecte nouveau. La science philologique a fait trop de progrès pour que l'on puisse rééditer cette vieille théorie. Pour ce qui est du grec, il y a eu des mots de cette langue importés dans la nôtre ; mais comment ? La plupart sont des termes savants, de création récente, forgés par les hommes de la Renaissance ou même plus tard, alors que le français avait depuis longtemps son existence régulière et sa terminologie complète ; ce sont des mots techniques, comme *philologie, philharmonique, calligraphie*, etc., ou bien ce sont des expressions qui ont passé d'abord du grec dans le latin, puis du latin dans le français, et qui, par conséquent, ne nous sont pas venues directement de leur forme originelle. On n'en trouverait guère en dehors de ces deux catégories ; et rien de plus naturel, car on ne comprenait pas le grec en France au moyen âge, sauf quelques hommes d'étude, et on ne le parla jamais en Gaule qu'à Marseille, qui était une ancienne colonie de Phocéens, ou dans un rayon très borné autour de cette ville.

L'influence de la langue celtique aurait dû être bien plus considérable, puisque cette langue était l'idiome primitif, l'idiome natif des habitants de la Gaule. Pourtant il n'en est rien : les radicaux celtiques sont en très petite minorité dans les mots français, et le dialecte maternel des Gaulois, nos pères véritables, n'a laissé que des traces fort effacées, avec lesquelles toute la science moderne a bien de la peine à reconstituer un embryon de vocabulaire. On a remarqué seulement que nous devions à son empire involontaire, outre certaines expressions, la substitution des syllabes sourdes et nasales aux syllabes sonores correspondantes en usage chez les Romains : *in, un, an, on,* pour *ine, oune, ane, one,* etc. La prononciation celtique a influé de bien d'autres façons sur la déformation du latin ; mais très peu de mots celtiques se sont perpétués. Ce phénomène, quoique plus étonnant, peut s'expliquer aussi. En acceptant le joug, les institutions, les mœurs de Rome, la Gaule avait adopté avec empressement sa manière de parler ; elle s'était faite romaine tout entière. Il s'était passé pour elle le contraire de ce qui se passa pour la Grèce lorsqu'elle fut conquise par les Romains : la république latine se prit d'enthousiasme pour le peuple hellénique et se mit à l'imiter en tout ; les vaincus subjuguèrent les vainqueurs ; mais en Gaule les vainqueurs demeurèrent les maîtres en tout, et s'annexèrent les vaincus matériellement et moralement. Pourquoi cette différence radicale ? Parce que la Grèce conquise était plus civilisée que Rome conquérante, tandis qu'au contraire Rome conquérante était plus civilisée que la Gaule conquise. L'influence dominante, en pareil cas, finit toujours par rester au peuple le plus avancé, car le progrès est contagieux. La preuve, c'est que l'inverse eut lieu quand les Germains à leur tour occupèrent le sol gaulois : étant plus barbares que les populations de ce sol, ils ne purent les convertir à eux ; mais ce furent eux-mêmes qui adoptèrent peu à peu leurs habitudes, leurs mœurs, leur religion. La Gaule avait été latinisée ; elle ne fut point germanisée.

Ceci nous fait comprendre, à la fois, comment il subsista sur notre terre si peu de vestiges de la langue celtique, et comment la langue germanique y jeta si peu de racines. Cependant, sur les trois éléments étrangers au latin, c'est ce dernier qui déteignit, pour ainsi dire, sur le Français dans la proportion la plus forte, ou plutôt la moins faible, par suite du contact intime et prolongé des nouveaux habitants et des anciens. Nous avons relativement un assez grand nombre de mots à racine germanique. Mais qu'on ne s'y trompe pas ; ces termes ne furent point dès l'abord naturalisés gaulois ; les descendants des Celtes ne les employèrent pas au même titre que ceux de la langue maternelle. Ils les empruntèrent par suite de cet esprit d'imitation qui s'est perpétué chez nous comme une tradition nationale, et qui nous fait aujourd'hui encore emprunter à nos voisins les mots de *sport*, *rail*, *beefsteak*, et tant d'autres. Ces derniers mots sont-ils francisés pour cela ? La chose serait difficile, en raison de leur structure. Eh bien ! ceux que nos aïeux répétaient pour les avoir entendus fréquemment dans la bouche des Francs n'étaient pas davantage gallicisés ou romanisés. C'est seulement à la longue qu'une partie d'entre eux parvint à s'acclimater, mais à la condition de s'adoucir et de se latiniser : nos gosiers n'étaient point faits pour les rudes aspirations germaniques, et le nom de *Chlodovechus*, pour citer un exemple entre mille, ne s'est répandu chez nous que le jour où il s'est présenté sous la forme plus élégante et plus civilisée de *Ludovicus* ou *Louis*. Donc, à l'origine, l'élément germain n'a presque pas contribué non plus à la formation de notre langue.

Tous ces pseudo-collaborateurs écartés, que reste-t-il comme auteur direct de l'idiome que nous parlons ? Le latin, et le latin seul. Sur mille mots français, il y en a bien neuf cent quatre-vingt-dix-neuf qui n'ont pas d'autre provenance que le latin. Seulement, ils ne viennent pas tous en droite ligne du latin pur, du latin classique ; beaucoup viennent d'un latin vulgaire, corrompu, ou du moins modifié, qui servit d'intermédiaire entre le langage des beaux temps de la république romaine et le français primitif. Comment s'opéra la substitution de cette basse latinité à cette latinité antique ? Par quelles causes, de quelle manière et sous l'empire de quelles circonstances se forma cet idiome, innommé jusqu'à présent, qui n'est plus le latin proprement dit, qui n'est pas encore le roman, mais qu'on peut appeler presque aussi justement de l'un ou de l'autre de ces noms, puisqu'il tient le milieu entre les deux ? Voilà la question capitale, voilà le point vraiment intéressant, et là gît tout le secret des origines de notre langue. Car il ne s'agit pas seulement de découvrir et de démontrer comme quoi telle syllabe a fléchi de telle façon, comme quoi les désinences sont tombées, comme quoi ce vocable ancien a produit ce vocable nouveau. Tout cela, les philologues de nos jours l'ont fait avec succès ; ils le font encore, et ils font bien. Mais la philologie ne doit pas se cantonner dans la constatation de ces phénomènes ; elle ne doit pas se confiner dans le fait pur et simple, sous peine de rétrécir l'esprit de ses adeptes en le concentrant sur des infiniment petits. Elle doit s'élever plus haut, et rechercher les causes ; elle doit tirer de la connaissance des mots la connaissance des choses elles-mêmes, et en faire jaillir des lumières nouvelles pour l'histoire intellectuelle et morale de l'humanité. Voilà comment cette science peut acquérir une véritable portée sociale ; voilà comme je la comprendrais, avec la synthèse jointe à l'analyse, avec la philosophie de la linguistique. Pourquoi ne viserait-elle pas, par exemple, à établir sur des bases certaines la loi de la migration des peuples et l'unité de la race humaine ? Pourquoi n'étudierait-elle pas dans les locutions d'origine germanique les mœurs des Germains ? On peut bien reconnaître les caractères de la nation anglaise à l'aide des mots qu'elle a importés chez nous.

J'en citais trois: *sport, rail, beefsteak*. Un observateur conclura de leur propagation toute particulière que les Anglais sont amateurs de courses, qu'ils sont d'habiles ingénieurs, qu'ils sont de grands mangeurs, et il ne se trompera pas. Pourquoi ne pas appliquer le même système aux importations plus anciennes, puisque les termes qui se répandent le plus sont toujours ceux qui correspondent aux idées ou aux objets le plus en faveur? Mais on n'a guère compris ainsi la philologie jusqu'à ce jour.

Essayons en deux mots de déterminer les causes immédiates qui amenèrent, par l'altération du latin, la formation de notre langue primitive, et de démêler les rapports de ce grand enfantement avec les événements de l'époque ou avec l'état de la société. Ceci est nécessaire pour expliquer le développement rapide de notre idiome national et son magnifique épanouissement au treizième siècle.

Deux faits, d'une portée immense dans l'histoire de la Gaule, me paraissent avoir particulièrement influé sur le phénomène dont je parle : le changement de croyance religieuse et le changement de régime politique. Il peut sembler étonnant, au premier coup d'œil, que la religion chrétienne soit pour quelque chose dans les modifications de la forme donnée chez nous à l'expression de la pensée. Il en est ainsi cependant, et il était écrit que la France devrait au christianisme non seulement sa constitution, non seulement sa force et sa grandeur, mais jusqu'à la tournure de son langage. Je m'explique. Dès que le pays fut converti à la foi (et cette conversion fut complète au quatrième siècle, après l'apostolat de saint Martin), un livre unique fut dans toutes les mains, un seul texte fut sur toutes les lèvres et dans tous les cœurs ; les pasteurs le répétaient journellement aux fidèles, les fidèles le récitaient à l'église : c'était la Bible, et spécialement l'Évangile. Or, tous ceux qui ont lu l'Évangile en latin savent que ce latin n'est pas celui de Cicéron ni de Virgile ; c'est un latin à part, mauvais pour les puristes, admirable pour ceux qui ne recherchent que la pensée, mais incontestablement différent de l'autre pour tout le monde. Ce qui le caractérise surtout, c'est la suppression presque constante des inversions, si fréquentes et si compliquées dans la latinité classique. La phrase est construite dans l'ordre logique de la pensée, comme dans l'hébreu, dont cette version est un calque aussi exact que possible. Eh bien ! cela, c'est la construction française. Les gens superficiels trouvent même le texte évangélique trop semblable au français, trop clair pour être du bon langage. Mais ce n'est pas lui qui s'est conformé au génie de notre langue, puisqu'elle n'existait pas encore ; c'est au contraire notre langue qui s'est modelée sur lui, ce sont nos aïeux qui, à force d'entendre l'Évangile, et les Pères, dont le style avait déjà subi l'influence de l'Évangile, et les prêtres qui commentaient et l'Évangile et les Pères dans la même forme, prirent peu à peu l'habitude de construire leurs propositions comme le faisaient autrefois les Hébreux, avec lesquels pourtant ils n'avaient nulle communauté d'origine, c'est-à-dire en mettant le sujet en tête, puis les adjectifs, puis le verbe, puis les régimes, et ainsi de suite. « *Cum ergo natus esset JESUS in Bethlehem Juda, in diebus Herodis regis, ecce magi ab oriente venerunt Jerosolymam, dicentes : Ubi est qui natus est rex Judæorum ? Vidimus enim stellam ejus in oriente, et venimus adorare eum.* » (Matth., II.) Jamais un Romain n'aurait bâti une phrase ainsi ; et jamais un païen n'aurait disposé ses mots comme le rédacteur du Symbole des apôtres : « *Credo in Deum, Patrem omnipotentem, creatorem cæli et terræ*, etc. » Voilà déjà la langue de l'Église, voilà la langue du nouveau peuple chrétien, voilà la future langue française, au moins quant à ce qui est de la construction et de l'allure générale. Je me borne à donner cette curieuse preuve de l'influence de la religion, quoiqu'on en puisse trouver d'autres, pour passer à l'influence des événements politiques.

La dislocation de l'empire d'Occident brisa le lien qui unissait la Gaule à la Rome antique. Les Gaulois conservèrent les apparences romaines, parce qu'ils s'étaient complètement assimilés à leurs vainqueurs ; mais aussitôt, ne cultivant plus les orateurs ni les écrivains classiques, n'entendant plus parler les vrais Romains, ils commencèrent à jargonner un peu : le génie national, la prononciation locale reprenaient facilement le dessus dès que le frein qui imposait l'unité n'existait plus. Il y avait bien eu chez les habitants du Latium même, et sans doute de tout temps, un idiome vulgaire et parlé, différent de l'idiome élégant qui servait à la littérature. Ce bas latin avait pénétré chez les Celtes, et il devait y être plus répandu que celui des écrivains et des poètes. Mais jusque-là il ne s'était que peu ou point déformé dans leur bouche : ils étaient obligés de parler comme la masse des sujets romains et de ne point trop s'écarter de la prononciation commune. Au contraire, à partir du moment où ils eurent à peu près reconquis leur autonomie, dans le courant du cinquième siècle, l'écart s'accentua promptement, les idiotismes se multiplièrent, les sons s'altérèrent de diverses façons ; de sorte qu'après une révolution dans la construction des phrases, produite en grande partie par la religion nouvelle, on eut une révolution dans la construction des mots, produite par la nouvelle organisation politique. Telles sont les deux grandes causes que j'avais à signaler et que l'on n'a pas assez remarquées. Tout conspira dès lors pour la formation rapide d'une langue nationale, qui devait bientôt s'appeler la langue romane ; et comme les mêmes causes se produisirent simultanément dans les autres contrées démembrées de l'empire romain, il faut expliquer de même la génération de tous les idiomes néo-latins. Ce qui se passa chez nous se répéta chez nos voisins du midi, en Provence, en Italie, en Espagne, et chacun de ces pays eut sa langue romane, cousine germaine de la nôtre : puis, avec le temps, celle-là devint le provençal, celle-là l'italien, celle-là l'espagnol, et la nôtre le français. Elles s'éloignèrent les unes des autres à mesure que les peuples eux-mêmes se séparèrent en nationalités indépendantes ; et ainsi les vicissitudes politiques continuèrent encore d'exercer un certain empire sur les modifications de la parole, quoiqu'en général les diversités de race produisent seules les diversités de vocabulaire.

Maintenant, il est évident que toutes ces opérations se firent spontanément et graduellement : ce sont là les deux conditions essentielles de la formation d'une langue. Personne, en Gaule ni ailleurs, ne s'est jamais dit : Créons une manière nouvelle de nous exprimer ; tronquons les mots, assourdissons les sons, syncopons les syllabes, afin d'avoir notre dialecte à nous, qui ne soit pas celui des autres. C'eût été le meilleur moyen de ne pas réussir ; car jamais un langage artificiel, inventé volontairement, n'a pu s'établir, et les tentatives de quelques rêveurs de nos jours pour unifier le dictionnaire ou la prononciation des différents peuples n'ont fait que confirmer davantage cette vérité historique. Il faut à de semblables enfantements la triple complicité du temps, du mystère et du génie particulier de la race. Ainsi, notre langue romane n'apparut véritablement formée qu'après un travail latent de plusieurs siècles, accompli sourdement dans les profondeurs des dernières couches populaires, sans que les collaborateurs s'en doutassent le moins du monde ; car ils croyaient toujours parler latin, et c'est par degrés infiniment petits, par des transitions tout à fait insensibles que s'opéra la révolution dont je parlais ; ce ne fut même pas une révolution (nous sommes habitués maintenant à attacher à cette expression une idée quelque peu violente) : ce fut plutôt une évolution.

Il se passa à cet égard à peu près la même chose que dans l'ordre politique : les Gaulois se considéraient encore comme sujets de Rome alors que l'empire romain n'existait plus, et, en obéissant à Childéric ou à Clovis, ils obéissaient surtout au patrice, au consul, au représentant de l'ancienne autorité ; ils avaient déjà des rois francs, qu'ils se croyaient encore gouvernés par des magistrats impériaux. De même, en recouvrant l'autonomie de langage, et en en usant largement, ils ne sentaient pas que l'abîme se creusait chaque jour entre la grammaire latine et la leur.

Déjà, cependant, nous trouvons des vestiges reconnaissables de ce travail souterrain aux cinquième et sixième siècles, en pleine époque barbare. Rien n'est plus curieux à recueillir que ces premiers bégayements d'un enfant qui est encore à peine né, pour ainsi dire, et qui deviendra un jour puissant et fort. A ce moment, les inscriptions lapidaires, les seuls monuments contemporains sur lesquels on puisse s'appuyer avec assurance, parlent français en latin, à l'inverse de la muse de Ronsard. Celles qu'a réunies M. Leblant, dans sa riche collection d'épigraphie chrétienne, nous fournissent à ce sujet des révélations merveilleuses. Sur les marbres funéraires, qui reproduisaient le vrai langage populaire du temps, on trouve des locutions comme celles-ci : « *Minester de templo ; filius de* [*tali*] ; *membra ad duos fratres.* » Est-ce du latin ? est-ce du roman ? On eût dit auparavant : « *Minister templi ; filius* [*talis*] ; *membra duorum fratrum.* » On dira bientôt : « Ministre du temple ; fils de tel ; les membres aux deux frères, » manière de parler vulgaire, pour « les membres des deux frères ». Mais de laquelle de ces deux formes se rapproche le plus la leçon des inscriptions ? On serait vraiment embarrassé de le dire. Dans le même recueil on lit encore *ispiritus*, ou *espiritus*, pour *spiritus* ; *aiutare*, pour *adjutare* ; *santa*, pour *sancta* ; *trienta*, pour *triginta*. Ne reconnait-on pas là un acheminement prononcé vers les mots *esprit, aider, sainte, trente* ? N'est-ce pas déjà l'embryon de ces mots eux-mêmes ? Puis, ce sont des noms en *is*, en *us*, des génitifs, des accusatifs, qui perdent la consonnance finale ; et ce raccourcissement, conforme à la prononciation, annonce déjà la suppression des désinences ou leur remplacement par un *e* muet. Certaines voyelles brèves sont omises : quelques-unes sont remplacées par d'autres, et l'*i*, par exemple, est changé fort souvent en *e*. Certains cas sont confondus ensemble, comme on le voit chez Grégoire de Tours lui-même, qui pourtant écrit une langue relativement savante. Toutes ces modifications sont autre chose que des accidents. Ce sont les règles fondamentales du roman ou du français qui se font pressentir ; c'est l'accent gallo-romain qui passe de la voix dans l'écriture, et il faut croire que l'on a parlé ainsi longtemps avant de commencer à écrire comme l'on prononçait.

Bientôt ces faits se généralisent, et la transformation des mots suit une marche uniforme, régulière ; ce qui prouve bien que nous sommes en face d'un effet naturel, produit par une cause universelle et permanente, et cette cause ne peut se trouver ailleurs que dans la prononciation. Une grande loi se dégage de l'ensemble des phénomènes qui s'opèrent ; cette loi est la plus belle découverte de la philologie contemporaine, et elle est la base de toutes les fécondes démonstrations faites en Allemagne par Diez, en France par MM. Guessard, Gaston Paris et Meyer. La voici : c'est que la syllabe accentuée des mots latins (car les Romains observaient la quantité en parlant aussi bien qu'en écrivant des vers) devient généralement la dernière syllabe des mots romans ; les voyelles qui suivaient l'accent tonique disparaissent ou deviennent muettes. *Epistola* se change en *épistle* ou *épistre* ; *Barbara* en *Barbe* ; *porticus* en *porche*, etc. Les Provençaux conservent bien l'*a* final de certains mots latins ; mais ils ne le prononcent pas plus que les Neustriens ne prononcent leurs *e* muets, pas plus que les Napolitains ne prononcent aujourd'hui l'*o* final des noms masculins italiens (*amata*, *amato* sonnent dans leur bouche comme *amat*). Tel est le signe caractéristique des langues néo-latines ; en y ajoutant la substitution des prépositions aux cas latins (*minister de templo* pour *minister templi*) et de l'analyse à la synthèse (*habeo amatum* pour *amavi*), on aura les trois règles principales, et presque sans exception, qui, préexistant en partie dans le latin populaire et spécialement dans celui de la Gaule, ont présidé à la formation du roman.

A en juger d'après les textes qui nous restent, cette formation paraît accomplie au neuvième siècle. La formule du serment d'alliance des fils de Louis le Débonnaire, rédigée en 842, nous montre un langage national indépendant, imparfait encore, mais déjà constitué, déjà parvenu à l'existence légale, puisqu'il figure dans une pièce officielle. Les sujets de Charles le Chauve sont assez étrangers au latin le plus barbare pour qu'on ne puisse plus l'employer en s'adressant à eux publiquement. Mais, j'en suis très persuadé, cet état de choses existait alors depuis un certain temps. Nous manquons de textes plus anciens pour établir le fait sur des preuves matérielles : néanmoins, d'après tous les indices, il faut le faire remonter jusqu'à l'époque mérovingienne. Nous savons, en effet, que dès le règne de Clotaire II, ou peu après, le peuple chantait en l'honneur de ce prince et de son conseiller saint Faron une cantilène romane. En 660, nous voyons saint Mummolin élu évêque de Noyon « parce qu'il était familier, non seulement avec la langue des Allemands (ou des Francs), mais aussi avec la langue *romane* ». Un siècle avant Charlemagne, les prédicateurs reçoivent des évêques la recommandation de parler au peuple en langue vulgaire. Un peu plus tard, saint Adalard, abbé de Corbie, nous est montré par son biographe mettant cette injonction en pratique. Charlemagne lui-même la renouvelle dans ses capitulaires. Les conciles tenus à Reims, à Tours, à Mayence, en 813, prescrivent de traduire les homélies des Pères « en langue rustique romane ou tudesque » (¹), et,

---

1. *In rusticam romanam linguam aut theotiscam.*

de plus, de les répéter d'une façon intelligible pour tous, « selon les règles propres de chaque langue » (1). Ainsi, la prédication journalière de l'Évangile contribua non seulement à l'éclosion de notre idiome primitif, mais encore à sa propagation et à son épanouissement ; les prémisses de cette belle langue française, dont nous sommes si fiers, et qu'un contemporain de saint Louis proclamait déjà « le parler le plus délectable » de l'univers, ont été consacrées à la louange de Dieu et à l'extension de la foi catholique.

Après les serments de 842, les monuments apparaissent de plus en plus nombreux, et les traces de l'emploi général du nouveau langage se multiplient davantage encore. C'est la cantilène de sainte Eulalie, c'est une homélie anonyme sur Jonas, ce sont les poëmes de la *Passion* et de *saint Léger*, que l'on rédige au dixième siècle. C'est Gerbert qui, au concile de Saint-Basle, réclame l'indulgence de ses auditeurs ecclésiastiques parce qu'il leur répète le discours d'un autre en le traduisant de la langue populaire. C'est Aymon de Verdun qui, au concile de Mouzon, emploie directement cette dernière en haranguant les clercs eux-mêmes. Sur la tombe de l'abbé Notger, mort en 998, on inscrit cette épitaphe significative :

> *Vulgari plebem, clerum sermone latino*
> *Erudit, et satiat magni dulcedine verbi* (2).

Du onzième siècle, il nous reste notamment la *Chanson de saint Alexis*, une charte angoumoise, un fragment de

---

1. *Secundum proprietatem linguæ.* V. pour l'ensemble de ces faits notre ouvrage sur *La Chaire française au moyen âge*, 2ᵉ édition, p. 235 et suiv.

2. « Il instruit le peuple en dialecte vulgaire, le clergé en langue latine, et il les nourrit de la douceur de son éloquence. »

l'*Alexandre*, et cette immortelle *Chanson de Roland*, aux accents si mâles et si corrects à la fois. C'en est fait : le petit enfant s'est développé, il est sorti de ses langes; devenu bientôt un adolescent, puis un adulte vigoureux, il remplit de sa puissante voix la chaire, la tribune, la poésie, les actes publics. Il ne manque plus guère à son domaine que la prose historique : c'est le treizième siècle qui lui en ouvrira l'accès ; il y entrera en triomphateur, ainsi que dans tous les autres genres, et l'on verra même un aumônier de Philippe le Hardi composer en français (car c'est bien du français maintenant) une somme de théologie ! Toutefois ces conquêtes ne se feront pas non plus en un jour, et le siècle de saint Louis assistera encore à une lutte entre l'ancien idiome et le nouveau sur le terrain des chroniques, des chartes, de la poésie savante, en un mot, de tout ce qui ne s'adresse pas aux masses. A côté de Villehardouin, le premier de nos chroniqueurs français, à côté des grandes chroniques de Saint-Denis, qui rejettent alors le vieux manteau de la latinité, voici Guillaume de Tyr, Jacques de Vitry, Pierre de Veaux-de-Cernay, voici toute la pléiade des historiens monastiques qui continuent à s'en parer. Les encyclopédistes, comme Vincent de Beauvais, en font autant. D'autres, comme Étienne de Bourbon, veulent écrire en latin et ne font, malgré eux, qu'une espèce de calque du français. Pour les chartes, elles sont encore rédigées dans l'ancienne langue à la chancellerie royale jusqu'au commencement du règne de Philippe le Bel ; mais les particuliers, les villes, les seigneurs abandonnent de plus en plus cet usage pour leurs contrats, leurs coutumes, leurs lettres. Un accord passé entre le sire de Montfaucon et un de ses vassaux, et remontant au règne de Philippe-Auguste, plusieurs chartes rendues en Champagne et dans l'Aunis en 1239 et 1230, un tarif des péages de Sens, qui est au moins aussi ancien, un hommage rendu au roi par la comtesse de Flandre en 1236, prouvent que, de tous les côtés à la fois, le français chasse peu à peu son rival des actes publics. A partir de 1250, l'avantage lui est assuré, et les chartes en idiome vulgaire cessent alors d'offrir l'attrait de la rareté.

En même temps, notre langue maternelle prend une extension non moins remarquable au point de vue géographique. Le roman du nord se parle exclusivement de la Lorraine à la Bretagne, des Flandres aux Cévennes ; son domaine dépasse celui de la couronne et le royaume lui-même. Le roman du midi ou provençal, qui n'est, au fond, que le frère jumeau du premier, bien qu'on l'ait cru longtemps son frère aîné, domine des Alpes au golfe de Gascogne, et, comme l'on disait naguère, au sud de la Loire. Mais cette fameuse ligne de démarcation entre la langue d'oc et la langue d'oïl doit être reportée bien plus bas, d'après les dernières découvertes de la philologie. Il faut la faire passer par Rochefort, Angoulême, Limoges, Clermont, Montbrison, Vienne, Grenoble et le Mont-Cenis ; ce qui recule les limites du français proprement dit bien au delà de la Loire. Il est vrai que ce français comprend plusieurs dialectes qui se partagent ce vaste empire. La désagrégation des anciennes provinces romaines a été si loin, qu'elles n'ont pas toutes déformé de la même façon l'antique parler de la mère-patrie; elles n'ont même pas conservé assez de rapports entre elles, elles ne se sont pas assez fréquentées, en raison de la difficulté des communications et de la rareté des voyages, pour créer un type uniforme de langage. On distingue un dialecte wallon, un dialecte picard, un dialecte normand, un dialecte lorrain, un dialecte bourguignon, un dialecte comtois, un dialecte poitevin, un dialecte saintongeais, enfin un dialecte central, celui qui est en usage à la cour et dans la capitale, et qui, pour cette raison, éclipsera bien vite tous les autres, au point de les réduire à la triste condition de patois et de s'imposer, avec la royauté elle-même, à toutes les provinces successivement. Cependant, par le fait, ces variétés sont toujours le français ; les dissemblances qui les séparent sont superficielles, tandis que le lien qui les unit est des plus étroits. C'est donc, malgré tout, une langue unique, une langue homogène qui règne en France, et son règne est solidement établi.

Mais non seulement elle étend son empire au delà des bornes du royaume de saint Louis, non seulement elle se parle en Lorraine, en Franche-Comté, en Dauphiné, en Savoie, dans tous les pays réunis depuis à la France : elle conquiert encore, au treizième siècle, l'Occident tout entier. Rien ne fait mieux voir la prépondérance politique, intellectuelle et morale exercée alors sur l'Europe par notre glorieuse patrie, que la diffusion universelle de son « délectable parler ». C'est un florentin qui l'appelle ainsi, et, bien que l'Italie soit la terre du doux langage, ce descendant des Latins, Brunetto Latini, préfère écrire en français, afin de trouver des lecteurs partout: « Et s'aucuns demande por quoi chis livres est escris
« en romans selonc le patois de France, puisque noz somes
« Ytaliens, je diroi que c'est por deux raisons: l'une est porce
« que noz somes en France ; l'autre si est porce que *françois*
« est plus délitables langages et plus communs que moult
« d'autres. » Un de ses compatriotes, le grand saint François

d'Assise, chante le long des routes des cantiques français ; un autre, le vénitien Marco-Polo, donne en français la première édition de ses fameux récits de voyage; un autre, le mantouan Sordello, compose des poésies en roman du midi et en roman du nord ; Martino da Canale se sert du second pour rédiger une chronique vénitienne ; des ouvrages de toute espèce sont alors traduits du français en italien, et un peu plus tard la grande illustration italienne, le Dante, célébrera dans ses vers les mérites de la langue d'oc et de la langue d'oïl. En Espagne, en Grèce, en Orient, on se fait un honneur de parler comme dans la capitale de saint Louis : Ramun Muntaner, en 1336, dit positivement qu'on s'exprime en Morée en aussi bon français qu'à Paris, ce qui n'est pas étonnant, puisque les nouveaux maîtres de cette contrée y avaient porté les habitudes de leur patrie ; et jusque sur les plages de la Syrie, les croisés ont acclimaté le « ramage » du peuple très chrétien. Au nord, c'est encore mieux : en Angleterre, les prédicateurs, les poètes, les prosateurs écrivent en anglo-normand, c'est-à-dire dans un de ces dialectes provinciaux à peine différents de celui de Paris ; les notaires en font autant pour les actes publics ; le roi lui-même suit cet usage pour ses chartes, et les statuts de certains collèges, comme celui d'Oxford, ordonnent aux étudiants de s'exprimer habituellement en latin, ou au moins en français [1]. Notre langue est devenue, pour ainsi dire, la langue officielle des Anglais. L'Allemagne elle-même n'est pas étrangère à sa connaissance, puisqu'elle recherche et qu'elle imite nos poésies. Enfin la Suède et l'Islande, malgré leur éloignement et leur barbarie relative, sont gagnées à leur tour par cette mode uni-

---

1. *Colloquio latino, vel saltem gallico.*

verselle : un roi de Norwège fait traduire dans le vieil idiome des Scandinaves plusieurs de nos chansons de geste, et l'on conserve encore aux archives de Stockholm des actes français des treizième et quatorzième siècles. Ainsi, la propagation de notre langue à l'étranger, loin d'être un fait moderne, s'étendit plus loin peut-être au temps de saint Louis que de nos jours, comme notre influence politique elle-même. C'est depuis lors qu'elle est entrée et qu'elle est restée dans les traditions de la diplomatie européenne comme le plus commode, comme le plus noble instrument des négociations internationales. Magnifique hommage rendu à notre pays, et dont l'explication ne se trouve pas seulement dans le charme de notre littérature, mais dans l'immense concours d'écoliers qui venaient de toutes les parties du monde étudier au sein de nos universités et qui en rapportaient chez eux l'amour de nos usages, de notre civilisation, et sans doute aussi dans le prestige éblouissant exercé au loin par la grandeur de la sainteté couronnée.

Il serait trop long d'exposer en détail les caractères de ce riche langage du treizième siècle : ce serait dépasser les limites de notre sujet. On ne peut apprendre à le connaître que dans les textes contemporains. Il suffit, en attendant, de savoir qu'il a ses règles fixes, une construction claire, des mots méthodiquement et logiquement formés sur les termes latins correspondants. Cette régularité est beaucoup plus grande que dans le français moderne : l'*s* final, par exemple, se trouve uniquement à la fin des mots qui se terminaient par un *s* en latin, c'est-à-dire au cas sujet des noms singuliers, par une dernière réminiscence des nominatifs eu *us*, et au cas régime du pluriel de ces mêmes noms, par suite de la longue habitude des accusatifs en *os* et des ablatifs en *is* ; on écrit le *peuples (populus)*, du *peuple (populi)* ; *li peuple (populi)*, aux *peuples (populis)* ; c'est la principale règle de la grammaire du temps. Aujourd'hui nous écrivons tous les singuliers sans *s*, tous les pluriels avec un *s*. Pourquoi ? c'est peut-être plus commode, mais c'est, à coup sûr, moins rationnel. Quoi de plus fantaisiste également, quoi de plus difficile à justifier et à appliquer que notre obscure règle des participes, qui embarrasse si souvent les étrangers ? Elle n'existe pas au moyen âge : on fait toujours accorder le participe avec le nom, et avec le bon sens par conséquent.

L'arbitraire et le désordre se sont introduits dans notre langage aux quinzième et seizième siècles, parce qu'alors on a commencé à oublier ses origines, ses principes et l'intelligence même des anciennes expressions. C'est à cette éopoque et pour ce motif que l'on a forgé tout d'un coup sur le latin une foule de vocables nouveaux, qui étaient déjà représentés en français par des vocables analogues, nés spontanément autrefois des mêmes mots latins, et construits d'une manière plus régulière, plus conforme au génie de notre langue : on a inventé *rédemption, portique, fragile, captif, quadragésime*, et une foule d'autres, pour rendre les idées de *redemptio, porticus, fragilis, captivus, quadragesima*, etc., lorsqu'on avait déjà la traduction et le calque de ces noms dans *réençon* ou *rançon, porche, fraile* ou *frêle, chétif, caresme*, etc. ; mais on ne comprenait plus bien l'origine de ces derniers termes, et de là sont venus tant de doubles emplois, tant de synonymes ou de demi-synonymes, entre lesquels il est fort difficile d'établir une distinction sérieuse. Sans doute, le français a gagné sous plus d'un rapport à la grande réforme du dix-septième siècle ;

il est devenu plus précis, plus châtié dans la bouche de Corneille, de Racine, de Bossuet et de leurs imitateurs. Mais n'aurait-on pu accomplir ce progrès en conservant les qualités, la logique, la limpidité, je dirai même l'harmonie de notre vieux langage? Car, ne nous y trompons pas, il était éminemment doux et harmonieux ; les aspirations, les accouplements de consonnes que nous rencontrons çà et là dans les textes écrits, et que l'on trouve quelquefois durs, étaient loin de se prononcer toujours. Il y avait longtemps qu'on disait *jeune, étrange, rançon, Clovis*, alors qu'on écrivait encore *jouéne, estrange, réençon, Chlodwigs ;* et l'on n'a même songé à modifier l'orthographe que pour la rendre précisément plus conforme à la prononciation. Quoi de plus coulant, au seul point de vue de l'oreille, que certaines pages de Joinville, par exemple? Car le livre de Joinville, quoiqu'il ait été composé dans les premières années du quatorzième siècle, offre aussi bien un spécimen de la façon de parler des dernières années du treizième.

La vraie langue des contemporains de saint Louis est donc un moyen terme entre la basse latinité et le français moderne ; mais, comme le dit le proverbe, *in medio stat virtus*. On sent effectivement, dans Joinville, comme le parfum de l'un et de l'autre ; on y trouve la grâce alliée à la simplicité ; on y découvre la méthode, et néanmoins une certaine indépendance d'allure, qui sert l'inspiration au lieu de l'enchaîner. Que serait-ce si nous envisagions les pensées ou le style? Mais ce serait tout une autre étude ; nous devons nous borner ici à considérer l'instrument, et nous verrons dans les chapitres suivants le parti que savait en tirer le génie d'un peuple chrétien.

Il convient d'être plus bref au sujet du latin parlé au treizième siècle. Parlé, c'est beaucoup dire ; on ne le parle plus que dans l'Église et dans les écoles. Mais on l'écrit toujours, et, pour l'écrire, il faut l'avoir appris sur les bancs des classes, puisque le seul idiome maternel des Français est alors le français. Ce fait a une conséquence extrêmement importante : c'est que le latin employé, étant une langue apprise, n'est plus le latin vulgaire ou populaire des premiers siècles du moyen âge ; c'est le latin des classiques ou des Pères, plus ou moins fidèlement reproduit, parce qu'il est plus ou moins bien su, et conservant ordinairement la construction logique des auteurs chrétiens. En effet, on apprend la grammaire latine dans Priscien, dans Donat ou dans leurs commentateurs. Les écoliers ne sont pas exercés, comme aujourd'hui, à faire des thèmes latins : on leur enseigne, ce qui est infiniment plus pratique, à s'exprimer directement et à disputer dans cette langue. Les monastères, les établissements d'instruction secondaire ont généralement leurs maîtres de latinité. Les filles mêmes reçoivent dans leurs écoles les notions élémentaires de l'idiome savant ; et ce n'est pas seulement pour leur donner l'intelligence des textes sacrés et des offices religieux qu'on les initie à cette science : quelques-unes la poussent assez loin pour composer des ouvrages latins. Isabelle, abbesse de Longchamps et sœur de saint Louis, corrigeait de sa main les lettres latines écrites en son nom par ses chapelains. Marguerite de Duingt, une enfant des montagnes de Savoie, prieure de la chartreuse de Poletin, nous a laissé tout un recueil de méditations à peine entremêlées de quelques fragments en dialecte vulgaire. Cette instruction supérieure se rencontrait surtout chez les religieuses et chez les filles de la noblesse, auxquelles Guillaume Perraud voulait qu'elle fût toujours donnée (¹).

Mais, en dehors de quelques exceptions remarquables, il fallait d'ordinaire aux seigneurs et à leurs femmes l'aide d'un interprète pour comprendre ce qui n'était pas écrit en français : de là l'office de *latinier*, qui était rempli dans les châteaux par quelque clerc du pays. C'était souvent la principale besogne des chapelains de traduire les actes ou les lettres intéressant leur baron. Les traductions fréquentes de l'Écriture Sainte que saint Louis faisait faire, ou qu'il faisait lui-même, à l'usage de sa cour, indiquent aussi qu'il fallait être un savant comme le saint roi pour se passer de ce secours. Même dans les couvents, il y avait de jeunes clercs, il y avait des frères lais auxquels on était obligé de prêcher dans leur idiome maternel ; tant il est vrai que le latin était déjà une langue réservée, disons le mot, une langue morte.

Dans ces conditions, cette langue ne pouvait guère avoir d'originalité. Chacun de ceux qui l'employaient cherchaient, avec plus ou moins de succès, à écrire comme on écrivait au temps de l'empire ou de la décadence romaine. Mais Virgile, qui était le modèle le plus en vogue, à tel point qu'il passait même pour un oracle de vérité, mais Ovide, mais Cicéron ne se seraient guère reconnus chez leurs imitateurs. La latinité des chroniqueurs est généralement très défectueuse ; on y sent trop l'influence et comme le reflet du français. Quelques auteurs parlent, comme nous dirions aujourd'hui, un vrai latin de cuisine : ce sont ceux qui ont fait de mauvaises études ; ce sont les mauvais élèves des classes d'humanités.

---

1. « *Valde utile est filias nobilium... litteris imbui.* » (G. Perraud, *De eruditione principum.*)

Fort heureusement, il y en avait de bons aussi. Le langage de l'Église, d'abord, conserve toujours la régularité et la clarté de l'époque des Pères : c'est un type stéréotypé, qui a subsisté jusqu'à nos jours. Certains docteurs, certains poëtes sacrés se rapprochent véritablement de saint Augustin ou de Sidoine Apollinaire. D'autres emploient des constructions forcées, vicieuses ; mais elles leur sont imposées souvent par les lois de la versification nouvelle. En somme, la bonne qualité du latin d'alors est une question de science et d'habileté : il n'y a plus, à proprement parler, de latin particulier à l'époque. N'est-il pas admirable, toutefois, qu'on arrive si communément à se servir de cet idiome savant, et qu'il soit d'un usage tellement répandu, qu'on a pu le prendre quelquefois pour le langage habituel et populaire du temps? Combien de bacheliers, combien de licenciés même sortent de nos colléges assez forts pour en posséder à ce point la pratique ?

Parmi les autres langues anciennes, le grec tient naturellement la première place dans les connaissances du temps. Mais cette place est encore bien restreinte. On a répété souvent que le moyen âge ignorait complètement le grec : c'est une exagération évidente. Sans doute, la littérature hellénique n'était guère connue que par des traductions ; Aristote lui-même ne se vulgarisa qu'après avoir été traduit, soit par des Arabes, soit par des Occidentaux. Mais cette règle n'est pas sans avoir reçu plus d'un démenti, au treizième siècle notamment. Saint Thomas d'Aquin affirme, entre autres, qu'il a connu les écrits d'Aristote avant qu'on les eût translatés en latin (1). Or, malgré l'opinion d'Érasme

---

1. « *Quos etiam libros vidimus licet nondum translatos in linguam nostram.* » Ici, *lingua nostra* signifie nécessairement le latin, la langue de l'Église.

et de quelques savants modernes, il semble difficile de récuser un pareil témoignage, corroboré, de plus, par une dissertation spéciale du jacobin Bernard Guyard. Et ne fallait-il pas, d'ailleurs, pour faire ces traductions, trouver des latins hellénistes, c'est-à-dire des français sachant le grec? Sans doute encore, on peut citer des exemples prouvant qu'un grand nombre l'ignoraient, même parmi les clercs. Hugues de Saint-Victor, nous raconte Étienne de Bourbon, apparut après sa mort à un pieux personnage et lui apprit qu'il était condamné aux souffrances du purgatoire *propter cenodoxiam :* son ami ne comprit pas tout d'abord, et fut obligé de chercher pour découvrir que ce mot signifiait la vaine gloire. Du reste, toutes les étymologies que les contemporains veulent tirer du grec (et ils ont malheureusement cette manie) sont plus ou moins tirées par les cheveux ; elles sont souvent purement fantaisistes, et ne reposent que sur la ressemblance extérieure des mots. Mais, en revanche, on peut citer l'archevêque d'Embrun, Raymond de Meuillon, qui faisait rédiger, sous ses yeux, ses homélies en grec pour l'usage des Orientaux ; le dominicain Guillaume Bernardi, de Gaillac, qui traduisait de même les traités de saint Thomas pour les besoins des Grecs ; et des sermonnaires, comme le chancelier Prévostin ou Robert Grosse-Tête, dont les œuvres dénotent une teinture au moins élémentaire de la langue de ce peuple. Humbert de Romans la faisait étudier aux Frères Prêcheurs en 1255, et l'on sait d'un autre côté qu'ils s'en occupaient dès 1237. Ces religieux cultivaient également l'arabe et l'hébreu. Personne ne donna autant d'impulsion à ce genre d'études que l'ordre laborieux et infatigable qui envoyait des missionnaires jusqu'au fond de l'Orient, qui avait deux maisons à Constantinople, et qui fournissait des interprètes à tous les croisés d'Égypte ou de Syrie. Jofroi de Waterford, ce fils de l'Irlande, qui était devenu un vrai polyglotte, était encore un disciple de saint Dominique. Un frère Mineur, Raymond Lulle, proposa au roi Philippe le Bel de créer des écoles de langues orientales ; il renouvela ses instances auprès de l'Université de Paris, et fit décréter par le concile de Vienne l'établissement de cours de grec, d'arabe, d'hébreu et de chaldéen. Un de ses confrères, le célèbre Roger Bacon, se vantait (il était, à la vérité, d'un pays voisin de la Gascogne) d'avoir une méthode pratique pour enseigner l'hébreu en trois jours et le grec en trois autres jours. Un chanoine de Paris, Eudes de Saint-Denis, favorisa plus que qui que ce soit, d'après une lettre du pape Honorius IV, la culture de l'arabe dans l'Université. Ainsi, le clergé de tout ordre était à la tête des études de linguistique, et sous sa direction l'on voyait se répandre chez nous, en même temps que la connaissance des langues mortes, celle de l'allemand, de l'italien, du hongrois, enfin des idiomes de tous les peuples auxquels on pouvait avoir à prêcher la parole de Dieu.

L'étude que nous venons de consacrer à la manière de parler peut se résumer dans une brève formule. Les Français du treizième siècle parlaient tous le français, c'est-à-dire un des dialectes romans qui se sont fondus dans la langue française. Ils apprenaient presque tous le latin, et beaucoup le savaient assez pour le parler dans les écoles ou pour l'écrire couramment. Un certain nombre enfin, apprenaient de plus les langues mortes ou les langues étrangères ; mais l'usage de ces dernières était beaucoup plus restreint.

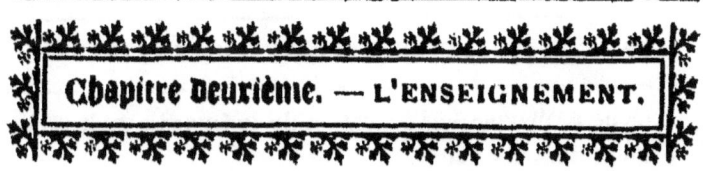
Chapitre Deuxième. — L'ENSEIGNEMENT.

SOMMAIRE. — L'instruction primaire; multiplicité des petites écoles dans les villes et les campagnes. — L'enseignement secondaire et supérieur. — Organisation de l'Université de Paris; prospérité de ses écoles. — Objet et division des études universitaires. — Faculté des arts · Facultés de droit, de médecine, de théologie. — Méthode d'enseignement; rôle de l'élève et du professeur. — Examens et collation des grades.

ON a cru longtemps, en France, que le moyen âge avait croupi dans une ignorance volontaire et n'avait rien fait pour propager l'instruction. Mais, de nos jours, des travaux historiques de plus en plus décisifs commencent à démontrer que l'enseignement supérieur, l'enseignement secondaire et l'enseignement primaire lui-même, celui que notre époque se vante particulièrement d'avoir mis à la portée de tous, étaient, en moyenne, aussi répandus chez nos pères que chez nous. Il faut, sans doute, excepter les temps de troubles et de calamités publiques. Mais n'avons-nous pas vu, nous aussi, dans la génération élevée au milieu de nos désordres politiques et de nos guerres étrangères, vers le commencement de ce siècle, un triste exemple de l'abaissement que font subir au niveau de l'instruction générale les malheurs de la patrie? Le coup-d'œil que nous nous proposons de jeter sur l'organisation de l'enseignement au moyen âge, et spécialement dans le siècle de saint Louis, qui résume en lui toute cette longue période, nous édifiera sur la manière dont l'Église s'acquittait de sa tâche, à l'époque où l'éducation de la jeunesse était exclusivement dans ses mains.

JÉSUS-CHRIST avait dit à ses apôtres: « Allez, enseignez toutes les nations. » Aussi, dans la chrétienté entière, l'évêque, successeur des apôtres, eut-il d'abord personnellement la direction des écoles de son diocèse. A mesure que les besoins augmentèrent, que la civilisation se développa, il délégua ses pouvoirs aux archidiacres, aux recteurs des paroisses, aux moines, puis enfin à un fonctionnaire spécial qui prit le nom d'écolâtre *(scholasticus)*. L'écolâtre apparaît avec la renaissance des études provoquée par Charlemagne. Les monastères possèdent dès lors leur écolâtre particulier, pris parmi les religieux les plus capables; mais les diocèses ont aussi le leur, choisi ordinairement dans le sein du chapitre. Ce *scholasticus* ou *magister scholarum* dirige ou surveille, non seulement l'école de la cathédrale, l'école de la cité, mais encore les écoles rurales comme en témoigne un passage de l'historien Flodoard. Au douzième siècle, son importance grandit, en raison du progrès constant des études : les évêques lui abandonnent le choix et la nomination des maîtres ; c'est lui qui délivre à ceux-ci la « licence d'enseigner », après une enquête sur leur aptitude (1). Puis arrive la naissance des grandes universités, dont les chanceliers absorbent l'office d'écolâtre ; ces deux fonctions s'identifient, elles sont remplies souvent par la même personne, et finalement les chanceliers restent seuls les grands maîtres de l'instruction publique. Mais c'est toujours l'Église qui demeure la grande maîtresse et la dispensatrice unique ; c'est toujours l'*Ite et docete* qui

---

1. V. le travail de M. G. Bourbon sur la *Licence d'enseigner et le rôle de l'écolâtre*, dans la *Revue des questions historiques*, 38e livraison, p. 513 et suiv.

s'accomplit ; et durant de longs siècles, il n'y aura pas de science, pas d'art, pas de littérature qui ne soit un rayon de ce foyer lumineux, auquel nous devons la transmission de toutes les clartés de l'intelligence.

Quel usage les dépositaires de la science font-ils de leurs attributions sacrées? Mettent-ils, comme on dit vulgairement, la lumière sous le boisseau? Font-ils la nuit parmi le peuple, ainsi qu'on les en a accusés, ou bien n'a-t-on pas plutôt fait à dessein la nuit sur leurs œuvres? Commençons d'abord par l'instruction du petit enfant, pour monter ensuite avec lui au rang de l'adolescent et du jeune homme.

Au treizième siècle, la première enfance recevait de différentes manières les leçons qui conviennent à son âge, et ce que nous appelons aujourd'hui l'enseignement primaire. C'est ce que l'on voit lorsqu'on étudie en détail la condition des vilains, des apprentis, des jeunes filles. Si les enfants de la noblesse étaient élevés par des précepteurs ou dans les grands monastères, ceux de la classe populaire fréquentaient la plupart du temps des externats établis pour eux, soit dans les villes, soit dans les campagnes. Les simples villages avaient souvent leur école, dont le maître, institué par l'écolâtre, ou par le patron de l'église du lieu, enseignait la lecture, l'écriture, les éléments du calcul et ceux de la grammaire, c'est-à-dire du latin[1]. L'archevêque Eudes Rigaud, qui surveillait, comme tous les prélats, ces écoles rurales, nous a même transmis un curieux spécimen de version latine exécuté par un de leurs élèves [2]. Depuis longtemps, du reste, les curés avaient été

---

1. V. notamment de Beaurepaire, *Recherches sur l'instruction publique dans le diocèse de Rouen*, t. I, p. 26, 30, 52, 67, etc.; Delisle, *Études sur la classe agricole*, p. 175 et suiv.

2. Voici le passage que cet élève eut à traduire oralement en langue romane:

invités à faire de leur presbytère une maison d'éducation pour les enfants de leur paroisse, et le capitulaire de Théodulphe, évêque d'Orléans, était toujours en vigueur: « Que les « prêtres établissent des écoles dans les villages et les bourgs, « et, si quelqu'un de leurs paroissiens veut leur confier ses « enfants pour leur apprendre les lettres, qu'ils se gardent de « les rebuter ; au contraire, qu'ils s'appliquent à leur éducation « avec une charité extrême, et, lorsqu'ils les instruiront, qu'ils « se gardent d'exiger d'eux aucun prix en retour de ce ser-« vice ; qu'ils ne reçoivent rien, si ce n'est ce que les parents « voudront bien leur offrir de leur plein gré et par esprit de « charité (1). » Ainsi les curés participaient à la prérogative des évêques, parce qu'ils avaient, eux aussi, charge d'âmes. Sans doute, en quelques pays, la fréquentation des écoles rurales n'était pas aussi gratuite que Théodulphe l'aurait voulu: mais son statut, renouvelé par des règlements ultérieurs, fut certainement observé presque partout dans son ensemble, et M. de Beaurepaire, dans ses intéressantes *Recherches sur l'instruction publique au diocèse de Rouen*, a réuni assez de textes pour pouvoir affirmer d'une manière générale, contrairement à l'opinion de Guizot, que, dès une époque très reculée,

---

« *Ada vero non inveniebatur adjutor similis ejus. Inmisit ergo Dominus Deus soporem in Adam; cumque obdormisset, tulit unam de costis ejus, et replevit carnem pro ea.* » (GENÈSE.) Il traduisit mot à mot : « *Ada*, Adans; *vero*, adcertes; *non inveniebatur*, ne trouvait pas; *adjutor*, aideur; *similis*, semblable; *ejus*, de lui; *Dominus*, Nostre Sire; *inmisit*, envoia; *soporem*, encevisseur (assoupissement); *in Adam*, dans Adan. » Invité à conjuguer le verbe *inmisit*, il répondit : « *Inmitto, tis, si, tere, tendi, tendo, tendum, inmisus, inmittendus, inmittor, teris,* etc. Les temps du verbe *replevit* furent ainsi indiqués par lui : *repleo, es, vi, re, repleendi, do, dum, repletum, replens, repleturus, repleor, ris,* etc. On lui fit ensuite épeler les syllabes de son prétendu participe *repleendi*, qu'il divisa comme ceci: *re ple en di.* (Bonnin. *Regest. visit. archiep. Rothom.*, p. 332.) Assurément ce ne devait pas être un premier prix de version ni de grammaire.

1. Labbe, VII, 1140.

et presque à l'origine de nos paroisses, des écoles gratuites étaient attachées à chaque église et confiées à la direction des curés. Après avoir cité un nombre considérable de petites bourgades que des textes contemporains nous montrent pourvues de ces utiles établissements, fréquentés quelquefois par des enfants de cinq ans, le savant archiviste ajoute avec raison : « Quand on rencontre des écoles dans des localités
« d'une aussi mince importance, il n'y a plus moyen de douter
« qu'il n'y en ait eu, sinon dans toutes les paroisses rurales,
« du moins dans la plupart, et surtout dans celles où la popu-
« lation était un peu considérable. Nous serions porté à voir
« des maîtres dans ces clercs de paroisses qui, aux douzième et
« treizième siècles, se chargeaient de la rédaction des contrats,
« et dont le nom, fréquemment suivi de l'indication du lieu
« où ils exerçaient ces fonctions, est rappelé avec ceux des
« témoins (1). » Cette dernière induction est d'autant plus fondée, que dans nos villages, où les traditions établies remontent aux âges les plus reculés, l'instituteur n'a pas cessé d'être à la fois l'écrivain public, le secrétaire de la mairie et même celui des particuliers : seulement il a cessé trop souvent d'être *clerc*, mot qui signifiait en même temps l'ecclésiastique et le savant, comme pour exprimer une fois de plus l'étroite union de la science et de l'Église.

A plus forte raison des écoles populaires existaient-elles dans les villes, où les prédicateurs nous montrent des bandes de petits enfants traversant les rues avec un alphabet pendu à leur ceinture. Les bourgeois, en mettant leurs fils en apprentissage, stipulaient, dans les contrats passés avec les patrons, qu'ils les laisseraient suivre la classe. Quant aux

---

1. De Beaurepaire, *op. cit.*, t. I.

filles, elles avaient aussi leurs maîtresses et leurs écoles spéciales : les rôles de la taille de Paris et une charmante anecdote de Thomas de Cantimpré, reproduite par M. Jourdain, nous en fournissent la preuve. « Une jeune paysanne conjurait son père de lui acheter un psautier pour apprendre à lire. Mais comment, répondait-il, pourrais-je t'acheter un psautier (les manuscrits étaient encore très chers), puisque je peux à peine gagner chaque jour de quoi t'acheter du pain ? L'enfant se désolait, lorsqu'elle vit la Sainte Vierge lui apparaître en songe, tenant dans ses mains deux psautiers. Encouragée par cette vision, elle insista de nouveau. Mon enfant, lui dit alors son père, va trouver, chaque dimanche, *la maîtresse d'école de la paroisse* ; prie-la de te donner quelques leçons, et efforce-toi de mériter par ton travail l'un des psautiers que tu as vus entre les mains de la Vierge. La petite fille obéit, et les compagnes qu'elle trouva à l'école, voyant son zèle, se cotisèrent pour lui procurer le livre qu'elle avait tant désiré (¹). »

Du reste, si les femmes de la campagne étaient en grande partie illettrées, c'était moins la faute de leurs institutrices que celle de leurs parents. Aujourd'hui encore, il n'est pas rare d'entendre blâmer la négligence des paysans à l'égard de leurs enfants. On trouve toujours quelques villages pauvres et reculés dépourvus d'établissements scolaires. L'état des choses n'a donc guère changé, et, s'il y a eu changement, on peut dire, du moins, pour rester dans les bornes de la plus stricte modération, que l'instruction des classes populaires

---

1. Thomas de Cantimpré, *Bon. univ. de apibus*, liv. I, chap. 23 ; Jourdain, *L'éducation des femmes au moyen âge*, p. 19 et suiv.

n'a pas progressé dans la même mesure que beaucoup d'autres éléments de la civilisation.

Mais c'est dans l'enseignement de l'adolescence et de la jeunesse qu'éclatent surtout, au treizième siècle, et le zèle de l'Église et la passion de ses fidèles pour l'étude. L'instruction secondaire n'est pas alors séparée de l'instruction supérieure : elle se donne dans les mêmes établissements comme elle se donne aussi quelquefois dans les institutions primaires. En d'autres termes, les classes de grammaire font partie des cours de la Faculté des arts, et ce que nous appelons le temps du collège se passe moitié dans les petites écoles, moitié sur les bancs des universités, où l'on entre vers l'âge de quatorze ou quinze ans, pour y faire d'abord ses humanités, études littéraires qui sont maintenant le couronnement de l'enseignement secondaire, tandis qu'à cette époque elles sont le début de l'enseignement supérieur, abordé par la grande majorité des écoliers. C'est le moment où ces grands centres de l'intelligence s'organisent et se multiplient comme par enchantement ; c'est le temps de leur épanouissement et de leur plus belle prospérité : c'est donc en elles que nous avons à étudier ce qui forme actuellement les deux derniers degrés de l'instruction.

On les voit se fonder presque simultanément dans les différentes parties de la France, à Orléans, à Poitiers, à Toulouse, où le célèbre traité de 1229 imposa au comte l'obligation d'entretenir trois Facultés. Mais le point de départ de ce mouvement de rénovation intellectuelle, et, pour me servir des expressions de saint Bonaventure, la source d'où se répandent sur le monde entier les mille ruisseaux de la science, c'est Paris ; Paris, qui attire alors dans ses murs, en proportion, plus d'étudiants qu'il n'y attire aujourd'hui d'ouvriers; Paris, qui brille déjà au milieu des nations comme le foyer des lumières, mais des lumières saines et vraies.

Depuis le siècle précédent, les écoles de la capitale avaient acquis un immense renom et tendaient à se former en université. Les arts libéraux, la théologie, le droit canon y étaient représentés par les plus hautes sommités. L'affluence des disciples autour de ces maîtres était si prodigieuse, que, sous Philippe-Auguste, la population s'en trouva doublée et qu'il fallut, pour ce motif, élargir la ceinture de la cité. Dès 1169, une partie de ces écoles étaient réparties en *nations*, qui constituaient des autorités consultées par les princes eux-mêmes : ainsi Henri II, roi d'Angleterre, voulut leur remettre l'arbitrage d'un différend qu'il avait avec saint Thomas Becket sur une question de droit public. En 1200, juste au moment où s'ouvre le grand siècle de saint Louis, un diplôme de Philippe-Auguste confère aux écoliers de Paris des privilèges particuliers, les place sous la protection royale, reconnaît en même temps qu'ils ne sont justiciables que des tribunaux ecclésiastiques, et donne, pour ainsi dire, à l'Université son premier acte de naissance. Peu après, pour la garantir contre les excès d'autorité du chancelier de Notre-Dame ou de tout autre, le pape Innocent III promulgue en sa faveur deux bulles : l'une, en 1208, l'autorisant à se faire représenter par un syndic ; l'autre, en 1209, lui permettant de s'imposer des règlements et de les faire jurer. Les professeurs et leurs disciples sont reconnus, dans ces deux actes fondamentaux, comme formant une véritable corporation, et leur communauté (*universitas* n'a pas d'autre sens) s'appellera désormais régulièrement *l'université des maîtres et des étudiants de Paris*, ou simplement *l'université des études*, plus tard l'*Université* tout court. La voilà tout à fait constituée, de par l'autorité compétente, qui est celle de l'Église. Son organisation se complète rapidement ; elle devient le type sur lequel se formeront toutes les grandes universités du moyen âge. Bientôt elle comprend quatre Facultés, embrassant le vaste cycle des connaissances humaines : la Faculté des arts, correspondant à notre Faculté des lettres et à une partie de notre Faculté des sciences, et seule divisée, à cause de son droit d'ancienneté ou de l'étendue de son domaine en quatre nations (France, Picardie, Normandie, Angleterre ; ces noms sont de simples rubriques sous lesquelles sont rangés, en réalité, suivant la direction de leur pays natal, des étudiants de toutes les contrées); la Faculté de théologie, composée des maîtres en *divinité*, terme opposé à celui d'*humanités*, qui est resté seul dans notre langue scolaire ; puis les Facultés de droit et de médecine, qui apparaissent en plein exercice un peu après les autres, dans un accord conclu en 1213 entre les maîtres et le chancelier, au sujet de la licence. Chacune de ces Facultés a des officiers nommés par elle : la Faculté des arts élit tous les ans quatre procureurs, un par nation ; les trois autres élisent chacune un doyen. Ces magistrats constituent un tribunal de sept membres, appelé à décider sur les affaires de la corporation. Au-dessus d'eux est un recteur ou chef commun, pris exclusivement parmi les nations (la Faculté des arts garde, on le voit, la prépondérance en tout ; car c'est elle aussi qui est chargée de veiller sur le trésor, sur les archives et sur la propriété du Pré-aux-Clercs). Ce recteur exerce une juridiction souveraine sur tout le territoire de l'Université, qui compose près de la moitié de la ville. C'était réellement un grand personnage ; car on le voit souvent appelé, dans le cours du moyen âge, à siéger au conseil royal, et il marchait de pair avec l'évêque de Paris, tant on attachait d'honneur à cette suprême magistrature de la science. Le jour de son installation était célébré par une procession solennelle, à laquelle prenaient part, outre les membres de l'Université, les ordres religieux établis sur son territoire. A la fête du Lendit, le lendemain de la Saint-Barnabé (12 juin), vêtu de la chape rouge et couvert du bonnet doctoral, accompagné de deux massiers, de tout son personnel et de l'appareil le plus imposant, il conduisait à Saint-Denis une autre procession fameuse, sous prétexte de faire son approvisionnement de parchemin ; et telle était l'affluence de la foule qui précédait son cortège, qu'une fois, en 1412, la tête de la procession arriva dans la ville de Saint-Denis alors que le recteur n'avait pas encore bougé des Mathurins. Enfin des officiers inférieurs sont préposés à l'administration matérielle de l'Université : c'est le procureur fiscal ou syndic ; c'est le trésorier, qui gère les revenus produits par les legs et fondations, par les taxes ou rétributions scolaires, etc. ; ce sont les messagers ou facteurs, employés à l'entretien des relations entre les étudiants et leurs familles, entre les maîtres de la capitale et ceux de l'extérieur ; ce sont les bedeaux ou appariteurs, espèce de sergents massiers, au nombre de quatorze, qui devinrent peu à peu des secrétaires chargés de tenir la plume dans les actes publics. Tout ce personnel s'organise dans la première moitié du siècle ; et en même temps les règlements d'études autorisés par le pape sont élaborés, mis en vigueur, confirmés par le légat Robert de Courçon en 1215, par

Grégoire IX en 1228, par Innocent IV en 1244. De nouveaux privilèges sont ajoutés aux premiers par ces deux pontifes, entre autres celui de pouvoir suspendre les cours en cas de déni de justice, et le droit d'user d'un sceau particulier; et cette dernière faveur, qui n'a l'air de rien aujourd'hui, consacre définitivement l'indépendance de la corporation universitaire (1). Le sceau accordé à ces membres en 1252, par une bulle conservée aux archives de la Sorbonne, est le beau type qui a été reproduit récemment, à quelques différences près, pour servir de cachet à l'Université catholique de Paris, héritière directe et légitime de cette antique institution.

L'organisation de la puissante compagnie et les prérogatives qui lui étaient octroyées redoublèrent tout naturellement l'empressement de la jeunesse du dedans et du dehors. L'affluence des étudiants, déjà si grande, prit des proportions encore inconnues. On vit les monastères, les abbayes envoyer à Paris leurs plus brillants élèves, renonçant par là à l'honneur de demeurer les écoles supérieures de la chrétienté; on vit les derniers venus et les plus populaires des ordres religieux, comme les Jacobins, grossir ce tribut de toute la multitude qui entourait leurs propres chaires; on vit des collèges spéciaux fondés dans la capitale pour les jeunes gens de certains diocèses ou de certaines régions, pour les étudiants pauvres, pour les clercs nécessiteux; on vit les terres les plus lointaines représentées, dans cet autre pandémonium des nations, par quelques-uns de leurs enfants, jusqu'aux royaumes de l'Orient, qui venaient demander à la France un peu

---

1. Pour tous ces détails sur l'ancien régime universitaire, on peut consulter Thurot, *De l'organisation de l'enseignement dans l'Univ. de Paris*; Vallet de Viriville, *Hist. de l'instruction publique*; Du Boulay, *Hist. Univ.*, t. III, pp. 140, 375, 548, etc.

de ce savoir et de cette philosophie dont eux-mêmes avaient été si fiers jadis. Combien les différentes Facultés de notre grande cité comptent-elles d'auditeurs actuellement? Quelques milliers à peine. Or, Jean Jouvenel des Ursins affirmait en 1435, qu'on avait vu à Paris, dans les temps qui l'avaient précédé, de seize à vingt mille écoliers. Et parmi cette jeunesse ardente, qui venait tremper ses lèvres aux ruisseaux dont parle saint Bonaventure, se trouvaient, aux treizième et quatorzième siècles, toutes les illustrations de l'avenir, les Roger Bacon, les Albert le Grand, les Thomas d'Aquin, les Étienne de Langton, les Pierre d'Espagne, les Dante, les Pétrarque, tous ceux enfin dont la science et les travaux ont honoré l'Europe chrétienne. Ces chiffres et ces noms nous en disent assez sur la prospérité de l'Université-mère. Qu'elle ait vu des désordres éclater dans son sein; qu'elle ait, par moments, porté le trouble dans les esprits ou dans la rue : cela ne détruit point la grandeur de ses services. Aucun tort, aucune tache ultérieure ne saurait effacer l'éclat jeté à son origine par l'institution féconde à laquelle Paris doit, sans contredit, d'être devenu la capitale intellectuelle de l'univers, et dont Paris est redevable en premier lieu à la papauté.

Ce n'est pas tout de voir qui distribuait l'enseignement et qui le recevait dans cette vaste ruche de l'esprit humain. Il importe d'examiner ce qu'on y enseignait, et comment on l'enseignait : l'objet des études et la méthode appliquée aux études, ce sont là deux points essentiels, qu'on ne saurait trop approfondir pour juger sérieusement un système et une époque. Commençons par le premier.

La Faculté des arts, placée au seuil des études supérieures,

a le domaine le plus étendu. Ce domaine répond, comme je le disais tout à l'heure, à celui de notre Faculté des lettres et à une partie de celui de notre Faculté des sciences. Il est divisé conformément au cadre usité depuis le commencement du moyen âge; c'est-à-dire qu'il comprend les sept arts libéraux, dont les trois premiers, la grammaire ou littérature, la rhétorique et la dialectique, constituent un groupe appelé *trivium*, et les quatre derniers, qui sont l'arithmétique, la géométrie, la musique et l'astronomie, un autre groupe appelé *quadrivium*. Ces sept arts sont autant de voies qu'il faut suivre successivement, autant d'échelons qu'il faut gravir pour s'élever à la connaissance des choses divines, dont la théologie donnera la clef. « L'écolier, dit Robert de Sorbon, doit parcourir la route qui mène au puits, comme Isaac, c'est-à-dire passer par les sciences auxiliaires pour arriver à la théologie [1]. » Quoi de plus spiritualiste et de plus rationnel que ce plan général, rapportant toutes les sciences à un but souverain, à savoir la contemplation et la possession de la vérité suprême, qui n'est autre que Dieu lui-même? « Chaque science doit se rapporter à la connaissance de JÉSUS-CHRIST », répète le cardinal Jacques de Vitry [2]. Et le même prélat, reproduisant ailleurs cette pensée, nous donne à peu près la définition des sept arts libéraux, tels qu'on les comprenait de son temps: « Bonne
« est la logique, qui apprend à discerner la vérité du men-
« songe ; bonne est la grammaire, qui apprend à écrire et à
« parler correctement (définition conservée jusqu'à nos
« jours); bonne est la rhétorique, qui apprend à parler

---

1. « *Debet scolaris ire per viam ad puteum (ut Isaac), id est per scientias adminiculantes ad theologiam.* » Bibl. nat., ms. lat. 15171, fol. 197.

2. « *Omnis scientia debet referri ad cognitionem Christi.* » *Ibid.*, ms. lat. 17509, fol. 29.

« élégamment et à persuader ; bonnes sont la géométrie, qui
« apprend à mesurer la terre, domaine de notre corps, l'arith-
« métique ou l'art de compter, la musique, qui nous instruit
« des consonnances et nous fait songer aux doux chants des
« bienheureux, l'astronomie, qui nous fait considérer les
« corps célestes et la vertu des étoiles resplendissant devant
« Dieu. Mais bien meilleure est la théologie, qui seule peut
« vraiment s'appeler un art *libéral*, parce qu'elle délivre
« l'âme de ses plus grands maux (¹). » En suivant le même
ordre d'idées, Jacques de Vitry est amené à établir une différence entre les arts du *trivium*, qui préparent plus directement à la sainteté, et ceux du *quadrivium*, inférieurs aux
précédents, « parce que, s'ils contiennent la vérité, ils ne conduisent cependant pas à la piété ».

Dans la pratique, il est un des sept arts qui tient une
place prépondérante, et dont on fait alors la base ou la
forme de tout enseignement : c'est la logique ou la dialectique. La dispute, qui est la mise en action de la logique,
règne en souveraine dans toutes les chaires et dans toutes
les écoles ; le maître s'en sert pour instruire comme l'élève
pour apprendre. On a même reproché amèrement au
moyen âge d'avoir fait un emploi immodéré de cette science,
et d'avoir, par contre, négligé la rhétorique, plus cultivée de
nos jours et dans l'antiquité. Certainement, il y a eu trop
souvent abus. Mais cet abus, et la subtilité ou la sécheresse,
qui en est le résultat, nous choquent davantage parce que
nous n'entrevoyons les discussions du temps que dans les
manuscrits, où les idées seules, et non la forme dont ces
idées étaient revêtues, ont été consignées par les scribes,

---

1. Ms. cité, fol. 31.

par les rapporteurs, soit dans le but d'économiser le parchemin, soit dans toute autre intention. La chaleur et la vie n'étaient sans doute pas exclues des exercices oraux autant qu'elles le sont de leur reproduction écrite : nous pouvons presque l'affirmer, par induction, en nous reportant aux procédés en usage pour la rédaction des sermons, qui étaient également mutilés par leurs transcripteurs. D'ailleurs, à tout prendre, l'abus de la dialectique est préférable encore à l'abus de la rhétorique: l'une fait de beaux parleurs, l'autre de forts penseurs. Nous voyons trop fréquemment, à notre tribune politique et ailleurs, ce que peut produire l'art de pérorer sans l'art d'argumenter. L'âge de la dialectique avait ses ergoteurs : n'avons-nous pas nos rhéteurs? Et lesquels valent le mieux, quand on ne peut réaliser l'alliance si nécessaire et si désirable de ces deux talents opposés? Il se fait depuis peu, dans le monde religieux surtout, une réaction sensible en faveur des scolastiques. Dernièrement encore, l'étude de leur chef, de l'Ange de l'école, a été recommandée, avec la double autorité du rang suprême et du savoir le plus éminent, par le vicaire de JÉSUS-CHRIST lui-même. C'est qu'il a été reconnu que leurs œuvres cachent, sous une rude écorce, la solidité et la profondeur du raisonnement, qui ont trop fait défaut à leurs successeurs ; c'est que, par ce temps de sciences exactes, on ne peut pas plus se contenter de belles phrases en théologie ou en philosophie qu'en physique ou en mathématiques.

La rhétorique n'a cependant pas été mise complètement de côté au moyen âge : elle a eu, chacun le sait, quelques dignes représentants. Et puis, il y avait, comme nous le verrons plus loin, un genre de rhétorique particulièrement cultivé, et dont on ne saurait trop signaler l'existence aux chrétiens de nos jours. L'évêque Guillaume d'Auvergne a laissé un traité intitulé par lui *De rhetorica divina*, dans lequel il s'est proposé d'imiter Cicéron : seulement il a entendu par ces mots, non pas l'art de persuader les hommes, si bien pratiqué par son illustre modèle, mais l'art de persuader Dieu par la prière. Or, un pareil titre est à lui seul une révélation. Si le digne prélat a réussi dans son imitation du maître antique, je n'en sais rien, je n'ai pas à le rechercher en ce moment : mais cette touchante supposition, que dis-je ? cette conviction que Dieu se laisse ébranler par les arguments et les représentations des hommes, et que les hommes doivent s'appliquer à capter l'esprit de Dieu comme ils le feraient pour un juge mortel, m'en dit plus long que tous les traités de rhétorique. Elle m'apprend que, si la sainteté était le but de la science en général, et si l'on s'instruisait en vue d'approcher davantage de la perfection spirituelle, l'art oratoire en particulier recevait une destination et un but sublimes : il devait enseigner à bien prier. Et la même pensée se retrouve, du reste, dans le nom chrétien de la prière, qui n'est autre que celui du discours, un de ces mots pleins de choses qui demandent à être médités : *oratio*.

Je ne m'arrêterai pas à exposer en détail les matières sur lesquelles portaient les différentes branches du *trivium* et du *quadrivium*. Je me bornerai à citer les livres classiques expliqués de préférence dans la Faculté des arts (car la plupart des maîtres de l'Université prenaient pour sujet de leurs cours un texte qu'ils expliquaient et auquel ils rattachaient les développements de la science dont ils s'occupaient). Ces livres sont l'*Introduction* de Porphyre, la *Syntaxe* de Priscien, les *Topiques* et les *Elenchi* d'Aristote, et, à partir de 1250 environ, la *Physique* et la *Métaphysique* du même, le traité des *Divisions* et les *Topiques* de Boëce, les figures grammaticales de Donat (¹). C'est sur ce fonds mélangé d'auteurs chrétiens et d'auteurs païens que roulaient principalement les déterminances, ou examens de baccalauréat, et les examens de licence. Il permettait d'introduire à peu près toutes les questions littéraires et scientifiques, à part celles qui relèvent de certaines sciences physiques ou naturelles alors dans l'enfance, et n'ayant point, pour cette raison, de place officielle sur le programme des études.

La Faculté de droit ou de décret enseignait le droit canon. Au douzième siècle, l'école de Boulogne avait remis en honneur l'étude du vieux droit civil romain, et son exemple avait été suivi par celle de Paris. Mais les préventions, en partie justifiées, des théologiens et des autres docteurs de l'Université contre cette restauration des légistes païens en amenèrent la suspension momentanée : le pape Honorius III, à la demande du chancelier de Notre-Dame, interdit l'enseignement du droit civil dans la capitale. La bulle qu'il rendit pour cet objet, en 1219, a été sévèrement incriminée : il suffit, pour la défendre, d'observer que la Faculté de Paris avait été créée pour le droit canon seul, et que le droit romain, opposé sur beaucoup de points à ce dernier, la détournait de sa mission spéciale. Cet acte eut pour contre-coup la fondation de l'Université d'Orléans, composée spécialement de juristes : ainsi les amateurs des Pandectes et des Institutes purent se

---

1. V. Thurot, *op. cit.* Le cardinal Jacques de Vitry recommande, en outre, comme auteurs classiques, Prudence, Prosper, Sédulius, Caton, Avien (imitateur de Phèdre), Théodulphe (sans doute l'évêque d'Orléans), et par-dessus tout la *Bible versifiée*. (Ms. cité.)

dédommager sans avoir la peine de faire un long voyage, et ceux qui habitaient le midi ne tardèrent pas à trouver la même ressource dans les écoles de Toulouse, d'Alais, de Montpellier ; mais, jusqu'à Louis XIV, Paris fut privé de l'enseignement officiel du droit civil, quoique de très bonne heure il n'y eût plus aucun intérêt à l'en laisser dépourvu. La législation ecclésiastique resta donc maîtresse des chaires de cette ville. Ce ne fut pas, toutefois, sans des luttes assez vives. Le clergé avait beaucoup de peine à modérer l'élan qui emportait la jeunesse vers les nouveautés en faveur, et toutes ses objurgations étaient impuissantes : après avoir étudié à Paris la théologie, la philosophie, les arts, on allait apprendre ailleurs ce que ces maîtres n'enseignaient point, et certains étudiants parisiens couraient chercher ce complément jusqu'à Bologne, qui conserva longtemps la supériorité en fait de droit romain (1). On doit voir dans ces tendances et dans cet engouement une première tentative de sécularisation de l'instruction supérieure : l'Église en triompha officiellement, parce qu'elle régnait encore en souveraine sur la société ; mais les doctrines des légistes ne s'infiltrèrent pas moins dans les pores de la nation, et nous savons quelle déplorable influence ils exercèrent, à un moment donné, sur les affaires du royaume.

La Faculté de médecine n'eut pas, à son début, une grande importance, et nous manquons d'indications précises sur son enseignement. Les professeurs les plus renommés dans cette science étaient à Salerne et à Montpellier : on

---

1. V., sur l'étude du Droit, la *Bibl. de l'École des Chartes*, an. 1870, p. 51 et suiv., 1871, p. 379 et suiv. Cf. le cours de droit canon professé à la même école par M. Ad. Tardif.

venait la leur demander, comme on venait demander à chaque centre littéraire ou scientifique sa spécialité. L'école de Montpellier était en vogue dès le douzième siècle : c'est là qu'avait enseigné un des médecins de Philippe-Auguste, Jean de Saint-Gilles, qui un jour, au milieu d'un sermon, s'arrêta pour revêtir inopinément l'habit de saint Dominique, abandonnant ainsi le soin du corps pour celui des âmes, ou plutôt adjoignant l'un à l'autre. L'école de Paris produisit cependant, au treizième siècle, quelques sujets distingués ; par exemple Pierre de Limoges, qui était doyen de la Faculté en 1270, et qui enrichit de manuscrits précieux la bibliothèque naissante de la Sorbonne (1). Lui aussi joignit à l'étude de la thérapeutique celle de la théologie ; ce cumul n'était pas rare, on le voit, et il avait au moins l'avantage de détourner des idées matérialistes ceux qui pouvaient y être enclins par leur profession. On regardait comme inséparables la connaissance de l'âme et celle du corps. C'est un principe auquel reviennent aujourd'hui nos meilleurs médecins, et la physiologie, qu'ils remettent en honneur, n'est autre chose que la réunion de ces deux sciences, en apparence si contraires, au fond si intimement liées.

La Faculté de théologie occupait, en raison de l'objet de son enseignement, le sommet de l'échelle universitaire. Les autres sciences, les sciences séculières, comme les appelle un chancelier, doivent être, ainsi que nous venons de le voir, ses humbles servantes *(adminiculantes)* ; elles étaient vis-à-vis d'elle comme la clarté lunaire à côté de la clarté solaire, comme la lune sous les pieds de la femme de l'Apocalypse *(amicta sole, et luna sub pedibus ejus).* Aussi leur imposait-elle

---

1. Echard, *Script. ord. Præd.*, I, 100 ; Du Boulay, *op. cit.*, III, 398.

son esprit, son vocabulaire, son symbolisme. L'Écriture-Sainte, ce livre essentiellement historique, considéré surtout comme tel aujourd'hui, était étudiée de préférence dans ses innombrables allégories. Le goût général était au mysticisme, et, tandis que cette tendance entraînait les esprits solides vers la région des hautes et sublimes conceptions, elle égarait les faibles dans un dédale d'interprétations figurées, plus ou moins forcées. Ne s'élève pas qui veut sur les cimes où plane le génie des Thomas d'Aquin et des Bonaventure. Après la Bible, c'était le *Livre des sentences* qui faisait la base de l'enseignement : on expliquait l'un et l'autre concurremment ; mais l'autorité d'Aristote faisait une rude concurrence à celle des textes sacrés, en théologie comme en philosophie.

Les ordres religieux, en particulier celui des Frères Prêcheurs, avaient des *studia generalia* qui étaient de vraies écoles normales théologiques, organisées plus régulièrement que l'Université elle-même. Celle de Saint-Jacques de Paris, acquit par ce moyen, dans la Faculté de cette ville, une prédominance qui lui valut bien des jalousies et bien des luttes. Son succès inspira peut-être à Robert de Sorbon l'idée de fonder pour les étudiants séculiers en théologie un collège spécial, où ils pussent trouver également les avantages de la vie en commun et de l'étude en commun ; car on a remarqué que l'organisation de la célèbre Sorbonne ressemblait beaucoup à celle des ordres mendiants, qu'elle offrait le même système de leçons, la même discipline, et jusqu'aux mêmes dénominations : les membres de cette association avaient, comme les nouveaux frères, un prieur à leur tête ; ils s'honoraient de leur pauvreté et s'intitulaient les *pauvres maîtres de Sorbonne*. Leur fondateur trouva des imitateurs nombreux, et le mouvement dont il donna le signal ne fut certainement pas étranger non plus à l'admirable essor pris alors par les études en *divinité*. Il faut dire aussi que l'œuvre de Robert fut surtout l'œuvre de saint Louis : c'est ce prince qui donna les bâtiments nécessaires et qui encouragea de ses propres deniers son chapelain et son ami. La science théologique lui était particulièrement chère ; et ce n'est pas seulement celle-là qu'il contribua à développer, car toute l'Université eut en lui un protecteur éclairé, judicieux, défendant avec fermeté ses vrais intérêts, même lorsqu'il lui imposait la paix avec les bourgeois, même lorsqu'il favorisait les Jacobins contre l'exclusivisme de ses docteurs séculiers (1).

Passons maintenant à la méthode employée pour la distribution de l'enseignement des diverses Facultés. Elle offre une différence capitale avec celle qui domine aujourd'hui dans nos établissements d'instruction publique : c'est que la parole y tenait beaucoup plus de place que l'écriture, les exercices oraux beaucoup plus que les devoirs écrits. Ce fait seul indique combien l'esprit des étudiants devait être familiarisé avec l'objet des études. Quelle que fût la science dont ils s'occupaient, on les habituait à raisonner et à discuter verbalement ; la *disputatio* était la forme adoptée de préférence pour inculquer toutes les vérités dans l'intelligence de la jeunesse. Le maître disputait devant les élèves, souvent même avec eux, et les élèves aussi disputaient entre eux devant le maître. Mais il ne faut pas croire que tout leur travail se bornât là. Le célèbre docteur que je viens de

---

1. V. *Hist. litt. de la France*, XIV, 33, 55 ; Franklin, *Anc. biblioth. de Paris*, p. 221 et suiv.; *Bibl. de l'École des Chartes*, an. 1862, p. 189; etc. On sait que le nom de Jacobins était alors l'appellation populaire des Frères Prêcheurs établis dans le couvent de la rue Saint-Jacques, à Paris.

nommer, Robert de Sorbon, nous a laissé, dans un morceau inédit, un plan très justement conçu des différentes opérations intellectuelles auxquelles ils devaient se livrer. Bien que j'aie donné ailleurs l'analyse de ce fragment (1), je crois utile de la reproduire ici, parce que rien n'est plus propre à nous initier à la vie intérieure de ces jeunes et fervents adeptes de la science.

« L'écolier qui veut profiter doit observer six règles
« essentielles :

« 1º Consacrer une certaine heure à une lecture détermi-
« née, comme le conseille saint Bernard dans sa lettre aux
« frères du Mont-Dieu.

« 2º Arrêter son attention sur ce qu'il vient de lire, et ne
« point passer légèrement. Il y a entre la lecture et l'étude,
« dit encore saint Bernard, la même différence qu'entre un
« hôte et un ami, entre un salut échangé dans la rue et une
« affection inaltérable.

« 3º Extraire de sa lecture quotidienne une pensée, une
« vérité quelconque, et la graver dans sa mémoire avec un
« soin spécial. Sénèque a dit : *Cum multa percurreris in die,*
« *unum tibi elige, quod illa die excoquas.*

« 4º En écrire un résumé, car les paroles qui ne sont pas
« confiées à l'écriture s'envolent comme la poussière au vent.

« 5º Conférer avec ses condisciples, dans les *disputationes*
« ou bien dans les entretiens familiers. Cet exercice est encore
« plus avantageux que la lecture, parce qu'il a pour résultat
« d'éclaircir tous les doutes, toutes les obscurités que celle-ci
« a pu laisser. *Nihil perfecte scitur, nisi dente disputationis*
« *feriatur.*

---

1. *La Chaire française au moyen âge*, 2ᵉ édition, p. 453.

« 5° Prier. C'est là, en effet, un des meilleurs moyens
« d'apprendre. Saint Bernard enseigne que la lecture doit
« exciter les mouvements de l'âme *(affectus)*, et qu'il faut
« en profiter pour élever son cœur à Dieu, sans pour cela
« interrompre l'étude...

« Certains écoliers agissent comme des fous : ils déploient
« de la subtilité dans les niaiseries, et se montrent dénués
« d'intelligence dans les choses capitales. Pour ne point pa-
« raître avoir perdu leur temps, ils assemblent des feuilles
« de parchemin, en forment d'épais volumes, remplis d'in-
« tervalles blancs à l'intérieur, et les recouvrent d'élégantes
« couvertures en peau rouge ; puis ils reviennent à la maison
« paternelle avec un petit sac bourré d'une science qui peut
« être dérobée par des malfaiteurs, rongée par les rats ou par
« les vers, détruite par le feu ou par l'eau.

« Pour acquérir l'instruction, il faut encore s'abstenir
« des plaisirs et ne pas s'embarrasser de soucis matériels.
« Il y avait à Paris deux maîtres liés ensemble, dont
« l'un avait beaucoup vu, beaucoup lu, et demeurait jour et
« nuit courbé sur ses livres ; à peine prenait-il le temps de
« dire un *Pater :* celui-là n'avait que quatre auditeurs. Son
« collègue possédait une bibliothèque moins garnie, était
« moins acharné à l'étude, entendait chaque matin la messe
« avant de donner sa leçon ; et pourtant son école était
« pleine. Comment faites-vous donc ? lui demanda le pre-
« mier. — C'est bien simple, dit-il en souriant : Dieu étudie
« pour moi ; je m'en vais à la messe, et, quand j'en reviens,
« je sais par cœur tout ce que je dois enseigner.

« La méditation ne convient pas seulement au maître : le
« bon écolier doit aller se promener le soir sur les bords de

« la Seine, non pour y jouer, mais pour y répéter ou y médi-
« ter sa leçon (¹). »

Ces derniers mots sont une allusion à la promenade du Pré-aux-Clercs, qui s'étendait le long de la Seine, et qui fut l'objet de tant de discussions entre l'Université et l'abbaye de Saint-Germain. Dès 1192, les étudiants avaient l'habitude d'aller y prendre l'air, mais pas toujours d'une manière aussi calme que l'eût voulu le fondateur de la Sorbonne, et en 1215, le règlement du légat Robert de Courçon le maintint dans la possession de ce privilège, quoique le pré ne fût pas encore la propriété de l'Université.

Robert de Sorbon termine en blâmant ceux qui se contentent d'une instruction incomplète et ne savent pas utiliser leur acquis : « La grammaire forge le glaive de la parole de
« Dieu ; la rhétorique le polit ; enfin la théologie le met en
« usage. Mais il y a des écoliers qui apprennent sans cesse
« à le fabriquer, à l'aiguiser, et, à force de l'effiler, ils finissent
« par l'user totalement (c'est-à-dire qu'ils se confinent dans la grammaire et la rhétorique sans aborder jamais la théologie, qui en est le couronnement ; il est donc bien vrai que, dans les idées du temps, un étudiant doit cultiver successivement toutes les sciences, contrairement à notre principe actuel de scinder les études et de *bifurquer* à moitié route).
« D'autres le tiennent renfermé dans le fourreau ; et, quand
« ils veulent l'en tirer, ils sont vieux, le fer est rouillé, ils ne
« peuvent plus rien produire. Quant à ceux qui étudient
« pour arriver aux dignités et aux prélatures, ils sont bien
« déçus, car ils n'y arrivent presque jamais (²). »

---

1. Bibl. nat., ms. lat. 15971, fol. 197 et suiv.
2. *Ibid.*

Cette esquisse est encore incomplète : elle ne nous montre que le travail particulier de l'élève, sans nous faire connaître le rôle du professeur. Celle-ci enseignait souvent, comme je le disais, au moyen de la *disputatio*. Mais il faisait aussi des *lectiones*, des discours familiers, à peu près comme ceux que l'on prononce dans nos cours publics, et durant lesquels les auditeurs prenaient des notes selon leur habileté ou leur fantaisie. Lorsqu'il s'agissait de l'explication d'un texte, ils suivaient dans un exemplaire à leur usage, ainsi qu'on peut le voir, entre autres, dans une miniature placée en tête d'un des manuscrits de Jean d'Abbeville, théologien fort en vogue au commencement du règne de saint Louis, miniature représentant des écoliers assis devant la chaire du maître (1). Puis, chaque samedi, on faisait la répétition ou la récapitulation de toutes les leçons données dans l'Université durant la semaine : cette séance était présidée par le *magnus magister scholæ* (2).

L'ensemble d'une pareille méthode offrait des avantages importants. Elle laissait surtout une large part à l'initiative de l'élève, qui était ordinairement d'un âge assez raisonnable pour travailler seul ; car il n'était pas rare de rester sur les bancs jusqu'à vingt-cinq ou trente ans. Celui qui poussait ainsi jusqu'au bout ses études universitaires, passait successivement par les rangs de *scholasticus*, de *bacellarius* et de *licentiatus*. On n'était réputé *scholasticus*, ou écolier attitré, que lorsqu'il était prouvé qu'on avait suivi les cours durant un temps déterminé. Les deux grades de bachelier et de licencié n'existaient pas primitivement : il n'y avait en réalité

---

1. Bibl. nat., ms. lat. 1516.
2. Robert de Sorbon (*Max. Bibl. Patr.*, XXV, 362) ; *La Chaire française au moyen âge*, 2ᵉ éd., p. 456.

que deux degrés, celui des étudiants et celui des maîtres. Devenait maître qui voulait et qui pouvait, pourvu qu'il eût reçu de l'autorité ecclésiastique la *licence* d'enseigner : la licence ne constituait donc pas un grade véritable, mais seulement une permission, comme son nom l'indique. Vers la fin du douzième siècle ou le commencement du treizième, à la faveur de la multiplication des écoles et des écoliers, on voit s'introduire dans l'usage un premier grade, le baccalauréat, puis un second, la licence, qui perd alors son caractère de simple autorisation pour devenir un titre plus défini. Le baccalauréat, qui tire son nom d'un certain genre de lutte auquel on habituait autrefois la jeunesse *(baculum)*, apparaît d'abord dans la Faculté des arts. Les étudiants de cette Faculté, après avoir étudié suffisamment leur *trivium*, s'exerçaient, eux aussi, à lutter ou à disputer sur les différentes matières qu'il contenait ; c'est ce qui s'appelait *déterminer*. Ceux qui avaient *déterminé* avec succès en présence des maîtres, aux époques fixées, notamment pendant le carême, étaient proclamés *bacheliers ;* ils acquéraient le droit de porter la chape ronde, signe distinctif de ce grade, et d'assister à la messe des nations. Le bachelier qui voulait conquérir la licence dans une Faculté quelconque se présentait, après de nouvelles études, au chancelier de l'Université, qui, à Paris, était le même que le chancelier de Notre-Dame et possédait seul alors le droit de collation, comme héritier de l'écolâtre diocésain, malgré les prétentions du chancelier de la puissante abbaye de Sainte-Geneviève, son compétiteur ([1]). Ce dignitaire le soumettait à une épreuve d'un autre genre, dont les indications fournies par Robert de Sorbon dans son discours sur

---

1. Thurot, *op. cit.* ; G. Bourbon, *loc. cit.*

la *Conscience* nous permettent de restituer la nature exacte. Le candidat recevait du chancelier un livre, sur lequel il devait être interrogé ; il l'emportait chez lui, le parcourait, puis notait et étudiait les questions ou les difficultés qu'il pouvait y rencontrer. Ainsi préparé, il revenait demander un jour pour son examen. Il comparaissait ensuite devant un jury, composé du même chancelier et de plusieurs maîtres, qui le faisaient discuter sur ces différents points ; ils le déclaraient admis s'il y avait lieu ; sinon, ils le renvoyaient à un an (1). Cette épreuve était, comme on le voit, beaucoup plus sérieuse que celle de la licence actuelle ; elle se rapprocherait plutôt de la thèse du doctorat, avec cette différence que le candidat n'avait pas le choix absolu de son sujet et n'écrivait pas sa discussion, deux conditions qui rendaient encore sa tâche plus difficile. Aussi les refus ou les ajournements étaient-ils fréquents. Mais, hélas ! la corruption se glissait quelquefois jusque parmi ces examinateurs austères ; on prétendait, du moins, qu'il était possible de leur arracher un diplôme à force d'argent et de sollicitations, et cette imputation servait de prétexte aux perturbateurs de l'ordre. Peut-être, après tout, n'était-ce qu'un propos de candidats malheureux ; nous savons assez combien leurs pareils éprouvent le besoin de se venger. Il était, en effet, interdit au chancelier d'accepter aucune somme ni aucun service en échange de la licence ; et il lui était même défendu de refuser ce grade à celui que la majorité des jurés avait reconnu *idoine*. Le licencié, une fois muni de l'approbation ecclésiastique, revenait devant les membres de sa Faculté et recevait de leurs mains un nouvel insigne : c'était le bonnet, qui faisait de lui un maître, et qui

---

1. *Max. Bibl. Patr.*, XXV, 362.

lui conférait la maîtrise ou le droit de professer à son tour (¹).

Ainsi était organisé l'enseignement dans cette florissante Université de Paris, dont les méthodes sont depuis longtemps tombées dans l'oubli, sans avoir été remplacées par des méthodes sensiblement meilleures, malgré tous les essais, toutes les modifications, tous les tâtonnements qui se sont succédé à de si courts intervalles, au détriment de la force et de la solidité de nos études supérieures. On pourrait ajouter à ce tableau bien des traits intéressants si l'on voulait parler des mœurs des écoliers, des doctrines universitaires, des luttes ardentes qui troublèrent presque dès le début une institution pacifique par nature, des efforts du pape et du roi pour y ramener la paix et la prospérité. Mais je n'ai point entrepris de retracer l'histoire de cette illustre corporation ; je me suis simplement proposé de présenter le tableau de son organisation à son époque la plus brillante. Ce court aperçu suffira, je l'espère, pour montrer que nos aïeux aimaient la science d'un amour passionné, qu'ils la cultivaient, qu'ils trouvaient partout le moyen de l'acquérir, et pour répondre à ces banales imputations d'ignorance ou d'obscurantisme lancées à tort et à travers contre le moyen âge. La réponse sera, du reste, plus péremptoire encore lorsqu'après avoir vu comment l'écolier s'initiait aux principales branches des connaissances humaines, nous aurons constaté ce qu'il faisait de cette instruction première, et à quel degré d'épanouissement la fleur ainsi semée dans l'intelligence de l'enfant ou du jeune homme, pouvait arriver chez l'homme mûr, sous le souffle de cette ardente passion pour la vérité.

1. Thurot, *op. cit.*

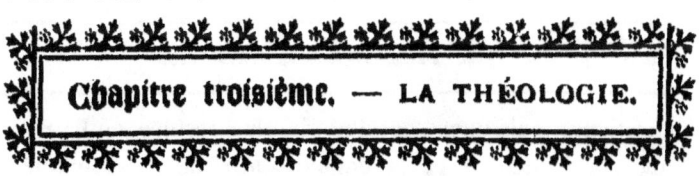

SOMMAIRE. — La théologie considérée comme la science supérieure et universelle. — La scolastique ; naissance et développement de cette méthode générale ; ses avantages et ses inconvénients. — Ses principaux adeptes : Albert le Grand, Alexandre de Halès, S. Thomas d'Aquin. — La *Somme*, ouvrage capital du Docteur Angélique ; plan de cette vaste encyclopédie religieuse. — Méthode particulière de l'auteur ; exemples de ses démonstrations. — Réaction anti-scolastique : Guillaume d'Auvergne ; S. Bonaventure ; conversation de ce dernier avec S. Louis.

EN tête de la longue nomenclature des connaissances humaines comprises dans le programme de ses études, le treizième siècle plaçait, comme nous l'avons déjà vu, la science de Dieu, la théologie. Et ce n'était point sans raison. Dieu n'est-il pas le sommet, n'est-il pas le terme de toute la vie intellectuelle, comme il est le but et la fin dernière de notre existence terrestre ? Le moyen âge l'avait ainsi compris ; mais il allait encore plus loin. Il faisait de la théologie la science universelle, il faisait rentrer dans son domaine chacune des autres, et pensait que, Dieu étant tout, l'étude de cet objet suprême devait embrasser tout. C'est ce que déclare en propres termes Henri de Gand, le Docteur solennel : « Bien que Dieu soit l'objet propre de la théologie, dit-il, elle renferme en elle tout le reste, puisqu'elle jette les fondements de la science et de la certitude. » Et non seulement c'était là l'opinion d'une longue série de siècles chrétiens ; mais dans l'antiquité la plus reculée, on l'a remarqué, la recherche et la connaissance de la Divinité, la théodicée, était la science par excellence, et chaque code religieux formait une véritable encyclopédie. La philosophie surtout lui était unie par les liens les plus étroits ; elle se confondait même avec elle, et ce n'est que par une distinction rétrospective, par une répartition artificielle de l'œuvre des grands docteurs, que nous parvenons aujourd'hui à établir d'un côté leur bilan philosophique, de l'autre leur bilan théologique. Cette œuvre est essentiellement une et simple, et, comme les corps simples, elle se prête difficilement à la décomposition chimique. On est fort embarrassé, par exemple, quand on veut considérer successivement à ces deux points de vue la *Somme* de saint Thomas. Les temps modernes ont prétendu, au contraire, isoler Dieu de tout, séparer sa connaissance, non seulement de la sagesse humaine, mais de tout le cycle des études ordinaires, la reléguer, en un mot, dans le monde des abstractions, pour ne pas dire des rêves. Ou je me trompe fort, ou cette prétention nouvelle a été le prélude et l'avant-coureur de celle qui s'étale si effrontément sous nos yeux : Dieu hors de la politique, hors de la société, et l'Église hors de l'État. Le philosophe qui sépare la science de Dieu de la science de l'homme est le père de l'athée qui veut enfermer le prêtre dans son temple, afin de le tenir sous clef. Entre les deux, il n'y a même pas toujours la distance d'une génération : le matérialisme et la Révolution sont frère et sœur ; ils coïncident, ils coexistent, et, pour qui les regarde de plus près, ils ne font qu'un.

Le principal effort de l'intelligence humaine aura donc pour théâtre, au moyen âge, la théologie. C'est sur ce terrain que s'effectueront ses plus brillantes conquêtes, c'est là qu'elle remportera ses plus beaux triomphes ; et, pour ne parler que du siècle dont nous avons à nous occuper, c'est là surtout qu'il acquerra cette prééminence, cette primauté éclatante qui lui a fait décerner souvent l'épithète de grand siècle chrétien. Qualification méritée, qu'il serait bien hors de propos de lui contester ici ; car, par une curieuse coïncidence, que dis-je ? par une double éclosion parfaitement rationnelle, qui est le résultat d'un sentiment et d'un amour uniques, cette époque voit naître simultanément dans l'ordre littéraire et dans l'ordre artistique deux chefs-d'œuvre éclipsant toutes les productions des âges de foi, les résumant, les condensant, pour ainsi dire : et ces deux chefs-d'œuvre, enfantés l'un à côté de l'autre, chantent chacun à leur façon la gloire de JÉSUS-CHRIST, sa domination effective sur la terre : la Sainte-Chapelle, cette merveille de l'art, et la *Somme*, cet admirable monument de l'esprit humain, sont l'expression synthétique de tout le génie du moyen âge, et toutes deux appartiennent précisément au règne de saint Louis.

Examinons rapidement le caractère de la théologie de ce temps et celui du grand ouvrage composé par son principal interprète. Le fond de la science théologique, sans doute, ne change pas ; il est immuable comme le dogme, qui peut se compléter de loin en loin sous l'inspiration du Saint-Esprit, et non se modifier. Mais la forme de la doctrine, la méthode de l'enseignement, qui sont la seule chose dont nous puissions nous occuper ici (car nous respectons trop profondément l'autorité de l'Église pour nous immiscer dans son rôle), sont, au contraire, variables : elles ont varié, et elles varient encore, puisque nous voyons se dessiner aujourd'hui un mouvement prononcé de retour vers les monuments de cette vieille scolastique, si méprisée naguère. La scolastique, voilà justement le nom donné à la forme revêtue alors par la théologie. Qu'est-ce donc que la scolastique ?

Par lui-même, ce nom ne signifie rien de bien particulier : il n'éveille pas d'autre idée que celle des écoles de clercs, si nombreuses au moyen âge, et dans lesquelles l'enseignement pouvait se donner de bien des manières. Mais, dans l'usage, il est attaché à l'idée de la dialectique et du syllogisme, parce que les écoles les plus florissantes adoptèrent le mode de l'argumentation pour enseigner les vérités religieuses. On a beaucoup médit de cette méthode scolastique, et il faut reconnaître que ses adeptes en ont abusé. Mais, par son principe même, ne se place-t-elle pas sur une base admirable ? n'offre-t-elle pas l'idéal tant cherché par les penseurs chrétiens de tous les temps ? ne résout-elle pas, en un mot, ce problème qui a tant préoccupé le monde moderne et que certains philosophes se sont hâtés de proclamer insoluble, l'accord de la foi avec la raison ? La scolastique discute, donc elle fait appel à la raison ; elle argumente, donc elle se sert de la lumière naturelle. Quand saint Thomas serre de près ses adversaires avec la rigueur d'un mathématicien, il ne s'appuie pas seulement sur les vérités révélées, il emprunte aussi des armes à l'entendement : et même un de ses ouvrages, la *Somme contre les Gentils*, est uniquement basé, à dessein, sur des raisonnements humains. Le principe de cette méthode est donc supérieurement lumineux, salutaire et fécond ; elle est par là d'une valeur plus actuelle que jamais.

A côté de cet immense avantage, la scolastique avait un bon côté précieux, en ce qu'elle aiguisait constamment l'esprit et le tenait en haleine, qu'elle habituait l'homme à porter des jugements rigoureusement établis, et qu'elle le préservait de tomber dans les pièges grossiers des sophistes. Elle a fini, je le veux bien, par tourner elle-même à la sophistication ; elle aussi, suivant le mot de Robert de Sorbon, usait le glaive du raisonnement en voulant trop l'affiler. Mais ce n'est plus là l'essence de son système ; c'en est l'abus, c'en est la corruption. Autant il faut dire du bien de l'un, autant il faut penser du mal de l'autre ; celui-là menait à la lumière, celui-ci à l'hérésie ; et c'est ainsi que les meilleures choses engendrent souvent les pires : *Corruptio optimi pessima*.

On peut fixer la naissance de la scolastique au onzième siècle. L'étude d'Aristote ayant repris alors une faveur exagérée, les théologiens, qui, jusqu'alors, s'étaient à peu près bornés au commentaire de l'Écriture et des Pères, s'efforcèrent d'exploiter à leur profit les ressources de la dialectique péripatéticienne, devenue l'arme à la mode. Il en résulta, dès le début, un alliage bizarre de vérités chrétiennes et de formules ou d'idées païennes, qui fit glisser les esprits faibles sur la pente de l'erreur ; car un des effets les plus certains et les plus frappants de la méthode de l'École en général était précisément de fortifier les forts, de donner l'essor au génie, et de faire dévoyer les intelligences d'un ordre secondaire. Le scepticisme d'Abailard et de Roscelin, le panthéisme d'Amaury de Chartres sortirent tout d'abord du creuset où se combinait cet alliage dangereux. L'Église les condamna énergiquement, sans toutefois interdire le système en lui-même, espérant sans doute qu'après l'expulsion de cette écume, l'or de la vérité apparaîtrait à son tour plus pur et plus clair, dégagé de ses scories par la main expérimentée d'un maître ; et elle ne se trompait pas, car ce maître devait se rencontrer.

La scolastique continua donc à étendre son empire, et au treizième siècle nous la trouvons en plein épanouissement. La plupart des docteurs composent des traités de controverse qui ne sont qu'un enchaînement de syllogismes et de déductions plus ou moins heureuses, intitulés *Questions, Sommes, Postilles* ou *Commentaires*. Ils prennent un texte, de préférence celui des *Sentences* de Pierre Lombard, qui ne sont qu'un recueil de propositions des Pères relatives aux dogmes, composé vers la fin du siècle précédent ; ils développent ce texte en gloses plus ou moins subtiles, dont ils couvrent les marges des manuscrits, et ils font l'application de ces propositions aux différents sujets controversés. L'Écriture-Sainte elle-même, lorsqu'elle est commentée, l'est presque exclusivement, ainsi que je le disais, au point de vue tropologique ; on l'envisage surtout comme une mine inépuisable de figures de toute espèce. De là bien des interprétations forcées, bien des discussions oiseuses, dont Pierre Lombard, tout en voulant ramener les esprits vers les monuments et la méthode de l'antiquité sacrée, avait lui-même donné plus d'un exemple : « Dieu existe-t-il spontanément ou nécessairement ? JÉSUS-CHRIST pouvait-il naître d'une espèce d'hommes différente de celle de la race d'Adam ([1]) ? » etc. La solution que l'on donne à ces problèmes et à d'autres semblables n'est pas toujours d'accord avec l'orthodoxie, parce qu'on ne tient compte que de la relation apparente des idées et des mots, et que toute proposition est érigée en

---

1. Cantu, *Hist. univ.*

axiome quand un syllogisme bien ou mal construit lui a donné son laisser-passer. De temps en temps les papes rappellent cette école de théologiens à l'ordre, c'est-à-dire à la saine étude des Saintes Écritures ; ils sont impuissants à endiguer le torrent. De nouvelles erreurs se produisent donc au grand jour, dans les chaires des universités, et appellent de nouvelles condamnations. Nous voyons, en 1240, l'évêque de Paris, Guillaume d'Auvergne, obligé d'anathématiser dans une assemblée de docteurs les théories suivantes, enfantées par les arguties de la dialectique :

L'essence de Dieu n'est point vue et ne sera jamais vue, ni des anges ni des hommes. L'essence divine, quoique la même dans le Père, le Fils et le Saint-Esprit, diffère néanmoins à raison de sa forme dans chacune des trois personnes. Le mauvais ange a été mauvais dès le premier instant de sa création. Les âmes glorifiées ne sont pas dans le ciel empyrée avec les anges, mais dans le ciel aqueux ou cristallin, au-dessus du firmament. Un ange peut en même temps se trouver en plusieurs endroits, et même partout, s'il le veut. Celui qui a reçu de meilleures dispositions naturelles doit nécessairement recevoir plus de grâce et plus de gloire. Le démon et l'homme avant leur chute n'ont pas eu de secours pour ne point pécher. Etc.

Un des successeurs de Guillaume, Étienne Tempier, réprouve à son tour, en 1270, treize propositions enseignées dans les écoles par de trop fidèles disciples d'Aristote, sur la nature de l'âme, sur le libre arbitre, sur le gouvernement de la Providence, sur l'étendue de la puissance divine. On le voit, les dogmes les plus fondamentaux sont atteints par la sophistique de ces ergoteurs. La Faculté des arts de Paris interdit, en 1271, à la suite du décret épiscopal, d'agiter de pareilles questions. Peine perdue ; on y revient un peu plus tard, et les rechutes se succèdent comme les anathèmes.

Et quand l'abus ne va pas jusqu'à l'hérésie, il va quelquefois jusqu'à la puérilité. On croirait qu'Étienne de Langton, ce prélat anglais si justement célèbre à d'autres égards, accomplit une gageure lorsqu'il entreprend de commenter une chanson française : « *Bele Aliz un matin leva* », et qu'il trouve dans chaque vers, que dis-je ? dans chaque mot matière à interprétation pieuse et symbolique, à distinction, à définition. Là est l'excès, je le répète ; là est le mal. Mais, parce que des maladroits se blessent ou blessent leurs voisins avec une arme dangereuse, s'ensuit-il que cette arme soit mauvaise et qu'elle ne puisse rendre des services entre des mains plus habiles ? Nous venons de voir le vilain côté des choses, et nous ne l'avons pas atténué. Voyons maintenant les œuvres de ce que j'appellerai la saine scolastique.

Voici d'abord le maître du Docteur Angélique, Albert le Grand, cet homme universel, dont la gloire fut éclipsée par celle de son disciple, mais qui avait prédit lui-même cette gloire et l'avait préparée. Le bienheureux Albert cultive à la fois toutes les branches de la science, la philosophie, l'éloquence, la physique, la chimie, l'histoire naturelle ; cependant, malgré son admiration sans bornes pour Aristote, il demeure, en tout et partout, essentiellement théologien. Tout en adoptant docilement la mode de son temps, et jusqu'à ses défauts, il élargit la méthode et les idées de l'École. Ses commentaires de l'Écriture sont de vrais commentaires, suivant l'ordre du texte, embrassant le sens moral, historique, littéral, aussi bien que le sens allégorique et mystique. Sa *Somme*, bien oubliée aujourd'hui, mais célèbre pendant plusieurs siècles, offre déjà les proportions d'un cours général de théologie méthodiquement disposé. Dans un traité plus spécial, intitulé *Summa de creaturis*, il envisage successivement la matière première, le temps, le ciel et l'ange. D'après son système, l'esprit pur, la matière pure, le lieu et le temps dans leur état originel constituent quatre créations primordiales, qu'il étudie dans une première partie ; puis il passe à la création secondaire et au chef-d'œuvre de cette création, c'est-à-dire à l'homme, à son âme, à son corps, à ses facultés, aux modes de son existence présente et future. Ce plan est aussi vaste que rationnel, et l'auteur l'exécute en philosophe, en naturaliste, en docteur chrétien, tant il est vrai que pour lui, comme pour la plupart de ses contemporains, la théologie embrasse tout. Dans son ouvrage sur l'âme (*De anima*), il s'élève, par moments, à des hauteurs contemplatives où il perd complètement la sécheresse de la forme scolastique, et dans son livre dirigé contre Averroès (*De unitate intellectus*), il nous montre encore l'âme placée sur les limites du temps et de l'éternité, participant de ces deux mondes, l'un terrestre et l'autre divin, dont elle forme la réunion ; puis il arrive par une discussion régulière à la démonstration de la personnalité, qui le préoccupe le plus, et à la réfutation du vieux panthéisme oriental, « cette erreur absurde et détestable, dit M. Jourdain, ce rêve qui a, suivant lui, tous les caractères de la démence ([1]) ». Dans ce but, il expose trente arguments invoqués par les averroïstes en faveur de l'unité des âmes, et il développe trente-six arguments contraires proposés par les docteurs catholiques. Cette discussion est certainement

---

1. Jourdain, *La philosophie de saint Thomas.*

hérissée de subtilités et de syllogismes qui sonnent étrangement à nos oreilles modernes. Mais n'oublions pas qu'Albert le Grand et ses imitateurs se trouvaient en face d'un débordement d'opinions hétérodoxes, de théories panthéistes, qui s'appuyaient précisément sur la philosophie et la dialectique païennes : il fallait opposer à leurs partisans leur propre système, il fallait les vaincre à l'aide de leurs propres armes ; et c'est la tâche que le bienheureux Albert a commencée, que son disciple devait achever.

Voici maintenant Alexandre de Halès, le premier Frère Mineur qui ait porté le titre de docteur et qui ait joint à l'humilité de la robe de saint François l'élévation du génie humain. Au milieu d'un sermon du frère Jean de Saint-Gilles, cet ancien médecin qui était lui-même descendu de chaire, un jour, pour revêtir l'habit de saint Dominique, Alexandre interrompit l'orateur pour se faire franciscain séance tenante. Lui aussi commente la Bible et le Maître des Sentences ; lui aussi compose une *Somme* ; et cette *Somme*, déclarée classique par la cour de Rome, lui attire un concert d'éloges dont l'écho retentit jusqu'en plein dix-huitième siècle. Ses contemporains le surnomment le docteur des docteurs, ou le docteur irréfragable ; Trithème, Bale ne le jugent inférieur à personne en érudition théologique et en philosophie séculière, et Fleury lui-même, l'historien gallican, ne trouve à lui reprocher, avec le goût des questions curieuses, que sa doctrine absolue au sujet de la suprématie du pape sur les rois ; mais Fleury n'est vraiment point un juge impartial dans cette question. De nos jours, le savant dominicain et son œuvre ont été consciencieusement appréciés par la critique : « Considérée isolément, a-t-on dit, chaque partie de la *Somme* d'Alexandre de Halès est peut-être dépourvue d'originalité, en ce sens que la doctrine est presque tout entière empruntée aux saints Pères et à la tradition ; mais l'ensemble a une incontestable grandeur. Le dogme catholique s'y trouve pour la première fois exposé dans tous ses détails, selon les formes du syllogisme, et avec la rigueur que cette méthode sévère communique à la pensée. Cet ouvrage délimitait le terrain de la controverse religieuse, et fermait les issues que l'absence de définitions laissait à l'erreur (1). » Or, ce terrain délimité par notre théologien est d'une étendue immense : il n'embrasse rien moins que les attributs de Dieu et de la Sainte Trinité, la Création et les créatures, l'Incarnation et les Sacrements. Telles sont les quatre parties de l'œuvre d'Alexandre, et ce plan peut donner à lui seul une idée de la vaste envergure de son esprit. Tous ces traités, toutes ces *Sommes* sont de véritables encyclopédies, et leurs subtilités ne nous semblent souvent trop profondes que parce que nous sommes déshabitués de pareilles profondeurs et que nous ne pouvons plus y atteindre.

Je passe rapidement sur ces premières illustrations de l'École pour arriver à la véritable incarnation du génie scolastique, à ce grand « bœuf muet », comme l'appelaient ses condisciples, mais bœuf dont les mugissements devaient retentir par toute la terre, comme l'ajoutait son maître. La taciturnité du jeune Thomas d'Aquin était déjà de la méditation. Quand il parla et quand il écrivit, il méditait, il contemplait encore, et l'on eût dit un aigle audacieux volant et s'élevant dans le ciel, l'œil immuablement fixé sur le soleil. Sans lui, la scolastique se fût peut-être égarée dès le milieu du grand siècle

---

1. Jourdain, *ibid.*

chrétien, comme elle devait le faire au siècle suivant, par l'exagération de son principe et de sa méthode mêmes ; mais Dieu voulut, en le suscitant, ménager au monde catholique un sursis, aux âges de pure foi une prolongation miséricordieuse. Il avait envoyé saint François et saint Dominique pour résister à la poussée de l'hérésie manichéenne, saint Louis pour résister à la poussée de l'esprit de sécularisation politique et sociale ; il envoyait saint Thomas pour reculer l'avènement du scepticisme moderne, qui déjà commençait à percer dans les écoles. Ce siècle a reçu vraiment bien des faveurs refusées à d'autres temps. Le danger venait alors de l'abus de la dialectique et de la philosophie grecques. Le catholicisme ne supprima ni l'une ni l'autre ; il fit mieux : il s'en empara, il les asservit, il se les appropria, comme aux premiers âges de l'Église il s'appropriait les basiliques païennes pour en faire des temples chrétiens. Telle a toujours été sa politique : ne pas détruire, mais conserver et transformer ; ne pas tuer, mais convertir ; ne pas anéantir le fruit des laborieux travaux d'un monde écroulé, mais le purifier et en profiter. C'est là l'esprit de l'Église dans tous les temps ; ce fut la mission particulièrement réservée à l'Ange de l'École.

Il faudrait une étude et une compétence particulières pour apprécier l'une après l'autre les différentes parties de l'œuvre de saint Thomas. Un philosophe chrétien qui était en même temps un érudit consommé, M. Charles Jourdain, s'est chargé de le faire dans un livre précieux, qui est à peu près le seul ouvrage consacré par la critique contemporaine à l'immense monument de la théologie du treizième siècle, mais où il n'a pu, lui non plus, séparer l'élément théologique de l'élément philosophique. Je ne le suivrai pas dans ses études sur les traités secondaires de saint Thomas, si l'on peut appeler secondaires des écrits comme les commentaires d'Aristote et des *Sentences*, les *Questions controversées*, la *Somme contre les Gentils*, les expositions du livre de Job, des Psaumes, des prophéties d'Isaïe et de Jérémie, du Cantique des cantiques, des Évangiles de saint Matthieu et de saint Jean, des Épîtres de saint Paul, de l'Oraison Dominicale, de la Salutation Angélique, du Symbole des Apôtres, du Décalogue, et surtout comme cette fameuse *Chaîne dorée (Catena aurea)* où les quatre Évangiles sont reliés avec des extraits des Pères et des anciens commentateurs dans un discours suivi et merveilleusement enchaîné. Voilà, en effet, la liste des productions qui s'ajoutent à la grande *Somme de théologie* pour former le bilan authentique du plus fécond de nos docteurs, liste que l'on pourrait encore grossir énormément en y joignant toutes les compositions qui lui ont été attribuées. Ce serait beaucoup trop pour l'examen le plus sommaire : je me bornerai donc ici à son ouvrage capital, à celui où sa doctrine est condensée et qui reflète le mieux son brillant génie.

En premier lieu, qu'a voulu faire l'auteur de la *Somme*? A-t-il entendu simplement se conformer à la tradition reçue dans l'École et ajouter une compilation de plus à toutes celles qu'avait fait éclore avant lui le goût scolastique? Non ; il a voulu rectifier et perfectionner cette tradition ; il a voulu réagir contre le côté dangereux de ce goût. Loin de sacrifier aveuglément à Aristote, il annonce qu'il fera une exposition claire et méthodique, et non une simple série de syllogismes ; il se pose formellement en adversaire de l'abus de l'argumentation. Voici le texte même de son prologue :

« Notre but dans cet ouvrage est d'exposer tout ce qui

« regarde la religion chrétienne de la manière la plus conve-
« nable pour l'instruction de ceux qui sont au début de la
« carrière ; car nous avons remarqué que les jeunes élèves en
« théologie trouvent beaucoup de difficultés dans les divers
« traités dont ces matières ont été l'objet. Tantôt on multi-
« plie inutilement les questions, les articles et les arguments ;
« tantôt, au lieu de présenter dans un ordre logique les cho-
« ses qu'il est nécessaire de savoir, on attend que l'explication
« d'un texte ou les incidents de la controverse fournissent
« l'occasion d'en traiter. En nous efforçant d'éviter ces défauts
« et tous les autres du même genre, nous essayerons, confiant
« dans le secours d'en-haut, d'exposer tout ce qui concerne
« la science sacrée aussi clairement et aussi brièvement que
« notre sujet le comportera [1]. »

Le plan de la *Somme* offre une majestueuse synthèse de toutes les matières théologiques. C'est la plus complète des encyclopédies religieuses. Elle comprend trois parties, formant chacune un immense domaine, dont le défrichement suffirait à lui seul pour occuper plusieurs vies d'homme. La première traite de Dieu, de ses perfections, de ses attributs, spécialement de sa science infinie, puis des anges, de la création, de l'homme, de son âme, de son corps et de toutes ses facultés. A ces vastes sujets, embrassés déjà, mais avec moins de puissance, par Albert le Grand et par Alexandre de Halès, l'auteur fait succéder, dans une seconde partie, la fin dernière de l'homme, la béatitude suprême, les actes volontaires et involontaires, les passions, les habitudes, les vertus et les vices, le péché, la loi, la grâce, le mérite, en un mot, tout ce qui se rattache à la vie spirituelle. Un supplément, ajouté par saint

---

1. Traduction de M. l'abbé Drioux, modifiée par Jourdain, *op. cit.*, I, 179.

Thomas à cette partie sous le titre de *Secunda secundæ*, et qui est un des fragments les plus renommés de son œuvre, revient sur les vertus théologales, sur les vertus cardinales, sur la grâce, sur la vie active et la vie contemplative. La troisième, enfin, renferme un traité particulier sur JÉSUS-CHRIST et un traité sur les sacrements, malheureusement inachevé, par l'auteur, interrompu par la mort, s'est arrêté à la quatre-vingt-dixième question de ce dernier livre, qui est relative aux conditions de la pénitence, et le complément dont elle est suivie dans plusieurs éditions est simplement tiré du commentaire de saint Thomas sur le Maître des sentences. Ainsi donc, comme la plupart des belles églises auxquelles je comparais plus haut ce grandiose monument de la foi et du génie catholiques, la *Somme* nous est parvenue incomplète ; il lui manque, à elle aussi, une tour, un clocher, un couronnement. Mais quand l'architecte mourut, en 1274, Dieu jugeait sans doute qu'il avait assez fait pour sa gloire. Il n'avait pas encore cinquante ans, et déjà sa doctrine et ses écrits remplissaient le monde.

Quant à la méthode particulière de la *Somme*, voici en quoi elle consiste. L'auteur énonce ordinairement sous forme de question chaque point de son enseignement. Il expose ensuite tous les arguments que peuvent produire sur ce point les opposants, en les réduisant en syllogismes, mais avec une telle loyauté, que, suivant la remarque de l'historien Cantu, ceux qui ont eu la mauvaise foi de supprimer ses réponses, ont pu puiser là toute la substance des hérésies ; puis il donne à son tour ses raisons, et tire la conclusion avec une rigueur presque géométrique. La discussion est serrée, concise, dépourvue d'ornements ; mais les ornements n'ont rien à faire ici. Il y a, dans les trois parties de la *Somme*, plus de cinq cents de ces questions, subdivisées elles-mêmes en plus de deux mille six cents articles ou questions secondaires, traitées de la même façon. Saint Thomas conserve donc la vraie forme scolastique ; mais comme il l'annonçait dans son prologue, il la perfectionne, en introduisant un ordre admirable dans ses démonstrations, et une sobriété, une clarté exemplaires dans le développement de chacune d'elles. Ajoutons, avec M. Jourdain, qu'il n'est pas rare de trouver chez lui des passages « où l'austérité de l'exposition s'adoucit, le style s'échauffe, les formes tendent à s'élargir, et qui laissent entrevoir, sous les froides analyses du logicien, le cœur même de l'homme et les élans contenus de son ardente piété ». Il ne faut pas croire, en effet, comme l'ont répété les philosophes de l'école moderne, que la théologie scolastique desséchait le cœur et ne laissait de place qu'au seul raisonnement, que la métaphysique était complètement sacrifiée à la dialectique, la contemplation ou l'observation à la déduction. Rien ne vaut mieux, pour détruire cette idée fausse, ou au moins exagérée, et pour faire connaître saint Thomas en esprit et en vérité, son style, sa méthode, sa profondeur, que la lecture d'un fragment textuel de la *Somme*. Je reproduirai ici, d'après la traduction du P. Gratry et de l'abbé Drioux, celui qui regarde le plus fondamental et le plus universel de tous les dogmes, le dogme de l'existence de Dieu.

« Dieu existe-t-il ?

« Ceux qui le contestent procèdent ainsi :

« 1. Il semble que Dieu n'existe pas. Car si, de deux contraires, l'un est infini, l'autre est totalement détruit. Or, par le nom de Dieu, on entend le bien infini. Par conséquent, si Dieu existe, le mal ne doit pas exister. Mais, par le fait, il y a du mal dans l'univers ; donc Dieu n'existe pas.

« 2. En outre, ce qui peut être l'œuvre de principes peu nombreux ne doit pas être rapporté à un plus grand nombre. Or, il semble que tout ce que nous voyons dans le monde pourrait être produit par d'autres principes, dans l'hypothèse où Dieu n'existerait pas. Ainsi les choses naturelles seraient ramenées à un principe unique, qui est la nature, et celles qui résultent de notre liberté seraient ramenées également à un principe unique, qui est la raison ou la volonté humaine : donc il n'est pas nécessaire d'admettre l'existence de Dieu.

« Je réponds qu'on peut démontrer l'existence de Dieu de cinq manières :

« 1. La première preuve et la plus évidente est celle qu'on tire du mouvement.

« Il est certain, et les sens le constatent, que dans ce monde il y a des choses qui sont mues. Or, tout objet mu reçoit le mouvement d'un autre. Aucun être, en effet, n'est mu qu'autant qu'il était en puissance par rapport au mouvement ; et, en sens inverse, une chose n'en meut une autre qu'autant qu'elle est elle-même en acte, puisque mouvoir n'est pas autre chose que faire passer un être de la puissance à l'acte, et qu'évidemment ce passage ne peut s'opérer que par le moyen d'un être qui est en acte lui-même. Ainsi ce qui est chaud en acte, comme le feu, rend le bois, de chaud en puissance qu'il était, chaud en acte, et par là même il le meut et le consume. Mais il n'est pas possible qu'une même chose soit tout à la fois, et sous le même rapport, en acte et en puissance ; elle ne peut l'être que sous des rapports différents ; car ce qui est chaud en acte ne peut pas être en même temps chaud en puissance. Il est donc impossible que le même être, sous le même rapport et de la même manière, soit à la fois mu et moteur, c'est-à-dire qu'il se meuve lui-même. Par conséquent, il faut que tout objet qui est mu le soit par un autre. Si donc le moteur est lui-même en mouvement, il faut un autre moteur pour le mouvoir, et après celui-ci un autre encore. Mais on ne saurait aller indéfiniment ; car alors il n'y aurait pas de premier moteur, et, par conséquent, il n'y aurait aucun moteur ; car les seconds moteurs ne meuvent qu'autant qu'ils ont été mus eux-mêmes par un moteur premier. Ainsi un bâton ne meut que s'il est mu lui-même par la main de celui qui le tient. Il est donc nécessaire de remonter à un premier moteur qui n'est mu par aucun autre, et c'est ce premier moteur que tout le monde appelle Dieu.

« 2. La seconde preuve se déduit de la notion de la cause efficiente.

« Dans les choses sensibles nous découvrons un certain enchaînement de causes efficientes. On ne trouve cependant pas, et il n'est pas possible de trouver rien qui soit sa cause efficiente, parce qu'alors cette cause serait antérieure à elle-même, ce qui répugne. Il n'est pas possible, d'autre part, que dans la série des causes efficientes, on remonte de cause en cause indéfiniment. Car, d'après le mode de coordination de ces causes, la première est cause de celle qui tient le milieu, et celle qui tient le milieu est cause de la dernière, soit que les causes intermédiaires soient nombreuses ou qu'il n'y en ait qu'une seule. Comme, en ôtant la cause, on ôte aussi l'effet, il suit de là que, si dans les causes efficientes on n'admet pas une cause première, il n'y aura ni cause dernière ni cause moyenne.

« Mais si, pour les causes efficientes, on remontait de cause en cause indéfiniment, il n'y aurait pas de cause efficiente première, et, par conséquent, il n'y aurait ni dernier effet ni causes efficientes intermédiaires ; ce qui est évidemment faux. Donc il est nécessaire d'admettre une cause efficiente première, et c'est cette cause que tout le monde appelle Dieu.

« 3. La troisième preuve est tirée du possible et du nécessaire, et on l'expose ainsi.

« Dans la nature, nous trouvons des choses qui peuvent être et ne pas être, puisqu'il y en a qui naissent et qui meurent, et qui peuvent par conséquent exister et n'exister pas. Or, il est impossible que de tels êtres existent toujours, parce que ce qui peut ne pas exister n'existe pas à un moment donné. Donc, si tous les êtres pouvaient ne pas exister, il y aurait eu un temps où rien n'existait. Mais, dans ce cas, rien n'existerait encore maintenant ; car ce qui n'existe pas ne peut recevoir la vie que par ce qui existe. Si donc aucun être n'eût existé, il eût été impossible que quelque chose commençât à exister. Donc rien n'existerait ; ce qui est manifestement faux. Donc tous les êtres ne sont pas des possibles, mais il doit exister dans la nature un être nécessaire. Or, tout être nécessaire, ou bien emprunte à un autre sa nécessité d'être, ou bien la tient de lui-même. Mais il ne l'emprunte pas à une cause étrangère ; car, pour les causes nécessaires pas plus que pour les causes efficientes, on ne peut remonter indéfiniment de cause en cause, ainsi que nous venons de le prouver. Donc il faut admettre un être qui soit nécessaire par lui-même, qui ne tire pas d'ailleurs la cause de sa nécessité, mais qui donne, au contraire, aux autres êtres tout ce qu'ils ont de nécessaire, et c'est cet être que tout le monde appelle Dieu.

« 4. La quatrième preuve est prise des divers degrés de perfection qu'on remarque dans les êtres.

« La nature présente du plus et du moins dans la bonté, la vérité, la noblesse et les autres qualités des choses. Or, le plus et le moins se disent d'objets différents, selon qu'ils approchent à des degrés inégaux de ce qu'il y a de plus élevé. Ainsi, un objet est plus chaud à mesure qu'il s'approche davantage de la chaleur portée au degré le plus extrême. Il y a donc quelque chose qui est le vrai, le bon, le noble, et, par conséquent, l'être par excellence ; car le vrai absolu, comme le dit Aristote (*Métaph., II, text. 4*), est l'être absolu. Or, ce qu'il y a de plus élevé, dans quelque genre que ce soit, est cause de tous les degrés de perfection que ce genre renferme. Ainsi que le feu, qui est ce qu'il y a de plus chaud, est cause de tout ce qui est chaud, comme le dit encore Aristote, de même il y a une cause de tout ce qu'il y a d'être, de bonté et de perfection dans tous les êtres, et c'est cette cause que nous appelons Dieu.

« 5. La cinquième preuve est empruntée au gouvernement du monde.

« Nous voyons que les êtres dépourvus d'intelligence, comme les êtres matériels, agissent d'une manière conforme à leur fin ; car on les voit toujours, ou du moins le plus souvent, agir de la même manière pour arriver à ce qu'il y a de mieux. D'où il est manifeste que ce n'est point par hasard, mais d'après une intention qu'ils parviennent ainsi à leur fin. Mais les êtres dépourvus de connaissance ne tendent à une fin qu'autant qu'ils sont dirigés par un être intelligent qui connaît cette fin, comme la flèche est dirigée par le chasseur. Donc il y a un être intelligent qui coordonne toutes les choses naturelles à leur fin, et c'est cet être qu'on appelle Dieu.

« Il faut opposer au premier argument la réponse même de saint Augustin *(Enchirid., c. II)* ; Dieu étant souverainement bon, il ne permettrait jamais qu'il y eût quelque chose de mauvais dans ses œuvres, s'il n'était à tel point puissant et bon, qu'il fait sortir le bien du mal même. Il appartenait donc à sa bonté infinie de permettre que le mal existât, afin de produire un plus grand bien.

« Il faut répondre au second argument que, la nature n'agissant pour une fin déterminée que sous la direction d'un agent supérieur, il est nécessaire qu'on rapporte à Dieu, comme à leur cause première, toutes les choses que la nature opère. De même, tout ce qui est fait avec intention doit être rapporté à une cause plus élevée que la raison et la volonté humaines. Car la raison et la volonté humaines sont choses changeantes et faillibles, et tout ce qui est faillible et changeant doit être ramené à un premier principe immobile et nécessaire en soi, comme nous l'avons prouvé (1). »

Ainsi, saint Thomas admet les preuves tirées des œuvres visibles de Dieu ; il ne méconnaît point la portée de l'observation, de l'expérience, et il ne se confine nullement, pas plus pour la forme que pour le fond, dans les aridités de la dialectique. Que de hautes et belles pensées dans ces quelques lignes ! Que de choses en peu de mots, et quels regards

---

1. Saint Thomas, *Summa Theologiæ*, I, quæst. 2. Jourdain, *La philosophie de saint Thomas*, I, 194-199.

d'aigle à cet Ange de l'École dans son essor vers les horizons infinis ! Je voudrais pouvoir donner une idée plus complète de sa doctrine ; je voudrais le montrer conciliant, par de vrais tours de force de sagacité, le gouvernement de la Providence avec le libre arbitre, l'existence du mal avec les attributs divins, le principe de la pauvreté monastique avec celui de la propriété, la répression de l'hérésie avec la tolérance des infidèles, approfondissant, en un mot, en résolvant les problèmes les plus délicats que l'esprit humain ait jamais rencontrés dans sa marche à travers les siècles. Mais je dois réserver une petite place pour un autre groupe de théologiens qui en occupa une assez grande dans la société. Nous reviendrons, d'ailleurs, à saint Thomas lorsque nous examinerons l'enseignement philosophique. Ce que j'ai dit suffira, je l'espère, pour légitimer et confirmer aux yeux du lecteur le jugement général que je portais tout à l'heure : l'œuvre de la scolastique, et spécialement de son représentant le plus illustre, fut le triomphe de la raison appliquée à la révélation.

L'invasion des procédés et des idées d'Aristote n'était pas tellement universelle, n'avait point tellement pénétré le monde des théologiens, qu'un certain nombre n'échappassent à la tyrannie de la mode. On a souvent affecté de ne voir au treizième siècle que la grande école dont nous venons de nommer les sommités ; on a gémi sur la disparition de cette partie de la théologie, qui, par la contemplation, porte particulièrement à la piété tendre, et qui parle plus au cœur qu'à l'esprit. Cependant elle n'avait pas disparu autant qu'on le prétend. Il y avait, non pas précisément une école rivale de celle qui était en faveur (ce serait trop dire peut-être), mais au moins un courant qui tendait à s'écarter de la voie scolastique et à réagir contre les nouveaux systèmes en perpétuant la tradition des anciens. Guillaume d'Auvergne, peut, jusqu'à un certain point, être classé parmi ces courageux réactionnaires. Son esprit primesautier, son genre éminemment personnel et original ne s'accommodaient guère des entraves de la dialectique. Dans son vaste traité *De universo*, où il passe en revue l'univers matériel et l'univers spirituel, la condition des êtres en général et des créatures intelligentes en particulier, l'enchaînement des idées est sans doute moins serré que dans les compositions analogues dont j'ai parlé : mais la forme paraît moins sèche ; l'auteur ne procède pas par syllogismes ; il combat souvent Aristote, et les idées platoniciennes se mêlent chez lui, dans une proportion remarquable, à celles du philosophe de Stagyre. Il n'en résulte point, comme l'avance Daunou, une sorte d'éclectisme vague et indécis, mais une doctrine éminemment pure et une métaphysique élevée. Dans la seconde de ses œuvres, par ordre d'importance, dans son *De anima*, il confine de très près à la méthode cartésienne, si admirée des temps modernes. « En psychologie, comme l'observe M. Jourdain, il démontre la spiritualité de l'âme à la manière de Descartes, par le sentiment intérieur que nous avons de nous-mêmes, sans que nulle image sensible altère la pureté de cette notion. » C'est une grande originalité, à une telle époque. Aussi est-ce avec un véritable plaisir que les amis de la science ont récemment salué l'apparition d'une étude approfondie sur ce maître éminent, étude qui a justement mis en lumière le mérite de son éloquence, l'étendue de son savoir, et la valeur de ses expositions théologiques ([1]).

1. *Guillaume d'Auvergne, évêque de Paris*, par Noël Valois ; in-8°, Paris, 1880.

Un autre prélat, Benoît d'Alignan, évêque de Marseille, nous a laissé un traité de théologie pratique, rédigé par questions et réponses, et dans lequel il ne reste plus trace des syllogismes ni des distinctions de la scolastique ; c'est une démonstration de la vérité catholique et une réfutation des différentes hérésies, intitulée *De summa Trinitate et fide catholica*. Le célèbre Henri de Gand, plus dialecticien dans la forme, est plus spiritualiste au fond que les disciples d'Aristote ; il renouvelle la vieille lutte du nominalisme et de l'idéalisme, des doctrines péripatéticiennes et des doctrines platoniciennes, et, en soutenant ces dernières, il s'attaque même à saint Thomas d'Aquin, préludant ainsi aux contradictions et aux querelles qui devaient diviser, au siècle suivant, pour d'autres motifs, les thomistes et les scotistes. Mais la plus grande illustration que l'on rencontre parmi les dissidents de l'École, c'est saint Bonaventure, le plus complet de tous les docteurs, au dire de Gerson. « Nulle doctrine, ajoute
« le même, n'est plus sublime, plus divine, plus salutaire, plus
« douce que la sienne. Il s'abstient tant qu'il peut de toute
« curiosité et sait éviter les doctrines séculières, dialectiques
« ou physiques, cachées sous des formes théologiques ; en
« travaillant à éclairer l'esprit, il a pour but de faire naître la
« piété dans les cœurs. Et c'est peut-être ce qui l'a fait négli-
« ger par des scolastiques indévots [1]. » Et saint Antonin avertit, de son côté, que « ceux qui préfèrent la connaissance des choses divines aux vanités aristotéliques, découvriront dans ses livres la pénétration de son esprit [2] ». C'est là la raison qui a fait décerner à l'auteur du *Breviloquium*, de la

1. V. *Hist. litt. de la France*, t. XIX, p. 266 et suiv.
2. *Ibid.*

Légende de saint François, de l'*Apologie des pauvres* et de tant d'autres opuscules remplis d'onction et de sens mystique, le beau nom de Docteur Séraphique, témoignage de l'admiration de ceux-là mêmes dont il se séparait par son genre et par ses tendances. Saint Thomas et saint Bonaventure personnifient bien, l'un et l'autre, le génie des deux ordres religieux dont ils ont fait la gloire : le premier est la lumière ; le second est la charité. C'est précisément ainsi que le *Dante* qualifie le fondateur des Frères prêcheurs et celui des Frères Mineurs : et il semble vraiment que saint Dominique et saint François aient transmis à leurs disciples respectifs quelque chose de leur caractère personnel, comme le père transmet à ses enfants les signes distinctifs de sa race.

Les deux grands docteurs du treizième siècle furent l'un et l'autre en rapport avec saint Louis, ce théologien couronné, qui faisait ses délices de la lecture de saint Augustin, qui expliquait l'Écriture à ses courtisans, qui suivait avec assiduité les sermons, en rectifiant au besoin les opinions de l'orateur avec une étonnante sûreté d'érudition. Effectivement ces hautes intelligences étaient bien faites pour se comprendre, ces larges cœurs pour se rapprocher. Le fait est déjà connu pour ce qui regarde saint Thomas ; chacun sait que le roi le consultait sur ses plus délicates affaires, qu'il l'admettait fréquemment à sa table, et qu'il suspendait avec une pieuse curiosité le repas pour permettre à l'humble dominicain de mettre immédiatement par écrit les arguments que le commerce d'un si noble esprit lui faisait trouver contre les Manichéens. Mais, pour saint Bonaventure, la chose a toute la saveur de la nouveauté. Non seulement des sermons prêchés dans la chapelle royale attestent ses relations avec la cour ; mais une anecdote des plus intéressantes et des plus édifiantes, découverte récemment dans un manuscrit d'Italie, par le P. Fedele da Fanna, tandis qu'il préparait les matériaux d'une édition complète et critique des œuvres du Docteur Séraphique, nous dépeint admirablement un de ces entretiens sublimes dans leur simplicité, tels que le saint roi en avait avec les clercs de son entourage. « Le roi Louis, racontait le frère Bonaventure lui-même, me posa un jour cette question : Qu'est-ce que l'homme devrait préférer s'il avait le choix, ou de ne point exister, ou d'exister pour être condamné aux tourments éternels ? Je lui répondis : Monseigneur, cette question suppose deux points : d'une part, l'offense perpétuelle de Dieu, sans laquelle le juge suprême n'infligerait pas une peine éternelle, et d'autre part, une souffrance sans fin. Comme personne ne saurait accepter de demeurer en état d'hostilité perpétuelle avec Dieu, je pense qu'il vaudrait mieux choisir de ne point exister. Alors ce très pieux adorateur de la Majesté divine et ce prince très chrétien ajouta, en se tournant vers les assistants : Je m'en tiens à la décision de mon frère Bonaventure, et je vous atteste que j'aimerais mille fois mieux être réduit au néant, que de vivre éternellement dans ce monde et même d'y jouir de la toute-puissance royale en offensant mon Créateur ([1]). » Parole que le narrateur exalte à juste titre et bien digne du fils de Blanche de Castille.

Arrêtons-nous sur ce trait significatif. Il caractérise non seulement l'esprit d'un homme, mais celui de toute la théologie du temps. On y trouve à la fois le raisonnement, presque

---

[1]. V. la notice latine publiée par le P. da Fanna sur son édition de saint Bonaventure, que la mort l'a malheureusement empêché de mener à bonne fin.

le syllogisme et le feu de l'amour divin qui embrasait réellement les docteurs les plus froids et les plus secs dans la forme. On y respire, pour ainsi dire, le parfum de ce livre quasi-céleste, qui appartient peut-être pour une petite part au siècle de saint Louis, mais qui s'y rattache à coup sûr, quoiqu'on ait prétendu le contraire, par des similitudes frappantes de pensée, et parfois même d'expression, comme nous le verrons plus loin ; je veux parler de l'*Imitation de Jésus-Christ*. La scolastique n'avait donc pas tellement étréci les cœurs, et les diverses facultés de l'homme faisaient leur partie dans ce concert universel en l'honneur de la Divinité, dont l'écho harmonieux couvre encore le bruit de toutes les batailles et de toutes les vaines disputes de l'époque.

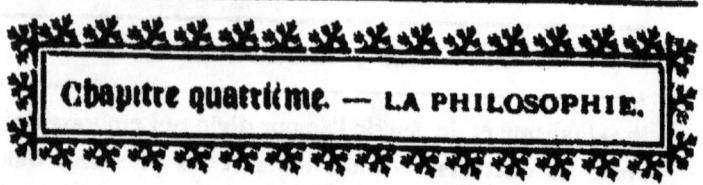

Chapitre quatrième. — LA PHILOSOPHIE.

SOMMAIRE — Union étroite de la philosophie et de la théologie. — La dialectique. — Influence dominante d'Aristote ; abus de ses doctrines. — La philosophie de saint Thomas transfigure celle d'Aristote. — Système suivi par le grand philosophe chrétien ; sa théorie sociale. — L'économie politique et la morale ; exemples divers.

La philosophie doit être considérée comme la principale ramification de cet arbre puissant, qui, sous le nom de science théologique, couvrait de son ombre tutélaire tout le champ ouvert aux investigations de l'esprit humain. Elle ne faisait même qu'un avec la théologie : l'une et l'autre avaient les mêmes maîtres, les mêmes adeptes, étaient traitées dans les mêmes livres et suivant les mêmes méthodes. Leur séparation complète était réservée aux temps où la raison devait rompre avec la foi, en attendant que la société civile rompe avec l'Église. L'âge de la scolastique était, par excellence, celui de leur union intime, parce que le génie chrétien avait découvert et démontré l'unité de leur source, de leur enseignement, de leur but final. Toutefois la scolastique apportait avec elle un germe morbide qui, dans les terrains moins bons, c'est-à-dire dans les intelligences moins élevées, plus terre à terre, devait, en se développant peu à peu, produire les premiers plants du scepticisme ou du matérialisme moderne, fruit naturel et inévitable de la philosophie païenne qui avait engendré cette méthode nouvelle. On pourrait dire, en résumé, que la scolastique a laissé deux descendances : une descendance légitime et correcte, qui est la lignée de saint Thomas et de ses successeurs maintenant l'accord de la raison et de la foi, et une descendance illégitime, irrégulière, qui est la lignée des rationalistes, aboutissant à l'école du dix-huitième siècle. Dès le premier moment, ces deux races coexistent ; mais la seconde est éclipsée par la première et ne prendra le dessus que plus tard. C'est dans le domaine plus proprement réservé à la philosophie que le mal commence à se déclarer : là où l'autorité de la révélation ne s'impose pas en souveraine, où les esprits téméraires agitent en liberté les idées les plus abstraites, les problèmes les plus ardus (*in dubiis libertas*), on arrive bien plus vite à l'erreur ou à la confusion. Car, au fond, malgré l'étroite union de la théologie et de la philosophie, il y a toujours une distinction à faire entre leurs ressorts respectifs : et cette distinction, saint Thomas lui-même l'établit théoriquement, tout en ne la laissant pas subsister dans ses écrits. La philosophie, suivant lui, a pour domaine les vérités que la lumière naturelle peut découvrir ; elle est l'œuvre de la raison appliquée à la recherche de la vérité. Et c'est là, en effet, sa vraie définition.

Mais, si elle est distinguée par saint Thomas de la théologie, il nie positivement qu'elle lui soit contraire et qu'elle puisse arriver en réalité à des résultats opposés. « Il est constant, « dit-il, que les notions premières que la raison naturelle « porte en elle-même sont tellement certaines, qu'il n'est pas « possible d'en supposer la fausseté. Il n'est pas non plus « permis de regarder comme faux ce que la foi nous enseigne, « puisque tous les enseignements de la foi sont confirmés « avec la plus entière évidence par le témoignage de Dieu

« lui-même. Conséquemment, comme il n'y a que le faux qui
« soit contraire au vrai, ainsi que cela résulte de leur définition,
« il ne se peut pas que les vérités de la foi soient contraires
« aux premiers principes connus par la raison naturelle... La
« connaissance des principes que nous possédons naturelle-
« ment, continue-t-il, nous vient de Dieu, puisque Dieu est
« l'auteur de notre nature... Or, si nous avions des notions
« contradictoires qui nous vinssent de Dieu, elles empêche-
« raient notre esprit de connaître la vérité, ce que Dieu ne peut
« pas faire. Parce que la foi surpasse la raison, quelques-uns
« supposent qu'elle est contraire à la raison ; mais, comme
« on vient de voir, cela ne peut pas être (1). » C'est exacte-
ment ce que dit un disciple moderne de saint Thomas,
Leibnitz, qui a trouvé pour le résumer cette belle parole :
« Comme la raison est un don de Dieu aussi bien que la foi,
leur combat serait combattre Dieu contre Dieu. » Il n'y a
donc pas d'objections insolubles contre la foi, conclut le
même philosophe ; celles qu'on élève sont des raisons spé-
cieuses et sophistiques, que l'on a toujours moyen de détruire.

Voilà donc l'idée du treizième siècle sur la philosophie :
d'une part la philosophie existe, au moins théoriquement,
en dehors de la théologie ; d'autre part, elle est étroitement
unie avec elle dans la pratique, parce que toutes deux partent
de la même source et vont au même but. Telle est la magnifique conception dont il fallait placer l'expression en tête de
cette étude, avant de montrer comment la philosophie, ainsi
comprise, était étudiée.

Nous le savons déjà, il est une branche de cette science qui
accaparait à elle seule presque toute la place des autres : c'est

1. Jourdain, *La philosophie de saint Thomas*.

la logique, et plus spécialement la dialectique, c'est-à-dire l'art de raisonner ou de discuter à l'aide du syllogisme. On recherchait par la déduction les vérités naturelles, comme on établissait par elle aussi certaines vérités religieuses. Et cette prédominance exclusive venait de l'engouement général dont les livres d'Aristote étaient l'objet. C'est dans la seconde moitié du douzième siècle qu'on voit renaître cette faveur, cette admiration exagérée pour le chef de l'école péripatéticienne. L'érudition est aujourd'hui fixée, surtout depuis les savantes recherches de M. Jourdain père, à l'égard de l'origine et de l'âge des premières traductions de ce philosophe : elles virent le jour successivement à partir de l'an 1180 jusqu'à la fin du treizième siècle, et elles se firent simultanément sur le texte grec et sur d'anciennes versions arabes ou syriaques, avec une sorte d'émulation à laquelle ne furent pas étrangers les fréquents rapports de l'Occident et de l'Orient occasionnés par les croisades. Aristote avait disparu de l'enseignement, avec les autres philosophes païens, sous les attaques des premiers Pères de l'Église; il allait prendre une éclatante revanche. On n'avait conservé de lui que quelques fragments, tels que les premières parties de son *Organum* et son *Introduction de Porphyre*; bientôt sa *Physique* et sa *Métaphysique*, traduites infidèlement par les Arabes, qui les avaient farcies des subtilités de l'esprit oriental, se répandirent partout, avec le venin caché qu'elles renfermaient, et sa *Dialectique* remplaça dans les écoles mêmes celle que l'on attribuait à saint Augustin. Vincent de Beauvais, le grand encyclopédiste, a dressé la liste des ouvrages d'Aristote répandus de son temps, et cette liste contient à peu près tous ceux qui nous sont parvenus : *De arte logica. Liber Categoriarum, id est Prædica-*

mentorum, *Liber Peri Hermeneias, Libri Analyticorum, Topicorum, Elenchorum, Physica, De physico auditu, De generatione et corruptione, De animâ, De sensu et sensato, De memoriâ et reminiscentiâ, De somno et vigiliâ, De morte et vitâ, De vegetalibus, De animalibus, Libri Meteororum, Metaphysicorum, Ethicorum.* Il manque seulement la *Mécanique*, la *Poétique*, la *Politique*, l'*Économique*, le *De cælo et mundo* et la *Rhétorique*. Mais ces deux derniers livres sont cités ailleurs par Vincent de Beauvais, et les autres n'étaient pas tout à fait ignorés. Le même érudit ne connaît, au contraire, de Platon que le *Timée* et quelques fragments transmis par les Pères; de Socrate, de Xénophon, de Plutarque, il n'a qu'une notion vague et de seconde main également. Même Cicéron et Sénèque, bien que ces auteurs n'aient pas besoin d'être traduits, ne sont représentés dans ces citations que d'une façon très incomplète. Mais Aristote presque entier, malgré l'immensité de son bagage littéraire, lui est familier. Ainsi donc, au milieu du treizième siècle, ce philosophe éclipse tous les autres ; et il en est ainsi non seulement chez les savants, mais dans l'enseignement de la jeunesse. Déjà du temps de Guillaume de Malmesbury, on ne faisait que parler avec emphase de sa *Dialectique* : « *Ubique scholares inflati buccis Dialecticam ructarent.* » Et chacun, ajoutait Jean de Salisbury, se glorifiait d'adorer les traces du Maître : « *Omnes se Aristotelis adorare vestigia gloriantur.* » Cet aveugle enthousiasme ne tarda pas à produire, comme nous l'avons déjà observé, de funestes résultats : mais les erreurs et les condamnations de Bérenger, d'Abailard, d'Amaury de Chartres n'ouvrirent pas plus les yeux que celles de leur précurseur Scot Érigène, qui, dès le neuvième siècle, avait été jeté par Aristote dans tous les écarts du rationalisme moderne. On continua de négliger l'Écriture-Sainte, et il fallut s'ingénier à trouver des arguments pour démontrer les dogmes eux-mêmes. « O écolâtre, s'écriait Gauthier de Saint-Victor, tu oses placer cette vérité : Le Verbe s'est fait chair, sous la garde de tes ineptes syllogismes, et tu crois pouvoir définir un sacrement par les règles d'Aristote ! » De là à discuter le dogme et à le combattre par de vaines apparences de raisonnement, il n'y avait qu'un pas. Si la plupart des contemporains de saint Thomas n'en venaient point encore à franchir ce pas, quelques-uns du moins tombaient dans le doute, dans la frivolité, dans la subtilité. La fausse scolastique, engendrée par la subordination de la foi à la raison, avait pour complice le faux mysticisme, qui au sens divin des textes sacrés substituait des interprétations humaines, plus ou moins puériles, plus ou moins fantaisistes. On reconnaît là tous les abus que nous avons rencontrés dans l'ordre théologique. A plus forte raison se produisaient-ils dans l'ordre philosophique, où les opinions étaient plus libres. Le fameux débat du nominalisme et du réalisme, ou du genre et de l'espèce, qui remplit le siècle précédent, et dans le dédale duquel je me garderai de faire pénétrer le lecteur, offre un exemple frappant des chimères trompeuses qui entraînaient les disciples trop fervents du père de la logique. La secte d'Amaury de Chartres était arrivée d'un seul bond, par l'explication de sa *Métaphysique*, à la philosophie matérialiste ou panthéiste : elle attribuait l'origine du monde à la matière première, qui est Dieu ; chacun devait retourner un jour dans cet être des êtres, etc.

Ce ne sont donc pas seulement des formes et des formules qu'on empruntait à Aristote : ses doctrines s'infiltraient graduellement, et sans qu'on s'en aperçût, avec sa méthode syllogistique. Là était le danger; l'Église le sentit bien, et c'est pour cela que nous trouvons au treizième siècle, à côté de l'éloge démesuré de la philosophie péripatéticienne, à côté de nombreux commentaires des livres de son chef, plusieurs condamnations, plusieurs protestations nouvelles, non seulement contre l'enseignement de ses idées, mais contre l'enseignement de la dialectique elle-même, qui leur servait de véhicule. Les cris d'alarme de Jean de Salisbury, de saint Bernard, d'Hugues de Saint-Victor, de saint Anselme se répercutent alors dans les écrits de certains docteurs, dans les conciles, et jusque dans la chaire de saint Pierre. « La logique, répète Humbert de Romans, ne doit être qu'un instrument pour la défense de la foi, attaquée non seulement par les hérétiques, mais par les philosophes mêmes. » C'est folie que d'en faire un but, continue Robert de Sorbon, et de passer sa vie à affiler le glaive du raisonnement sans en faire bon usage. « Est-ce qu'il ne marche pas dans la voie de la vanité et des ténèbres intellectuelles, celui qui jour et nuit s'exerce aux tortures de la dialectique? Est-ce qu'il n'est pas insensé, le laboureur qui travaille sans cesse à aiguiser le soc de sa charrue sans jamais labourer la terre? L'art de la dialectique doit venir aviver l'intelligence, mais pour la préparer à de plus grandes choses (1). » Le cardinal Jacques de Vitry engage, de son côté, à se défier de l'enseignement des écoles anciennes : Platon n'affirme-t-il pas que les planètes sont des divinités, et Aristote que le monde est éternel (2)? Et cet observateur si judicieux, dont nous avons recueilli

---

1. Robert de Sorbon, Bibl. nat., ms. lat. 15971.
2. Bibl. nat., ms. lat. 17509.

maintes fois les curieuses dépositions, atteste avoir vu des chrétiens dont l'esprit était tellement infecté par la lecture de ces auteurs, qu'ils ne pouvaient plus rien croire en dehors de ce qui leur était démontré par des preuves naturelles. Cette parole nous fait toucher du doigt le péril. Ne nous étonnons pas, après cela, de voir le concile de Paris, en 1209, proscrire une partie des traductions d'Aristote. Ne nous étonnons pas de voir le pape Grégoire IX tonner contre les envahissements de la philosophie profane, lorsqu'il fait rétablir par saint Louis l'Université de Paris désorganisée. Ne nous étonnons pas de toutes ces résistances, de toute cette lutte ; car, en vérité, c'est la grande lutte du spiritualisme et du matérialisme, de la lumière et des ténèbres, de JÉSUS-CHRIST et de son perpétuel antagoniste, qui se poursuit sous une forme et avec une ardeur nouvelles ! Qu'on ne m'objecte pas saint Thomas et la saine philosophie de son école ; car nous verrons tout à l'heure que ce n'est pas Aristote qui a conquis saint Thomas : c'est saint Thomas qui a subjugué Aristote ; c'est son génie colossal qui est parvenu à faire une œuvre chrétienne avec la dépouille de ce païen, et, par un privilège ordinairement réservé au Dieu qui l'inspirait, à tirer le bien du mal.

Et maintenant, à côté de la grande voix de l'autorité ecclésiastique qui condamne tous ces abus de la raison et du raisonnement, écoutons la petite voix de l'apologue et de la satire, qui se mêle à elle pour nous faire entendre à sa façon que le siècle de saint Louis n'est pas tout entier prosterné aux pieds du Stagyriste. On le vénère jusqu'à l'excès dans les écoles ; mais tout excès a son côté ridicule, et ce côté-là, les clercs malins n'ont pas de peine à le mettre en pleine lumière. Il y a une anecdote qui circule partout, dans les livres, dans la chaire, dans les récits populaires ; la plume, la parole, le ciseau même la reproduisent à l'envi. C'est celle qui peint Aristote monté comme une bête de somme par la femme d'Alexandre. On dirait que ces écrivains, ces orateurs, ces artistes, en multipliant cette allégorie, veulent prêcher partout le néant de la philosophie purement humaine, l'inanité de la dialectique ; on dirait qu'en montrant son fondateur asservi au caprice d'une femme, ils prédisent à tous ses sectateurs la destinée qui les attend, celle d'être menés tyranniquement par leurs passions et par l'instinct de la matière. Cette femme fantastique, à cheval sur le père des péripatéticiens, c'est le sensualisme qui conduit par la bride le rationalisme. D'autres légendes dénotent d'une façon plus claire encore, sinon plus piquante, la même intention. C'est Aristote mourant, qui supplié par ses disciples de leur donner un suprême enseignement, un résumé de toute sa doctrine, leur débite cet aphorisme : « Dans cette vie misérable je suis entré anxieux, j'ai vécu troublé ; j'en sors complètement ignorant ([1]) ! » Le maître des maîtres s'en allant de ce monde sans rien savoir, quelle leçon ! Puis c'est Robert d'Uzès, un religieux simple et savant, qui raconte avoir vu un personnage mystérieux « portant sur ses épaules une provision de bon pain et de vin excellent, et tenant en main une très longue et très dure pierre, qu'il rongeait de ses dents comme un homme affamé mange du pain, mais sans pouvoir entamer cette pierre, d'où sortaient deux têtes de serpents. Et l'esprit du Seigneur m'instruisit en me disant : Reconnais dans la pierre que tu vois les questions inutiles et curieuses dont ces gens faméliques

---

1. « *In hanc vitam miseram intravi anxius, vixi turbatus, exeo inscius et ignarus.* »

travaillent à se repaître, négligeant ce qui nourrit les âmes. Et je dis : Que signifient donc ces deux têtes ? L'une, répondit-il, se nomme Vaine Gloire ; l'autre Ruine de la religion. » Ou bien encore c'est un docte professeur de l'université de Paris, maître Serlon, qui, terrifié par l'apparition d'un de ses anciens élèves, sorti des enfers pour lui montrer son genre de supplice (un manteau de sophismes qui l'écrase et le brûle), se retire à Clairvaux en s'écriant :

Linguo coax ranis, cras corvis vanaque vanis :
Ad logicam pergo que mortis non timet ergo.

« Je laisse coasser les grenouilles, je laisse croasser les corbeaux, je laisse les vanités aux vains, pour m'attacher à cette logique éternelle qui ne craint pas le terrible *ergo* de la mort (¹) ! » N'entendons-nous pas dans ces deux vers comme le cliquetis des pourquoi, des parce que, des majeures, des mineures et des conséquences qui s'échangeaient comme une grêle de projectiles creux entre les écoliers et les maîtres, dans les combats journaliers de la dialectique ? La caricature est vraiment réussie, et toutes ces allusions satiriques semblent avoir inspiré la verve du Dante, lorsqu'un peu plus tard il rangeait le diable lui-même parmi les disciples enragés d'Aristote : « Tu n'as donc point pensé, lui fait-il dire, que moi aussi je suis un de ces logiciens !

Tu non pensavi ch'io loico fossi !

Les mêmes réclamations se produisaient, du reste, contre l'usage immodéré et irréfléchi des autres auteurs païens, mais avec moins d'énergie, parce que leur influence était moins profonde. Ce n'est point le lieu de revenir sur la fameuse

---

1. V. sur ces faits *La Chaire française au moyen âge*, 2ᵉ éd., p. 470, 476, etc.

question des classiques, agitée alors comme aujourd'hui, bien qu'elle ait une grande analogie avec celle qui nous occupe. Mais nous pouvons répéter à propos d'Aristote ce qu'un évêque de Paris, Arnoul d'Humblières, disait au sujet de la littérature antique : « Est-il permis d'associer à l'étude des sciences divines celle de ces monuments païens ? Oui, quand cette érudition accessoire est employée à faire détester les fausses doctrines et à les réfuter plus solidement. Mais, si on ne fait que se délecter dans les fables des poètes et dans les mondains ornements de leur style, ce n'est plus là qu'une science impie et corruptrice (1). » Telle était bien la pensée de l'Église, qui tolérait l'aristotélisme, mais qui voulait le réglementer. Et, en effet, les grands philosophes chrétiens de l'époque ont fait mieux que de le condamner, mieux que de ridiculiser ses excès : ils l'ont converti à leur usage, et, comme je le disais, ils l'ont asservi au lieu de se laisser asservir par lui. Il nous reste à étudier cette nouvelle péripétie de la grande lutte, et à contempler le triomphe de la vraie philosophie scolastique.

La dialectique sagement employée faisait des penseurs solides, et non des ergoteurs subtils : c'est pourquoi, dès l'origine, elle avait accaparé la faveur universelle et rejeté quelque peu dans l'ombre l'art de la rhétorique. A cet âge viril de l'humanité, on attachait plus de prix à la pensée même qu'à l'expression de la pensée ; on avait besoin de bons raisonneurs plutôt que de bons parleurs, tandis qu'à l'heure de la décadence des sociétés, les rhéteurs prennent toujours le dessus et sont plus goûtés, comme si les nations affaiblies conservaient la délicatesse de l'oreille plus longtemps que la

1. V. *Hist. litt. de la France*, XX, 14.

profondeur du jugement, comme si elles aimaient à bercer leur lassitude par l'harmonieux discours n'imposant aucun effort à l'intelligence. Quel penseur, en effet, et quel raisonneur que ce prince de la théologie, que je suis obligé de choisir encore ici comme le type le plus accompli de la saine philosophie et de la réaction contre le naturalisme à la mode ! Interrogeons-le, cette fois, en laissant de côté l'idée religieuse; demandons-lui ses opinions sur les plus hautes questions de la politique et de la morale sociale. On a dit que ces deux branches de la philosophie, la morale et l'économie politique, étaient complètement sacrifiées à la dialectique, qu'elles n'étaient cultivées nulle part. Il faut, pour avancer une pareille assertion, n'avoir point ouvert la *Somme*, n'avoir pas même parcouru le catalogue des œuvres du Docteur Angélique, sur lequel sont inscrits des traités comme le *De regimine principum*, le *Commentaire de la politique d'Aristote*, etc. Bornons-nous aux points principaux. Après avoir vu l'auteur placer le dogme de l'existence de Dieu en tête de sa théologie, voyons ce qu'il place en tête de sa théorie sociale. J'ai déjà examiné ailleurs cette intéressante question (¹); mais elle a sa place trop marquée pour que je craigne de me répéter.

Le principe fondamental des sociétés, c'est la loi ; et qu'est-ce que la loi, suivant saint Thomas ? « *Quædam rationis ordinatio ad bonum commune, ab eo qui curam communitatis habet promulgata.* » C'est une disposition ou un règlement de raison en vue du bien général, promulgué par celui qui a le soin de la communauté. Si nous pesons cette définition, nous y trouvons beaucoup de choses en peu de mots. Elle renferme

---

1. *Saint Louis, son gouvernement et sa politique*, ch. I.

tout un système de gouvernement. « Et d'abord, dit encore M. Jourdain, la loi est ici un règlement conforme à la raison : Donc la loi n'émane pas de la seule volonté. La loi divine n'est pas fondée sur le décret arbitraire de Dieu ; la loi humaine, ou civile, ou politique, ne tire pas sa force obligatoire des caprices du législateur. » La loi, en un mot, suivant l'expression de la jurisprudence romaine, est la raison écrite, *scripta ratio*. Plaçons en regard de cette définition celle de Rousseau, qui a fait école aux temps modernes. Que dit l'auteur du *Contrat social* ? La loi, suivant lui, est simplement l'expression de la volonté générale, réglant de son autorité propre tous les devoirs de la vie civile. C'est la proclamation du funeste principe de la tyrannie de la foule, de cette théorie monstrueuse contre laquelle s'élevait déjà Cicéron : « Eh ! quoi, s'écriait ce républicain, si les suffrages du peuple en avaient ainsi décidé, le brigandage, l'adultère, les substitutions de testament deviendraient-ils donc légitimes ? La définition de Rousseau mène à l'anarchie ou au despotisme, c'est de toute évidence ; elle nous a menés, nous en particulier, au suffrage universel et à toutes ses conséquences. Mais saint Thomas met l'intelligence au-dessus du nombre ; il réserve les droits éternels de la conscience foulés aux pieds par cette doctrine avilissante, qui voudrait faire dire à un homme raisonnable : *Je dois*, aussitôt que des milliers d'hommes lui ont crié : *Je veux* [1]. Cette philosophie scolastique, dont on a dit tant de mal, la voilà qui sauvegarde la dignité humaine, et qui flétrit d'avance les platitudes de nos régimes modernes. Quelle portée, quelle profondeur dans une seule parole !

En second lieu, la loi doit tendre au bien de la communauté,

---

1. Jourdain, *La philosophie de saint Thomas.*

ad bonum commune. Elle ne doit point régir la vie privée, si ce n'est dans les rapports de l'individu avec ses semblables, et elle doit encore moins avoir pour but la satisfaction ou l'utilité du législateur, d'un particulier ou d'un groupe de particuliers. Enfin elle est faite par celui qui a soin de la communauté, *ab eo qui curam communitatis habet*. Notons qu'il est dit *ab eo*, et non *ab eis*. En effet, saint Thomas accorde sa préférence au gouvernement d'un seul. Il préfère la monarchie à l'oligarchie et à la démocratie, parce que la première prévient les divisions et reproduit l'image du gouvernement de l'univers, régi par un seul Dieu. Mais il est pour la monarchie tempérée, et non pour celle qui peut mener à la tyrannie, objet de son aversion déclarée ; il veut un prince contenu, d'un côté, par le frein normal de l'autorité spirituelle, de la suprématie pontificale, et, de l'autre, entouré d'un conseil de magistrats élus, et associant, dans une juste mesure, ses sujets à l'administration de l'État. Il lui réserve cependant la confection ou la promulgation des lois, d'après la définition que nous venons de voir. Il est donc vrai que nous trouvons dans cette seule proposition tout un plan de gouvernement. La loi doit être la raison et avoir en vue l'utilité publique ; voilà pour la morale sociale. Elle doit émaner de l'autorité suprême, représentée par un chef unique ; voilà pour la politique. En dehors de ces conditions réunies, elle n'est pas la loi, elle ne peut s'appeler que la volonté du plus fort (1).

Dans son traité sur la direction des princes (*De regimine principum*), saint Thomas a développé toutes ses idées sur le pouvoir et les a enchaînées dans un ordre rigoureux, avec toute la méthode d'un scolastique. On peut voir là combien

1. Jourdain, *ibid*.

cette méthode était parfois avantageuse, et même nécessaire. La seule exposition des chapitres nous offre un résumé logique de toute la politique de l'auteur :

« Les hommes vivant ensemble ont besoin d'un chef pour les gouverner.

« Il est plus avantageux et plus sûr d'être gouverné par un seul chef que par plusieurs.

« Si le gouvernement d'un seul, exercé avec justice, est le meilleur, il est le pire de tous lorsqu'il dégénère en tyrannie.

« La république romaine a prospéré, il est vrai, et s'est agrandie sous le gouvernement populaire ; mais la domination de la multitude engendre facilement la tyrannie, et la monarchie est préférable, pourvu qu'elle soit tempérée.

« Un roi ne doit pas chercher la récompense de sa bonne administration dans l'éclat des honneurs, ni dans les autres avantages de ce monde ; mais il doit la placer dans la béatitude éternelle, et même dans le degré le plus haut de cette béatitude.

« Cependant les rois qui règnent selon la justice obtiennent par surcroît les biens et les avantages corporels qui échappent aux tyrans. Telles sont les richesses, la puissance, la bonne renommée.

« Un roi doit être pour son royaume ce que l'âme est pour le corps, ce que Dieu est pour le monde.

« Il doit modeler son gouvernement sur le gouvernement divin.

« Il doit consacrer tous ses soins à diriger ses peuples vers leur fin dernière, en les appliquant au bien et à la vertu ([1]). »

Et, dans la *Somme*, cet oracle de l'âge prétendu despotique, ce soi-disant apôtre du droit divin revient sur sa théorie pour affirmer encore plus son sage libéralisme.

---

[1]. Jourdain, *La philosophie de S. Thomas*, I, 147 et suiv.

« Deux choses sont nécessaires pour fonder un ordre durable dans les états. La première est l'admission de tous à une part du gouvernement général, afin que tous se trouvent intéressés au maintien de la paix publique devenue leur ouvrage. La seconde est le choix d'une forme politique où les pouvoirs soient heureusement combinés... La plus heureuse combinaison des pouvoirs serait celle qui placerait à la tête de la cité ou de la nation un prince vertueux, qui rangerait au-dessous de lui un certain nombre de grands chargés de gouverner selon les règles de l'équité, et qui, les prenant eux-mêmes dans toutes les classes, les soumettant à tous les suffrages de la multitude, associerait ainsi la société entière au soin du gouvernement. Un état rassemblerait dans sa bienfaisante organisation la royauté, représentée par un chef unique, l'aristocratie, caractérisée par la pluralité des magistrats choisis parmi les meilleurs citoyens, et la démocratie ou la puissance populaire, manifestée par l'élection des magistrats qui se ferait dans les rangs du peuple et par sa voix (1). »

Mais cette constitution libérale, cette participation de la nation aux affaires de l'État, convient-elle à tous les peuples, et doit-on l'imposer à tous ? Non certes : la loi de la morale et de la justice suprêmes reprend ici toute sa supériorité. « Si un peuple est parfaitement tranquille, qu'il soit sérieux et tout dévoué au bien public, on a raison de lui permettre d'élire lui-même les magistrats qui veillent à l'administration de l'État. Mais, si ce même peuple se déprave insensiblement, que son suffrage devienne vénal et qu'il confie le pouvoir à des chefs perdus de mœurs et de crimes, il est

---

1. S. Thomas, *Somme*, 1ᵉ IIᵉ, quæst. CV, art. 1 ; traduction d'Ozanam, *Dante et la philosophie catholique*, p. 481 ; Jourdain, *La philosophie de S. Thomas*, I, 413.

juste que le pouvoir de disposer des dignités lui soit enlevé et qu'on le remette à quelques hommes de bien (¹). » Voilà ce qu'ajoute notre docteur avec saint Augustin. Et il n'entend nullement par là justifier ce que nous appelons les coups d'état, car il ne parle que des transformations légales ; il fait seulement dépendre la liberté politique d'une nation du degré de sa moralité, et c'est là encore une doctrine profonde, dont on a reconnu, à notre époque même, toute la justesse.

Rapprochons, avec le savant que nous avons pris pour guide sur ce terrain, rapprochons ces idées larges et sublimes des raisonnements que le même sujet inspirait au plus illustre politicien du dix-septième siècle. Que nous sommes loin de saint Thomas, quand nous lisons ces maximes de Bossuet, formulées en toutes lettres dans sa *Politique tirée de l'Écriture Sainte :* « L'autorité royale est absolue. Il faut obéir aux princes comme à la justice même, sans quoi il n'y a point d'ordre ni de fin dans les affaires. *Ils sont des dieux* et participent en quelque façon à l'indépendance divine. Il n'y a que Dieu qui puisse juger de leurs jugements et de leurs personnes. Le prince peut se redresser lui-même quand il connait qu'il a mal fait ; mais contre son autorité il n'y a de remède que dans son autorité. Au prince seul appartient le soin général du peuple : à lui les ouvrages publics, à lui les décrets et les ordonnances, à lui les marques de distinction ; nulle puissance que dépendante de la sienne ; nulle assemblée que par son autorité (²). » Nous reconnaissons à ces accents convaincus le temps où la majesté du grand roi domine

---

1. S. Thomas, *ibid.*
2. Bossuet, *Polit. de l'Écrit.*, liv. IV, art. 1.

tout. Mais que l'on compare en soi les deux doctrines, et qu'on dise quelle est la plus sage, la mieux fondée, la mieux justifiée, de celle du scolastique ou de celle du gallican, de celle du moyen âge ou de celle des siècles modernes, de celle du conseiller de saint Louis ou de celle du prédicateur de Louis XIV ! L'un et l'autre sont l'expression de leur temps, et nous retrouvons ici l'Ange de l'École en parfait accord avec le souverain qui mettait ses devoirs au-dessus de ses droits, le bien du peuple au-dessus de l'intérêt des particuliers, quelque puissants qu'ils fussent, la justice suprême au-dessus de la loi particulière, et qui, en restant un roi dans toute la force du terme, avait l'air de n'être que le père et l'égal de ses sujets. Tout se tient à cette époque ; la philosophie donne la main à la royauté, parce que toutes deux s'inspirent de la même pensée, qui est la pensée chrétienne et catholique. Un jour viendra où les philosophes feront la guerre au principe du pouvoir royal, et ce jour-là, ne l'oublions pas, sera le lendemain du jour où les adulateurs du trône auront proclamé l'omnipotence absolue des rois.

Demandons encore à saint Thomas sa manière de voir sur un des points les plus importants de la constitution des sociétés. Que pense de la propriété ce pauvre volontaire, dont l'ordre a précisément pour base le renoncement à toute propriété ? Je prends cette question parce qu'elle permet de répondre à certains détracteurs des ordres mendiants, dont nous entendons renouveler de temps en temps les accusations calomnieuses. Lorsqu'on s'élève contre les théories des communistes au sujet de la propriété, ou plutôt de la suppression de la propriété, leurs partisans répondent quelquefois : Et les moines, n'étaient-ils pas, eux aussi, des communistes ?

Eh bien! non; ils ne renversaient même pas chez eux le principe de la propriété, soit collective, soit individuelle. L'amour de la pauvreté volontaire, cette folie sublime, cette forme admirable et parfaite de l'amour de Dieu et de l'amour du prochain, pouvait pousser un peu trop loin quelques enthousiastes. Mais saint Thomas le leur déclare expressément : il est permis aux religieux d'avoir et de conserver en commun, non pas, sans doute, des richesses, mais ce qu'il leur faut pour vivre; ils doivent suivre en cela l'exemple de JÉSUS-CHRIST et de ses disciples, qui se réservaient quelques ressources, soit pour secourir les pauvres, soit pour subvenir à leur propre nourriture. « Ceux qui pratiquent le dépouillement de toutes choses au point de ne pas conserver même un denier, ajoute-t-il, ceux-là se préparent de rapides déceptions, et ils ne parviennent pas souvent à mener leur entreprise à bonne fin ([1]). » Cette opinion, je le sais, occasionna de longues discussions entre les ordres de Saint-Dominique et de Saint-François; cependant la sagesse du Père commun des fidèles finit par trancher le débat en faveur du premier, et par sanctionner la modération de doctrine de son illustre maître. Modération qui n'est pas seulement de la prudence, mais qui devient véritablement touchante, quand on songe que celui qui la professait en paroles l'oubliait dans la pratique, au point de manquer de parchemin pour achever ses immortels écrits!

A plus forte raison, saint Thomas soutient-il le principe et les avantages de la propriété chez les séculiers, contrairement aux vains raisonnements de Platon en faveur de la communauté des biens. Il distingue la possession de l'usage, et il

1. Jourdain, *op. cit.*

veut que, pour l'usage, chacun considère ses biens comme la chose de tous, surtout comme celle des pauvres ; c'est la théorie évangélique. Mais, sur le droit de propriété en lui-même, il est formel : « La propriété, dit-il, est nécessaire à la vie humaine pour trois motifs. 1° On apporte plus de soin à cultiver ses propres biens que ceux qui appartiennent à tous ou à plusieurs ; car, dans ce dernier cas, la paresse naturelle de l'homme le pousse à se décharger sur autrui du soin de la propriété commune. 2° La société est mieux ordonnée, il y règne moins de confusion, quand chacun veille aux intérêts propres de sa famille et de sa maison, que si tous s'occupent de tout indistinctement. 3° La paix est aussi plus facilement conservée, chaque citoyen étant satisfait de ce qu'il a, sans qu'on puisse appréhender ces amers débats qui sont l'effet ordinaire des possessions indivises (1). » Ce ne sont pas là, sans doute, toutes les considérations qu'on peut invoquer pour défendre la propriété ; mais celles-ci suffisent largement. Ainsi, loin de favoriser le prétendu communisme des monastères, le prince de la scolastique détruit à l'avance les rêves des communistes modernes ; et quand ces utopistes viendront encore nous parler de leurs confrères les moines, nous pourrons les renvoyer à cet oracle du monde monacal qui était, en effet, comme ses pareils, le frère de tous les hommes et se faisait tout à tous, mais de la manière enseignée par JÉSUS-CHRIST, et non pas selon l'évangile de Proudhon.

N'est-ce pas assez pour démontrer que saint Thomas a transformé Aristote, et que ce génie chrétien ne s'est point laissé asservir par ce génie païen ? La sève des idées

---

1. *Ibid.*

chrétiennes ne circule-t-elle pas généreusement dans tous les passages que je viens de citer ou d'analyser ? Et quel philosophe antique eût pu tenir un langage aussi élevé, aussi plein de l'amour de Dieu et de l'amour de l'humanité, ces deux grands sentiments inconnus au paganisme ? Sans doute, saint Thomas est un péripatéticien ; sans doute, il a beaucoup appris à l'école d'Aristote, et il lui a surtout emprunté sa méthode. Mais, lors même qu'il se sert de lui et qu'il reproduit ses pensées, il leur communique je ne sais quelle vie propre, je ne sais quel parfum *sui generis*, qui en fait des pensées nouvelles, plus solides et plus fécondes. Cela ne l'empêche point, d'ailleurs, de se séparer de lui assez souvent, ni de le combattre à l'occasion. « S'il adopte sa démonstration de l'existence de Dieu, dirai-je avec l'érudit qui a le mieux approfondi sa doctrine, il rejette ou, du moins, il rectifie son opinion sur les attributs divins. S'il emprunte sa définition de l'âme, il dégage, il affirme, il démontre, avec une précision qui n'est pas dans Aristote, et qui bannit toute équivoque, la spiritualité, la personnalité et l'immortalité du sujet pensant. S'il se prononce comme lui sur l'origine des sociétés et sur les différentes formes de gouvernement, ne sent-on pas dans les conseils qu'il donne aux princes une sève religieuse et libérale qui n'a pas sa source dans l'aristotélisme ? Ainsi, à côté de la solution péripatéticienne, le saint docteur met en général un correctif ou une explication qui la complète, l'amende et la renouvelle. Il corrige, il épure la sagesse des Gentils ; il la restaure, dans le sens où le christianisme a restauré la nature humaine ([1]). »

Un mot me suffira pour résumer l'idée que je viens d'émettre

1. Jourdain, *op. cit.*

sur la philosophie de saint Thomas ; c'est un disciple d'Aristote qui a mis aux pieds du Christ la science de son maître ; son œuvre monumentale rappelle ces basiliques des temps primitifs, construites en partie avec les marbres des temples païens, mais auxquelles le génie chrétien a seul donné leur grand style et leur forme imposante.

S'il était juste de réserver à cet illustre penseur une place prédominante, il ne faut pas croire cependant qu'il représente à lui seul toute la philosophie de son siècle. Les Albert le Grand, les Guillaume d'Auvergne, les Henri de Gand, les Roger Bacon, tous ces grands esprits, que j'ai déjà considérés comme théologiens, ont été en même temps de remarquables philosophes ; et combien de noms plus obscurs ne pourrait-on pas ajouter à ces noms bien connus ? La place me manquerait pour entrer dans l'analyse ou même dans la simple énumération de leurs traités. Mais je dois au moins signaler un spécimen du langage et de la pensée d'un de ces maîtres oubliés, afin de bien établir qu'ils n'ont pas tous mérité l'oubli, et que la dialectique n'absorbait pas, autant qu'on l'a dit, les autres branches de la philosophie. Il s'agit d'un dominicain qui a été le confesseur de Philippe le Hardi et qui a eu son heure, son siècle de célébrité : il s'appelait le frère Laurent (*Laurentius Gallus*), et son livre, intitulé la *Somme le Roi* ou plutôt la *Somme des vices et des vertus*, offre cette singularité qu'il est écrit en français, contrairement à tous les usages. L'auteur a le premier renoncé à la langue des clercs et des savants pour écrire un traité de cette nature. Il est doublement intéressant d'entendre notre idiome vulgaire balbutier, pour ainsi dire, le langage philosophique, et de voir à quel point ce premier essai rappelle, par moments, l'allure et le style des maîtres antiques. Voici deux courts passages, dont le premier est relatif à la mort, et le second à la « franchise », c'est-à-dire à la liberté.

Sur la mort. — « Apran à morir, si sauras vivre. Car nuns
« bien vivre ne seura, qui à morir apris n'aura. Et cil est à droit
« appelez chaitis (méchant), qui ne set vivre, ne morir n'ose. Si
« tu vuez vivre franchement, apran à morir liément... Tu dois
« savoir que ceste vie n'est forz que morz. Car morz est un
« trespas...Ceste vie tout auximent n'est forz un trespas moult
« briés. Car toute la vie d'un homme, s'il vivait mil anz, ce ne
« seroit pas un sol momenz au regart de l'autre vie, qui touz
« jors dure senz fin, ou en torment, ou en joie perdurable-
« ment... Car, quant tu commences à vivre, tu commences à
« morir ; et tout ton aaige, et tout ton temps qui passez est, la
« morz t'a conquis et te tient. Tu dis que tu as XL ans : la morz
« lez a, ne gemas (jamais) nuns ne t'en rendra. Por ce est li
« sens dou monde folie, et li clervoiant n'i voient goute ; jour
« et nuit font une chose, et quant plus la font, moins cognois-
« sent. Touz jours vivent, et ne sevent morir... La morz n'est
« fors dessevremenz (séparation) de cors et d'ame : et ce seit
« chascuns. Or, nos enseigne li petits Catonnez (Caton) :
« Aprenons, fait-il, à morir ; deportons l'esperit du cors
« sovant. Ce firent plusor de ces granz philosophes, qui ceste
« vie tant haioient et le monde tant mésprisoient, et tant
« desirroient immortalité, que il s'occioient de lor gré. Mes
« riens ne lor valoit ; car il n'avoient pas grace ni la foi
« Jhesucrist. Mais li sainz homme, qui Dieu aiment,... mort
« sunt au péchié et mort au monde,... et desirrent la morz
« corporel. Car c'est damoisele porte-joie que la morz, qui
« touz les sainz corone et met en gloire. La morz est es

« prodommes fins de touz maux, qui depart morz et vie. Morz
« est per deçà : vie est per delà. Mais li saige de cest siègle,
« qui deçà le ruissel voient si clair, per delà ne voient goute,
« et por ce les apele l'Escripture faux et avuegles... »

Sur la franchise (liberté). — « Après, nuns n'a franchise
« se il n'a grace et vertus. Donc, se tu vuez savoir qu'est fran-
« chise à droit, tu doiz entendre que li homs ha III menières
« de franchises : li une de esliture, l'autre de grace, l'autre
« de gloire. La première est volenté franche. Par quoi il
« puet eslire et faire franchement que nuns ne li empuet
« tort faire. Ne tuit li deable d'enfer ne pouroient un home
« forcier de faire pechié senz son acort. Car, se li homs
« façoit le mal dou tout maugré suen (contre son gré), il n'i
« auroit point de pechié. Car nuns ne pèche en ce que eschi-
« ver ne puet... La seconde franchise est cele que ont li
« prodomme en cest siègle, que Dex a franchi per grace ou
« per vertu dou servage ou deable et de pechié, qui ne sunt
« ser (serfs) à or ne à argent, ne à lor charoignes, ne as biens
« de fortune, que la morz puet tolir. Mes ont les cuers si
« eslevez en Dieu, que il ne prisent tout le monde un boton,
« et ne dotent ne roy ne conte, ne mechéance ne povreté,
« ne honte ne morz. Et ont si le cuer dessevré de l'amour
« dou monde, que il atendent et desirrent la morz com fait les
« bons ovriers son paiement, et gaiennières (colporteur) la mai-
« son, et cil qui sunt en torment de mer bon port, et li pélerins
« son païs. Et cil sunt perfeitement franc home, com on puet
« estre en cest siègle ; car il ne ne doutent riens fors Deu...
« et sunt ja en paradis par desirrier. Et tele franchise vient
« de grace et de vertu. Mes encore toute ceste franchise n'est
« fors servaiges, au regart de la tierce franchise, que ja ont

« cil qui sunt dou cors delivré dou tout, et avec Deu sunt en
« sa gloire. Cil sunt veraiment seint... (1) »

Nous sommes bien loin, ici, de la sécheresse du syllogisme et de la subtilité des allégories. En revanche, nous sommes bien près, il me semble, de Sénèque et de Montaigne, dont certains fragments pourraient être utilement confrontés avec ces deux passages.

En résumé, si l'on refuse de s'écrier avec Leibnitz, un juge assez compétent cependant, que la forme scolastique ou syllogistique est une des plus belles inventions de l'esprit humain, si l'on reconnaît (et nous l'avons largement reconnu) que cette forme a été employée jusqu'à l'abus, il faut, du moins, proclamer que son principe était éminemment propre à développer la force et la pénétration de l'intelligence. La réaction cartésienne du dix-septième siècle a eu sa raison d'être ; elle est venue à son heure : mais, comme l'a dit Jourdain, elle a été beaucoup trop loin en condamnant d'une façon absolue la méthode démonstrative, qui avait rendu de si éclatants services. C'est elle, en effet, qui a débarrassé le christianisme de toutes les rêveries panthéistes, manichéennes ou gnostiques qui entravaient sa marche triomphante à travers les siècles, et c'est le règne de saint Louis, c'est le génie de saint Thomas qui ont parfait cette œuvre colossale. Nos établissements d'instruction publique, à l'exception des séminaires peut-être, ont complètement perdu la tradition de cette méthode. Qu'y avons-nous gagné ? Le vague des idées, le désordre des discours, la faiblesse des convictions qui caractérisent notre époque ne viennent-ils pas en grande partie de là ? Notre foi est molle

---

1. Bibl. nat., ms. français 7283, écrit en 1294, quinze ans après la composition du livre. V. *Hist. littér. de la France*, XIX, 403.

parce qu'elle n'est plus une foi raisonnée, et que nos oreilles, gâtées par l'agréable musique des rhéteurs, se sont déshabituées du mâle langage de la pure logique. Apprenons à déduire et à enchaîner nos raisonnements avec la rigueur d'un dialecticien, et nous pourrons alors jeter le manteau doré de l'éloquence sur ce corps solide, sans crainte de le voir s'écrouler sous le poids comme un mannequin vide.

Chapitre cinquième. — LA RHÉTORIQUE.

SOMMAIRE. — Rang assigné à la science de la rhétorique. — Son caractère général ; abus de la tropologie. — Premiers essais de l'éloquence politique. — Le barreau ; exercice et règles de la profession d'avocat. — Les jurisconsultes ; Philippe de Beaumanoir. — L'éloquence sacrée ; les sermons. — La Rhétorique divine ou l'art de prier Dieu.

APRÈS l'étude de la philosophie ou de la dialectique, le moyen âge faisait venir celle de la rhétorique. Cet ordre est l'inverse de celui qui est suivi dans nos établissements d'instruction secondaire ; mais n'est-il pas plus rationnel ? N'est-il pas sage de n'apprendre à bien parler qu'après avoir appris à bien raisonner, et de ne revêtir la pensée des ornements du style qu'après avoir donné à cette pensée le corps solide dont nous venons de parler ? Cela semble évident ; et pourtant les dispensateurs de l'enseignement continuent à mettre, comme on dit vulgairement, la charrue avant les bœufs. Nos programmes scolaires suivent l'ornière de la routine, au lieu de suivre la voie logique. Quelle place occupe la rhétorique dans celui du treizième siècle ? Nous allons le voir.

Devons-nous nous arrêter à l'étonnante assertion de Daunou, qui, dans son Discours sur l'état des lettres, en tête des volumes de l'*Histoire littéraire de la France* consacrés à cette période, déclare que « le nom même de la rhétorique disparaît alors de l'enseignement, et qu'on le cherche en vain dans le tableau des cours publics ouverts au milieu des écoles les plus célèbres du siècle, car l'argumentation syllogistique tenait lieu de toute éloquence ? » Qu'est-ce à dire ? Le *trivium* et le *quadrivium* n'étaient-ils donc plus la base universelle des études, dans les écoles les plus fréquentées comme dans les plus obscures ? Ou les trois arts, les trois voies de ce *trivium* n'étaient-elles plus la grammaire, la dialectique et la rhétorique ? Si fait : aucun changement ne s'est produit ; l'éloquence, dont l'ex-oratorien vante le règne au siècle précédent pour mieux déplorer son abaissement dans celui qu'il critique, n'a pas cessé d'être enseignée dans les classes après la science du raisonnement, et c'est probablement l'éclat jeté par ces écoles si célèbres, dont nous parle Daunou, qui l'aura rendu aveugle. Il allègue un règlement scolaire de l'an 1251, où l'art oratoire ne figure pas. Mais la grammaire et les arts y figurent ! Comment la partie serait-elle absente, là où le tout existe ? Il avance encore l'influence de la secte cornificienne, dénoncée comme un danger par Jean de Salisbury : cette secte philosophique supprimait la rhétorique et propageait partout le goût des sophismes, des arguties arides, des paradoxes. Il est vrai qu'elle fit du mal ; mais ce mal se produisit au douzième siècle, et non pas au treizième, puisque Jean de Salisbury appartient à la première de ces deux périodes ; et peut-être faut-il croire que l'influence des Cornificiens a été quelque peu exagérée par leur savant adversaire, pour les besoins de sa cause, car on ne retrouve les noms ni de leurs chefs ni de leurs écoles. D'ailleurs, ces singuliers philosophes étaient également les ennemis de toute science et de toute littérature : ils combattaient, en même temps que la rhétorique, tous les arts libéraux, la grammaire, la dialectique elle-même, et Dieu sait s'ils parvinrent à la faire disparaître. Pourquoi donc auraient-ils mieux réussi vis-à-vis de l'art de la parole? Est-ce parce qu'ils comparaient les orateurs à l'ânesse de Balaam? Mais ils traitaient aussi d'infâmes les poëtes et les historiens ; et cela n'a point empêché ces deux classes de littérateurs de se recruter et de pulluler après eux.

Voici, au reste, des faits précis qui vont nous démontrer que l'éloquence était enseignée, sinon pratiquée, par les maîtres les plus éminents. La *Rhétorique* d'Aristote était peut-être moins commentée que les autres ouvrages du Stagyrite. Mais en revanche, celle de Cicéron était le plus connu et le plus étudié de tous ses traités ; et dans Cicéron, c'était toujours l'orateur, le rhéteur même, que l'on considérait, de préférence au philosophe ou au politique. « *Ille romani maximus auctor eloquii,* » disait pompeusement l'abbé des Dunes, Élie de Coxida. Les principaux prédicateurs du temps de saint Louis, Élinand, Étienne de Bourbon, Guillaume Perraud, et beaucoup d'autres, invoquaient pareillement ses préceptes. Quelques-uns poussaient même si loin leur prédilection pour ce maître, que l'Église était obligée de leur rappeler, par la bouche du cardinal de Vitry, le trait de saint Jérôme battu par un ange pour avoir trop aimé Cicéron. D'autres enfin donnaient son nom à l'éloquence elle-même ; ils l'appelaient *Tullia* (Cicéron n'est jamais appelé que Tullius au moyen âge), pour mieux marquer qu'ils la regardaient comme sa fille. Le célèbre Alain de Lille était de ceux-là, et lorsque, dans son *Anti-Claudianus*, il décrit le char allégorique sur lequel doit monter la sagesse pour s'élever jusqu'à Dieu, et qu'il le fait façonner par les sept arts libéraux, il prête à la rhétorique une part brillante dans cette ingénieuse collaboration : sa tâche, dit-il, est d'orner et de faire valoir les travaux de ses sœurs, la grammaire et la logique ; elle couvre d'argent et de pierreries le timon ébauché par l'une ; elle cache sous les fleurs l'essieu consolidé par l'autre. Et il nomme comme ses premiers pères, avec Cicéron, Quintilien, Symmaque, Sidoine Apollinaire.

Les grands encyclopédistes du treizième siècle n'agissent pas autrement. L'auteur de l'*Imago mundi*, celui du *Speculum doctrinale* accordent à l'art oratoire la même place et la même importance. Selon Vincent de Beauvais, la science du dialecticien et celle de l'orateur ne sont que deux applications différentes du raisonnement, qu'elles supposent l'une et l'autre : la première raisonne sur des thèses, c'est-à-dire qu'elle envisage les questions d'une façon abstraite, et la seconde raisonne sur des hypothèses, c'est-à-dire qu'elle considère les circonstances, les formes, les accessoires. En somme, c'est toujours le cadre du *trivium*, c'est toujours le programme de Martianus Capella qui subsiste et qui s'impose, dans la pédagogie comme dans les classes. Brunetto Latini, l'auteur du *Trésor*, va plus loin : à l'exemple de Cicéron, il fait de l'éloquence le fondement de la science politique, et il lui donne le premier rang dans la partie de son ouvrage consacrée au gouvernement de la cité. Il se sert, pour traiter de la *bonne parlure*, non seulement du *De inventione rhetorica* du maître classique, mais de plusieurs livres analogues de l'antiquité, et il y ajoute beaucoup d'idées et d'observations personnelles.

Posons donc en fait, pour commencer, que la rhétorique est appréciée, qu'elle est enseignée suivant les règles anciennes, et que, malgré l'engouement des esprits pour la dialectique, cette passion ne va pas jusqu'à faire perdre de vue l'utilité du beau langage. Sans doute, nous trouverons, lorsque nous nous occuperons des sermons en particulier, une certaine sévérité de principes : « Ce ne sont pas les mots qui donnent la mesure du talent oratoire, nous dira saint Bonaventure, ce sont les pensées. » Mais cette règle un peu austère convient parfaitement à la chaire sacrée, et, du reste, elle n'empêchera point certains sermonnaires de composer des manuels sur l'art de *dilater* et d'orner le discours. C'est là encore une des mille façons d'exprimer ce sentiment si profond et si universel, que je signalais comme le caractère dominant du moyen âge, la préférence donnée au fond sur la forme. N'y voyons pas autre chose, et n'allons pas croire que la préoccupation de la forme ou de l'expression soit complètement absente. En la mettant au second rang, les pédagogues la ramènent simplement à sa place légitime. Et pourquoi s'efforcent-ils de l'y ramener, sinon parce que les tendances de leurs contemporains leur font précisément sentir le besoin de ce rappel aux principes ?

Toutefois, si la rhétorique fait partie des études des savants et des écoliers, toutes ses branches ne sont pas également cultivées. Celle qui domine, c'est la science des figures et des comparaisons. Quelques théoriciens enseignent bien l'art de diviser et d'amplifier le discours : c'est ce que font les auteurs de plusieurs traités didactiques du treizième siècle, et ce que continue, au quatorzième, le cardinal Bertrand de la Tour. D'autres appliquent au discours le système de l'alchimie : ils en décomposent tous les membres, comme Raymond Lull, qui définit la rhétorique l'alchimie des mots *(alchimia verborum)*, en ajoutant que ceux qui veulent apprendre à parler doivent commencer par se taire, à l'exemple de Pythagore. Mais la tropologie est infiniment plus recherchée, plus approfondie que le reste, dans l'enseignement comme dans la pratique ; et ce n'est que justice, en principe, d'accorder une grande importance à l'emploi raisonnable et raisonné des figures de rhétorique, au talent de les faire intervenir à propos et de les pousser jusqu'au bout. Je dis en principe, parce que je ne songe point à défendre l'abus des allégories, qui dépare trop souvent les œuvres des orateurs de l'époque. En effet, ce défaut va jusqu'à la manie chez un certain nombre d'entre eux ; mais cela prouve, du moins, que, loin d'avoir perdu les traditions des rhéteurs, on les suivait parfois trop servilement. La liste des tropes se trouvait déjà dans Priscien, dans Donat, dans Isidore de Séville. On y ajoute des suppléments considérables, et leur usage est soumis à une véritable réglementation ; secours utile pour les imaginations peu fécondes, mais bien gênant pour les autres. Il est vrai que les pauvres d'esprit ont toujours été en majorité, et qu'on ne saurait blâmer ceux qui ont entrepris de leur venir en aide. Brunetto Latini, par exemple, consacre un long chapitre à ce qu'il appelle les *couleurs* de la rhétorique (mot assez heureux); et ces couleurs sont *aornemens, tourn, comparaison, clamour, fainture, trespas, demonstrance, adoublement*. Voici comment il enseigne la première : « Aornemens consiste à accroistre ce qu'on poroit dire en trois ou quatre mots par autres paroles plus longues et plus avenantes, qui dient ce mesme. Raison comment (par exemple) : JÉSUS-CHRIST naquit de la virgene Marie. Le parleour qui veut ce aorner dira ensi : Le beneois Fiz Dieu prist char en la glorieuse vierge Marie ([1]) ». C'est ce qu'on appelle la paraphrase. Ces notions sont élémentaires si l'on

---

1. Brunetto Latini, *Thesaurus*, liv. III, part. I, ch. 13.

veut, mais elles sont nécessaires pour les apprentis, pour les écoliers. La seconde des *couleurs* de notre auteur, le *tourn*, est à peu près la même chose que la première : c'est une manière de tourner sa pensée. La *clamour*, c'est l'apostrophe ; la *demonstrance*, c'est la description détaillée d'un objet ; l'*adoublement* ou redoublement, c'est la répétition (la plus puissante des figures de rhétorique, comme disait Napoléon).

Ici, la métaphore, la figure par excellence, ne joue encore qu'un rôle effacé. Mais elle occupe toute la place dans un curieux traité de Guillaume d'Auvergne, inédit jusqu'à ce jour, et découvert récemment dans un manuscrit d'Oxford par un ancien élève de l'École des Chartes, M. Noël Valois. Ce traité, qui semble être une œuvre de jeunesse du savant prélat, est intitulé *De faciebus mundi*. A quelle idée répond ce titre ? Le voici. Lorsque le chrétien lit dans le livre de la nature, chaque objet matériel lui apparaît comme le symbole, comme la représentation d'un objet immatériel : une parcelle d'or lui rappelle l'innocence, un cloître le fait penser à l'âme emprisonnée dans le corps, etc. De là les deux faces du monde ou de chacun des objets renfermés dans le monde. Tout l'ouvrage roule sur cette mine universelle et inépuisable d'allégories. L'auteur donne une nouvelle liste, plus longue que toutes les précédentes, de comparaisons et de figures. Chaque mot lui en fournit plusieurs : la récompense céleste doit être assimilée à la solde si l'on s'adresse à des militaires, à un fief si l'on s'adresse à des serviteurs ou à des vassaux, à une prébende si l'auditoire se compose de clercs, à une dot ou bien à une parure si l'on s'exprime devant des jeunes filles, à un livre si l'on parle devant l'Université, etc. L'âme humaine devient successivement une fiancée, un temple, un monastère ; le péché, c'est tour à tour la fièvre, la surdité, la lèpre, l'hydropisie, la dissonance, la puanteur, puis, par une association d'idées moins explicable, la fortune et l'artisan. La vertu n'est pas représentée par moins de trente-quatre objets ou êtres matériels [1].

Il y a nécessairement là bien des subtilités et un entassement bizarre de métaphores. Mais il faut se rappeler que toutes ces figures, bien qu'enseignées simultanément, devaient être employées séparément. Comme le prescrit l'auteur anonyme d'un autre traité du même genre (*De dilatatione sermonum*), « il faut se garder de mélanger ensemble les métaphores et d'en changer tout à coup ; il suffit, dans un discours, de comparer JÉSUS-CHRIST à un pasteur, car, si on le compare en même temps à la fleur ou à la pierre, il est à craindre que les auditeurs ne s'écrient par dérision : Il fait un veau d'un tronc d'arbre [2]. » Guillaume d'Auvergne n'entend pas, d'ailleurs, déroger à cette règle ; il ne se borne pas à dresser un répertoire d'allégories, mais il explique les lois de leur formation, leur utilité, leur destination, comme d'autres indiquent le moyen de les amener à propos. Nous trouvons des manuels analogues pour les *exemples*, ou les récits à introduire dans le discours, et nous aurons l'occasion d'y revenir. Tout cela sent bien la routine ; mais cette routine n'est rien auprès de celle dont le siècle suivant verra s'établir le règne, et nous ne devons pas oublier, encore une fois, le but tout spécial de ces compilations, qui devaient rendre et qui ont rendu de grands services aux orateurs. Nos meilleurs poètes ne sont-ils pas

1. V. Valois, *Guillaume d'Auvergne, évêque de Paris*, p. 226 et suiv.
2. Bibl. nat., ms. lat. 16530.

obligés de recourir, par moments, au dictionnaire des rimes ?

Voilà ce qu'il importait de dire sur l'enseignement et sur le caractère général de la rhétorique, avant de descendre à l'examen de ses différents genres. Nous allons maintenant les passer en revue l'un après l'autre, et ce ne sera pas très long, car ils sont alors peu nombreux, et le seul qui tienne une place considérable dans les habitudes de nos pères, c'est l'éloquence sacrée, c'est le sermon ; les prédicateurs sont, en effet, les seuls maîtres ordinaires de la parole au treizième siècle. Mais, avant de nous occuper d'eux, arrêtons-nous d'abord un moment à ce qui représente l'éloquence civile ou politique.

Il est évident qu'il y a eu de tout temps des discours prononcés par des princes, par des magistrats, par des conseillers, dans des réunions politiques, militaires ou autres. Il serait facile d'en trouver maint exemple dans les chroniqueurs, et des exemples rapportés par eux *de auditu*, non pas inventés, comme les fameuses harangues de Tite-Live ou de Mézeray. On doit donc regarder comme une naïveté la pompeuse déclaration faite par Victor Le Clerc dans l'*Histoire littéraire de la France*, lorsqu'après avoir dit que l'éloquence politique naquit au quatorzième siècle avec les États généraux et les États provinciaux, il s'écrie à propos de ces assemblées : « On entendit donc enfin des laïques éloquents [1] ! » Eh quoi ! n'y avait-il pas sous saint Louis, pour ne pas remonter plus haut, des parlements, des séances du conseil royal, des assises, et même des États provinciaux dans le midi ? Peut-on oublier, notamment, cette imposante

---

1. *Hist. litt.*, tome XXIV, p. 413 et suiv.

réunion de prélats, de barons et de légistes qui, pendant dix jours, à Amiens, discutèrent à fond, sous la présidence du roi de France, les droits du roi d'Angleterre vis-à-vis de son peuple, et agitèrent à cette occasion les questions fondamentales regardant la constitution sociale? Imagine-t-on que ces conférences solennelles se passèrent sans discours et sans une forte dépense d'éloquence de part et d'autre? Nous n'avons pas le texte des allocutions débitées dans cette circonstance, c'est possible ; c'est même naturel, car la plupart durent être improvisées : mais en furent-elles moins prononcées pour cela ? Les États généraux ouvrirent, sans doute, une nouvelle carrière aux orateurs politiques ; ils purent contribuer à développer ce genre de talent particulier dont nous avons vu, de nos jours, tant user et tant abuser sous le nom d'éloquence parlementaire. Doit-on croire cependant qu'avant Marcel, qu'avant Pierre Flotte, qu'avant Robert d'Artois, les chevaliers et les magistrats ne savaient pas manier la parole et remuer leur auditoire? Ouvrez Joinville, ouvrez Villehardouin, ces rapporteurs fidèles, ces témoins auriculaires, et voyez s'il est un plus beau et plus mâle langage que celui des héros de la croisade. Voici comment Quens de Béthune, au nom des chefs français et vénitiens, parle, en 1204, aux empereurs Isaac et Alexis Comnène, devant toute leur cour solennellement assemblée. Les princes grecs ont trompé la bonne foi des croisés ; ils ont méconnu les conventions jurées. Quens ou Conon de Béthune est chargé de leur porter les plaintes de l'armée latine, et Villehardouin, qui l'accompagne, recueille ses propres paroles :

« Sire, nous somes à vous venus de par les barons de l'ost

« et de par le duc de Venise ; et sachiés que il réprouvent le
« service que il ont à vous fait, tel come toute la gent sevent,
« et come il est aparissant. Vos et vostres pères lor avés juré
« leur convenances à tenir ; il en ont vos chartres. Vous ne
« leur avés mie si bien tenu come vous deussiés. Meintes fois
« vous en ont semons, et encore vous en semmonons-nous,
« voiant tous vos barons. Si vous le faites, mout leur sera
« bel, et se ce non, il ne vos tiennent ne pour Seigneur ne
« pour ami. Ensi porchaceront que il auront leur raison en
« toutes les manières que il porront, et bien vous mandent ce ;
« que sans defiance (sans défi) il ne feroient mal ne à vous ne
« à altrui, quar il ne firent onques trahison, et en leur terres
« n'est-il mie acoustumé que il le facent. Vous avés bien oï
« ce que nous vous avons dit ; si, vous conseilliés ensi que il
« vous plaira (¹). »

N'est-ce pas là de la véritable éloquence ? « Je ne connais rien de plus beau que ce discours, s'écriait Paulin Paris, l'éditeur de Villehardouin. Quelle simplicité, quelle grandeur, quel admirable orgueil ! Nos écoliers apprennent par cœur des discours imaginés bien inférieurs à celui-ci. »

Passons maintenant aux orateurs qui font de la parole leur métier même, aux avocats et aux légistes. On a dit : Le barreau n'existe point encore sous saint Louis, parce que c'est à peine si la preuve par témoin commence à remplacer dans la procédure le duel judiciaire, interdit par ce prince en 1260. Cependant les appels à la cour du roi se multipliaient dès cette époque ; ils se produisaient même auparavant : et là, devant ce tribunal suprême, auquel les parties recouraient comme à un port de salut, il fallait bien plaider,

---

1. Villehardouin, ch. 94.

il fallait bien des avocats. Et dans les provinces du midi, où la législation romaine subsistait, et devant les juridictions ecclésiastiques, dont la procédure était si régulière et si avancée, n'y avait-il pas des défenseurs de profession, mettant au service de leurs clients toute la loquacité dont ils étaient capables? Les textes nous apprennent, au contraire, qu'il existait un grand nombre d'avocats, et qu'ils ne plaidaient souvent que trop. Il y a même, dans les recueils d'anecdotes du temps, un type à recommander à ceux qui croient encore que Molière et la Fontaine ont inventé les héros de leurs comédies ou de leurs fables : c'est un homme de loi, qui a tellement la manie d'entamer à tout propos un discours en cinq points, que les trois mots *parler-et-plaider* deviennent son sobriquet. Il finit par tomber malade, et on veut lui apporter le viatique ; mais, jusqu'à la dernière minute, il discute et fait discuter si la loi veut qu'il le reçoive (1), si bien qu'au cours du débat il expire sans sacrements. C'est le Perrin Dandin du treizième siècle (2).

La profession d'avocat est tellement répandue, qu'elle est réglementée par la législation religieuse et civile. Le cardinal Jacques de Vitry reconnaît à ceux qui l'exercent le droit de recevoir, pour prix de leur labeur, des honoraires modestes, si toutefois cette dépense n'occasionne point à la partie un préjudice grave ; mais, quand ils peuvent l'assister sans travail, il ne veut pas qu'ils réclament le moindre salaire (3). Guillaume Durand, dans son fameux traité de jurisprudence,

---

1. « ...... Présente ta requête
    « Comme tu veux dormir. »
    (*Les Plaideurs*, Acte I, scène 2.)
2. *Bibl. nat.*, ms. latin 17509.
3. *Ibid.*

consacre toute la quatrième partie de son premier livre à tracer le rôle de l'avocat. « Ceux qui éclaircissent les faits douteux d'une cause, dit-il, et, par la force de leur défense, dans les affaires privées ou publiques, relèvent ce qui est tombé et réparent ce qui menace ruine, ne sont pas moins utiles au genre humain que s'ils prenaient les armes et répandaient leur sang pour sauver leur patrie et leur famille. Ils combattent, en effet ; ils combattent, lorsque, forts de l'appui qu'ils trouvent dans cette voix qui fait leur gloire, ils défendent l'espérance, la vie et les enfants des malheureux ([1]). »

C'est la contre-partie de la légende de tout-à-l'heure ; c'est le modèle après la caricature. Mais Guillaume Durand, ancien avocat lui-même, ne ménage pas non plus les sévères leçons à ses confrères de la veille. Il examine longuement quelles objections on peut faire contre eux, comment ils doivent s'habiller, quelle conduite ils doivent tenir à l'égard de leurs clients, des juges, des défenseurs de la partie adverse ; et ses préceptes sont aussi opportuns que sensés, surtout lorsqu'il leur recommande de n'être point bavards et d'être courtois les uns envers les autres : « *Per gent parlar, bocca non ca* », dit-il en leur rappelant un proverbe provençal. « Pour parler gentiment, les lèvres ne tombent pas. » Et il paraît qu'il avait vu de près la nécessité de cette recommandation. Enfin les princes eux-mêmes sont obligés d'intervenir pour poser des bornes aux envahissements de cette classe de légistes et à la rapacité de quelques-uns de ses membres. Ils vont jusqu'à fixer officiellement le tarif de leurs honoraires, afin que les particuliers ne soient point à leur merci. Un curieux statut de Charles d'Anjou, promulgué

---

1. Guillaume Durand, *Speculum judiciale*.

en 1251, établit ce tarif, pour les pays d'Anjou et du Maine, sur la base du nombre de chevaux possédés par l'avocat ; ce qui prouve que celui-ci arrivait assez communément à l'aisance et à la fortune.

« Quiconque voudra être avocat en cour laïque (par con-
« séquent, les avocats ne se trouvaient pas seulement dans
« les juridictions de l'Église et dans les cours civiles du midi),
« s'il est assez bien posé pour avoir un cheval, recevra pour
« sa rémunération trois sols de monnaie angevine au plus
« par séance ou par journée de plaid ; s'il a deux chevaux,
« cinq sols au plus ; s'il n'a point de cheval, douze deniers
« au plus. Nous entendons parler des avocats résidant ou
« se trouvant dans la ville même où il sera plaidé. Mais, si
« quelqu'un en appelle un du dehors, il lui payera ses frais
« de déplacement sur un pied convenable, indépendamment
« du salaire fixé ci-dessus. De plus, si quelqu'un, par suite
« de l'influence ou des machinations de son adversaire, ne
« peut trouver d'avocat dans notre cour ou dans celle de nos
« vassaux, le magistrat qui tiendra cette cour en prendra un à
« celui qui en aura plusieurs, pour le donner d'office à celui
« qui n'en aura point, et lui fera payer des honoraires modérés,
« comme ci-dessus. Quiconque voudra embrasser cette pro-
« fession jugera avant tout de ne rien percevoir des parties
« au delà de ce tarif et de remplir son devoir avec bonne foi.
« Ses biens personnels serviront de garantie, et seront saisis
« s'il est convaincu d'avoir contrevenu à la présente ordon-
« nance ([1]). »

Beaumanoir nous apprend à peu près la même chose : il parle aussi du serment, du salaire, qui doit être réglé d'après

---

1. Archives nationales, *Trésor des Chartes,* J. 178.

le talent de l'avocat, d'après sa fortune et d'après l'importance de la cause ; il distingue pareillement celui qui voyage avec un cheval de celui qui voyage avec deux chevaux ou avec trois ; et il ajoute que l'un comme l'autre ne peut demander, dans aucun cas, une rémunération supérieure à trente livres. Il répète le conseil, donné par Guillaume Durand, d'être bref en paroles, car un petit discours est plus facile à retenir et bien plus agréable pour les juges ; il engage les avocats en cour laie à parler aussi bellement le français que les avocats ecclésiastiques parlent la langue latine dans leurs juridictions (les clercs, en effet, ne pouvaient exercer cette profession que dans les cours d'église). Ailleurs, il revient encore sur la réglementation du métier des procureurs et des défenseurs. Ainsi ce n'est pas seulement en Anjou, c'est encore en Beauvaisis, c'est dans toute la France septentrionale, où dominait la coutume de Beauvaisis, que le même besoin se faisait sentir (1).

Toutes ces précautions, toutes ces mesures indiquent et la prospérité du barreau et ses exigences. On sait, du reste, que la faveur qui s'attachait depuis peu à l'étude du vieux droit romain donnait aux gens de loi en général une influence de plus en plus marquée. Dans la Faculté de Paris, créée spécialement en vue du droit canon, cette étude était interdite, et elle devait l'être longtemps encore (jusqu'en 1679). Une bulle d'Honorius III en avait ainsi disposé, et cette prohibition fut renouvelée plusieurs fois depuis. Mais les étudiants allaient en foule s'initier à la jurisprudence civile dans les écoles d'Orléans, d'Angers, de Toulouse, de Montpellier, de Bologne. Les papes, s'ils restreignaient la culture du droit romain au

---

1. Beaumanoir, *Coutumes de Beauvoisis*, ch. 5. On trouvera plus de détails dans l'*Histoire des avocats au parlement de Paris*, par M. Delachenal, in-8º, Paris, 1885.

nord de la France, pays de droit coutumier, la favorisaient, au contraire, au midi; ils l'avaient autorisée à Salamanque et dans plusieurs villes d'Italie. Craignaient-ils, au fond, d'étendre sa domination sur les contrées qui lui avaient échappé jusquelà? On peut le croire, car il régnait sur différents points un certain antagonisme entre le droit canon et le droit civil, entre le code religieux et le code antique, et l'on sait assez tout le mal que l'empire absolu des légistes a fait à l'Église comme à la France après l'avènement de Philippe le Bel. Les préventions de la cour de Rome, si elles ont réellement existé, sont donc parfaitement explicables. Sous saint Louis, bien que le danger ne fût pas encore déclaré, la rivalité commençait cependant à se dessiner entre les deux jurisprudences. Le droit canon avait encore le dessus: la collection de Gratien, celle de Raymond de Pennafort, puis plus tard le *Sexte*, publié par Boniface VIII, étaient enseignés et étudiés partout; les canonistes les plus distingués surgissaient en France, et à leur tête il faut encore placer le célèbre évêque de Mende, auteur du *Breviarium aureum*, du *Commentaire des actes du concile de Lyon*, et d'autres ouvrages spéciaux. Mais déjà le droit civil gagnait du terrain; il tient dans l'histoire littéraire du temps une place importante. C'est l'âge de la rédaction des grandes coutumes, des *Assises de Jérusalem*, des recueils de Pierre des Fontaines et de Philippe de Beaumanoir; et l'on ne saurait nier que dans ces compilations, l'élément romain se mêle quelque peu à l'élément coutumier. Les *Assises* sont l'expression la plus pure de la législation chevaleresque; mais les *Coutumes de Beauvaisis* contiennent des traces manifestes de la jurisprudence romaine, et le *Conseil* de des Fontaines en est rempli.

Reconnaissons toutefois que les grands jurisconsultes d'alors sont bien plutôt animés du souffle chrétien que du vieil esprit byzantin. Beaumanoir laisse bien percer déjà des tendances favorables à l'omnipotence royale ; mais il est prudent, il est modéré en toutes choses. Il n'est point de ceux qui ressusciteront bientôt la maxime trop fameuse : *Quidquid placuerit principi, legis vigorem habet*. Seulement, il est frappé des dangers de l'anarchie féodale, et il penche vers les idées de centralisation, par esprit de réaction, afin de conjurer le mal produit par l'excès opposé : c'est, du reste, à peu de chose près, la manière de voir du saint roi lui-même. Mais, au milieu de ses raisonnements de légiste, quelles lueurs soudaines, quels éclairs de sentiment catholique ! Et comme l'on voit bien que ce Justinien français, comme on l'a surnommé, est avant tout le disciple de l'Évangile ! Lisons seulement la conclusion de son code, et admirons comment pouvaient s'allier, chez un contemporain de saint Louis, l'amour de la loi divine et la préoccupation de la loi humaine :

« Vous, Roi des rois, Seigneur des seigneurs, vrai Dieu
« vrai homme, Père, Fils et Saint-Esprit, et vous, très glorieuse
« Mère, reine et princesse de celui qui tout fit et qui tout peut,
« je vous gracie et vous adore de ce que vous m'avez donné
« espace de temps et volonté de penser, tant que je suis venu
« à la fin de ce que j'avois proposé faire en mon cœur, c'est à
« savoir un livre des coutumes de Beauvoisis... Et après que
« nous avons ordonné les coutumes et mises en écrit, nous
« regardâmes le siècle et le mouvement de ceux qui volon-
« tiers et accoutumément plaident ; et quand plus les regar-
« dâmes, moins les prisâmes, et plus les méprisâmes, et pen-
« sâmes des choses lesquelles faisoient mieux à pourchacier

« en ce siècle. Et quand nous eûmes moult pensé sur cette
« matière, il nous a semblé qu'il n'est rien que nul doive
« convoiter comme ferme paix ; car celui qui ferme paix a
« affermi en son cœur est droitement sire du siècle et com-
« pagnon de Dieu ; il est sire du siècle en tant comme il est
« en bonne pensée et le cœur en paix, qu'il ne convoite à
« outrage nulle chose terrienne, et compagnon de Dieu pour
« ce qu'il est en état de grâce et sans péché. Ni (sinon) dans
« ces deux voies, nul ne peut avoir en son cœur ferme paix ;
« car, s'il est convoiteur des choses terriennes en aucune mali-
« cieuse manière, son cœur est en guerre et en tribulation
« d'eux pourchacier, et donc n'a-t-il pas ferme paix à son
« cœur ; et s'il est hors d'état de grâce, si comme en péché
« mortel, sa conscience même le guerroie ; car nous ne croyons
« pas qu'il soit nul si mal homme que son cœur ne soit guer-
« royé de sa conscience même. Donc ceux qui veulent avoir
« ferme paix doivent sur toute chose Dieu aimer et prier, et
« des choses terriennes despriser ; et qui ce peut faire, il a Dieu
« et le siècle. Et puisque nous avons dit que ferme paix est la
« meilleure chose à pourchacier, nous prierons celui qui est fon-
« taine de paix, c'est à savoir JÉSUS-CHRIST le Fils, et celle qui
« puise en ladite fontaine de paix toutes les fois qu'il lui plait
« pour ses amis, c'est-à-dire sa benoîte Mère sainte Marie, en
« telle manière qu'ils nous veuillent donner et envoyer paix,
« comme ils savent que métier (besoin) nous est au sauvement
« des âmes, selon le pouvoir de Notre-Seigneur et selon sa
« miséricorde ; lequel pouvoir peut tout, et laquelle miséricorde
« n'est comparable à nulle autre miséricorde. Et ce nous oc-
« troie-t-il par la prière de sa très douce Mère. Ainsi soit-il [1]. »

1. J'emprunte ce texte rajeuni à la célèbre introduction de *Sainte Élisabeth de Hongrie*, par Montalembert (éd. Mame, p. 57).

Qui parle donc ainsi, s'écriait Montalembert? Est-ce un maître de la chicane? Est-ce un apôtre de celui qui a dit : « Bienheureux les pacifiques »? On le croirait plutôt, et ici Beaumanoir se montre bien moins le précurseur des funestes conseillers de Philippe le Bel que l'ancêtre direct de cette longue succession de magistrats catholiques et français, qui traverse notre histoire comme un sillon lumineux, pour aboutir aux Lamoignon et aux Malesherbes.

Mais ne nous égarons pas dans l'étude de la jurisprudence. Je n'ai pas à faire l'histoire du droit au treizième siècle ; je n'avais à parler que des avocats et du genre particulier d'éloquence cultivé par les hommes de loi. Or, le lecteur de bonne foi en a vu assez, il me semble, pour être convaincu que cette éloquence n'était pas morte, et qu'elle était née depuis longtemps dans notre patrie. Les monuments qui pourraient réveiller à nos oreilles ses accents endormis nous manquent, parce qu'elle échappe par sa nature même à la reproduction écrite et qu'à cette époque surtout l'on négligeait de recueillir le texte des discours. Qu'importe? N'avons-nous pas des preuves plus que suffisantes du nombre et de la fécondité des orateurs civils? Ne voyons-nous pas, par le simple fragment que j'ai emprunté à Geoffroi de Villehardouin, que la noblesse chevaleresque maniait parfois la parole aussi bien que l'épée? Ne trouvons-nous pas la veuve et l'orphelin défendus avec succès dans toutes les cours, dans toutes les juridictions? Devant le juge souverain lui-même, au pied de ce chêne que le saint roi avait adopté comme pour rendre ses arrêts sous les regards du ciel, nous rencontrons le barreau dans l'exercice de ses fonctions, et de la plus noble de ses fonctions, la protection gratuite des malheureux. L'official, le juge ecclésiastique, avait toujours son avocat des pauvres à la disposition de ceux qui ne pouvaient en payer un autre. Or, cette institution charitable, qui s'est perpétuée jusqu'à nos jours dans certains pays, avait son pendant dans les *plaids de la porte* tenus par le monarque en personne : à Vincennes, quand les gens du peuple s'approchaient de lui pour lui soumettre leurs causes sans empêchement d'huissiers ni d'autres gens, comme dit Joinville, il voulait néanmoins que leurs intérêts fussent soutenus, et, séance tenante, il chargeait de les faire valoir un de ses propres conseillers. Mieux encore, il se faisait lui-même l'avocat du pauvre ; car, « lorsqu'il voyait quelque chose à amender dans les paroles de ceux qui parlaient pour lui ou de ceux qui parlaient pour autrui, il l'amendait de sa bouche (1). » Qui nous dira jamais combien de plaidoyers éloquents sont sortis de ces augustes lèvres, combien d'injustices elles ont repoussées, combien de droits elles ont fait triompher ?

Passons au genre le plus élevé de la rhétorique, c'est-à-dire à l'éloquence sacrée. Il m'est interdit d'entrer ici dans les détails pleins d'intérêt que le sujet comporte. L'ayant traité avec les plus grands développements dans un ouvrage spécial (2), je ne saurais y revenir ici sans me répéter. Le lecteur me permettra donc de le renvoyer à ce livre pour tout ce qui concerne l'histoire extrinsèque de la prédication, le personnel de la chaire, la composition des auditoires, la forme des sermons, etc., et de lui offrir seulement un bref aperçu du genre de rhétorique cultivé par les orateurs sacrés du temps. Assurément, la grande éloquence, l'éloquence de longue

---

1. Joinville, éd. de Wailly, p. 35.
2. *La Chaire française au moyen âge, spécialement au XIIIe siècle, d'après les manuscrits contemporains* ; ouvrage couronné par l'Académie des inscriptions et belles-lettres ; in-8°, Paris, 1868 ; 2° éd., 1886.

haleine n'est pas leur qualité dominante, et l'on se tromperait fort si l'on pensait retrouver dans leur bouche les accents de saint Jérôme ou de Bossuet. Mais, dans le dédale de leurs commentaires allégoriques ou de leurs interprétations savantes, que d'échappées de vue éblouissantes, que d'éclairs isolés, que d'apostrophes véhémentes, que de saillies originales ! Ils ne songent point à être éloquents, et c'est précisément pour cela qu'ils le sont bien davantage quand ils le sont. Leurs idées sur l'essence de l'art oratoire se résument dans cette maxime d'un biographe de saint Bonaventure : « *Non facundia verbis, sed sententiis metienda est*. Ce ne sont pas les mots qui donnent la mesure du talent d'un orateur ; ce sont les pensées. » Partant de ce principe, ils cherchent moins à émotionner qu'à instruire, et le peuple, de son côté, correspond si bien à leur sentiment qu'il se laisse initier volontiers aux vérités abstraites, aux raisonnements et aux distinctions théologiques ; il croit trop profondément pour avoir besoin d'être converti à la foi, mais il a besoin d'être instruit. De tels auditoires sont devenus rares : nous sortons satisfaits d'un sermon quand la fibre sentimentale a été touchée, ou même seulement lorsque l'oreille a été charmée. Il fallait à ces chrétiens quelque chose de plus substantiel et de plus pratique. Voilà pourquoi la recherche et l'élégance du langage préoccupent médiocrement et les enseignants et les enseignés. « La prédication, dit un maître anonyme, ne doit pas briller par de vains enjolivements ni par l'éclat des couleurs ; car alors elle semblerait trop étudiée, et faite pour capter la faveur des hommes plutôt que pour leur être utile. Ce serait là une prédication de théâtre ; c'est celle des hérétiques. » Jacques de Vitry, Jean d'Abbeville, Jean de Montlhéry, Pierre de

Limoges blâment tour à tour les fioritures du discours. Il y a une sorte de réaction contre la manière du siècle précédent, qui était plutôt pompeuse et ampoulée, ou du moins cette manière ne trouve plus que de rares imitateurs. La simplicité, la solidité sont à l'ordre du jour.

Est-ce à dire pour cela que les qualités brillantes du style oratoire soient méconnues? Au contraire, les conciles et la liturgie prescrivaient une parole honnête et grave, pleine de suavité, une certaine abondance jointe à la modération et à l'énergie. Élinand, qui donne l'exemple avec le conseil, recommande, comme le moyen le plus sûr d'arriver au cœur de l'homme, la *lingua eucharis* de saint Jérôme. Humbert de Romans, bien qu'il réprouve aussi les ornements de rhétorique, veut que l'on joigne à une diction claire et sonore une fécondité attrayante, ne blessant point pourtant cette règle d'Horace :

Quidquid praecipies, esto brevis, ut cito dicta
Percipiant animi dociles teneantque fideles.

Et l'anonyme que je citais tout à l'heure conseille lui-même d'augmenter la force des raisonnements par des expressions qui remuent l'auditoire (*verba commotiva*).

Toutes ces règles sont fort sages ; elles associent dans une certaine mesure les qualités de la forme à celles du fond. Dans la pratique, elles n'ont pas toujours été suivies, je le sais ; mais elles n'ont pas toujours été violées non plus. Les continuateurs de l'*Histoire littéraire de la France*, entreprise par les Bénédictins, et les auteurs qui se sont guidés sur eux ont trop souvent mis en relief les subtilités des sermons aux clercs, les trivialités des sermons au peuple. Les unes et les autres ont été fréquentes, je l'ai reconnu tout le premier. Mais faut-il donc chercher dans les mauvais orateurs le type de l'éloquence? Va-t-on demander aux rimailleurs de second et de troisième ordre le secret de la poésie? Scrutez les œuvres des contemporains de saint Chrysostome, des contemporains de Fénelon : vous y trouverez aussi des discours ineptes et vides. Pourtant vous ne les exhumerez pas pour juger l'art oratoire de l'époque ; vous ne fouillerez pas les bas-fonds, vous vous tiendrez sur les hauteurs. Il faudrait en faire autant pour le moyen âge.

Bien plus, un seul et même sermon nous offre quelquefois les inégalités les plus étonnantes. Voici, par exemple, un prélat dont on a beaucoup décrié les œuvres, et l'on avait raison de décrier les échantillons qu'on en produisait (bien que leur origine soit douteuse). Ces échantillons consistaient dans le commentaire d'une vieille chanson française par Étienne de Langton. Ce commentaire fut-il réellement débité en chaire? Je ne sais ; mais il peut passer pour le comble du mauvais goût et de l'allégorie obscure. L'auteur prend pour thème, au lieu d'un texte sacré, un couplet populaire ainsi conçu :

> Belle Aalliz mainz s'en leva,
> Vesti son cors et para.
> En un vergier s'en entra ;
> Cinc florestes i trova.
> Un chapelet fet en a
> [De] rose florie.
> Por Dé, trahez vos en là,
> Qui n'amez mie.

Rien de plus étranger à toute idée religieuse, et rien de plus insignifiant. Or, par une espèce de tour de force littéraire, sous prétexte, comme il le dit, de tourner le mal en bien, la vanité en vérité, il tisse sur la trame de ces vers une broderie subtile, en torturant le sens des mots et des phrases pour les appliquer à la sainte Vierge. « *Videamus quid sit bele Alis.* » La belle Alice devient Marie, « *de quâ dicitur speciosa specialis, speciosa ut gemma* ». Et le nom même d'Alice fournit la matière d'une interprétation absolument arbitraire « *Hoc enim Aalis dicitur ab a, quod est sine, et lis, litis ; quasi sine lite, sine reprehensione.* » Tout est à peu près sur ce ton. Le verger, c'est encore la Vierge ; les cinq fleurettes, ce sont la foi, l'espérance, la charité, l'humilité, la virginité ; le chapelet de fleurs, c'est la couronne de Marie ; le refrain : « Retirez-vous de là, vous qui n'aimez point », c'est la parole de JÉSUS-CHRIST aux damnés ; etc. ([1]).

Cela ne présente aucune suite ni aucune élévation de style ; c'est de la préciosité pure. Voilà évidemment un auteur jugé : c'est un esprit quintessencié, dévoyé, qui n'a rien pu produire de bon. Jugement téméraire pourtant, car, si l'on ouvre un autre manuscrit, on y trouve, sous le nom du même Étienne de Langton, un fragment comparable aux morceaux classiques de l'antiquité, et tellement comparable, qu'il rappelle tout à fait un fameux passage de Pline, souvent proposé à l'admiration des élèves de nos collèges. C'est le tableau de la misère et de la faiblesse de l'homme :

« *Homo natus de muliere, brevi vivens tempore*, etc. Écoute,
« ô homme, cette brève parole, qui résume la misère lamen-
« table de ta vie, plus brève encore. Écoute afin de com-
« prendre, écoute afin de réfléchir, écoute pour revenir à toi,
« écoute pour ne point périr. C'est le langage du juste Job,
« qui avait essuyé les coups de la plus complète adversité, qui

[1]. Bibl. nat., ms. lat. 16497.

« avait lu dans le livre de l'expérience toute la nomenclature
« de tes maux... De quoi donc t'enorgueillis-tu ? Si tu es le
« fils de la terre, tu es le frère des vers, tu es le cousin des
« taupes, tu es semblable aux vulgaires poteries ; et, en effet,
« l'orgueil te fait crever comme elles, le péché te rend aveugle
« comme la taupe. Pourquoi t'élever si haut, ver de terre ?
« Pourquoi t'enfler, chair morte ? Toi qui étais autrefois le fils
« de la terre, tu es maintenant le fils du péché, le fils du châ-
« timent, le fils de la concupiscence, le fils de la luxure...
« Quand tu nais, tes vagissements crient bien haut ta misère,
« ils prophétisent tes souffrances ; ton pied se refuse à la
« marche, ta main au toucher, ta langue à la parole, ton esprit
« à la pensée ; tu ne t'éloignes pas de la brute, tu ne diffères
« pas de l'insensé. Quand tu avances en âge, tu ne fais
« qu'avancer en misère. Les soucis te pressent, les veilles
« t'accablent, les inquiétudes te dévorent, les affaires t'absor-
« bent. Tantôt la pauvreté te consterne, tantôt l'espérance
« t'exalte ; la crainte t'oppresse, la joie te transporte, la
« tristesse t'abat. Ta vie est incertaine, ta destinée est une
« énigme, ta fin est pleine d'amertume... (1) »

Sans doute, la tournure classique, la période latine de Pline ont plus de correction et de grâce ; mais l'idée et la phrase de Langton sont plus énergiques et plus imagées. Quant au fond, il y a entre le langage de l'un et le langage de l'autre l'abîme qui sépare le fatalisme antique de la religion révélée : celui-là peint l'homme inférieur aux animaux, celui-ci se contente de le faire leur égal ; la bouche de l'un n'exhale qu'une plainte amère, les paroles de l'autre sont

---

1. Bibl. nat., ms. lat. 14859. Rapprochez ce texte de celui de Pline, *Hist. natur.*, VII, 1.

un pressant appel à la vie spirituelle. Il y a donc deux hommes dans notre orateur, et c'est le second qui mérite d'être mis en lumière ; c'est chez le second, et non chez le premier qu'il faudrait étudier l'éloquence du temps, car le premier n'est pas sérieux.

Aux trivialités de la prédication en langue vulgaire, on pourrait opposer des fragments en langue vulgaire empreints d'une véritable noblesse. Ce ne sont que des éclairs heureux ; mais ces éclairs déchirent la nue. La trivialité, d'ailleurs, n'est souvent qu'un excès de hardiesse. Ainsi, lorsqu'un frère prêcheur, saisi d'une sainte indignation contre les violateurs de la grande fête de Noël, s'écrie: « O jour, pourquoi donc as-tu été fait ? Est-ce pour être consacré aux bonnes œuvres, ou pour être employé à chanter la Marion? » c'est un mot trivial assurément ; mais son énergie ne déplaît point. Et quand le même frère s'en prend aux grands de la terre, quand il tonne sans scrupule contre l'avidité des princes, sa liberté d'allure devient superbe ; quand il rappelle le coup d'épée donné par saint Martin au travers de son manteau pour recouvrir un pauvre, il atteint presque au lyrisme, et l'on dirait qu'il veut se hausser jusqu'au ton héroïque des grandes chansons de geste dont il évoque le souvenir.

« Ah ! ce fut un beau coup, s'écrie-t-il. Non, jamais il n'a
« été parlé d'un aussi beau coup d'épée. Assez et trop de
« chansons l'on chante sur Roland et sur Olivier. On dit que
« Roland fendit la tête d'un homme jusqu'à la mâchoire ; on
« dit qu'Olivier trancha le corps d'un autre tout entier. Mais
« tout cela n'est rien. Ni Roland, ni Olivier, ni Charlemagne,
« ni Ogier le Danois n'ont eu l'honneur de frapper un tel
« coup, et l'on n'en verra pas frapper un pareil jusqu'à la fin

« du monde... Dieu! combien de pauvres errants à vau la
« ville, tout nus, tout déchaussés! Et nul autre Martin n'est
« là pour les couvrir (1)! »

Voilà pourtant un des orateurs que M. Hauréau essaye de railler agréablement.

Mais c'est dans les sermons à l'adresse des clercs qu'apparaissent surtout l'élévation du langage et la noblesse de la pensée ; c'est parmi eux que se trouvent le petit nombre de discours offrant ces caractères d'un bout à l'autre. Les plus beaux spécimens du genre nous sont fournis par un ancien trouvère converti, dont le sentiment poétique ne fit que changer d'objet, le jour où lui-même changea d'habit. « Vous avez connu Élinand, dit-il lui-même ; et qui ne l'a connu ?... Il n'était pas plus fait pour le travail que l'oiseau qui ne sait que voler ; il n'avait d'autre occupation que de courir le monde, cherchant à perdre les hommes, soit en les flattant, soit en les déchirant. Eh bien! le voilà enfermé entre les murailles d'un cloître, celui à qui l'univers entier paraissait non seulement un cloître, mais une prison (2). »

Or, Élinand, qui ne tarit pas quand il célèbre les gloires de Marie, nous a laissé un très remarquable sermon inédit pour la fête de la Purification. C'est peut-être celui où se retrouve au plus haut degré cette chaleur de pensée et d'expression que l'on a prétendu bannie de l'éloquence scolastique. Son exorde sort complètement des règles de la convention. C'est le cri spontané du chrétien saisi de stupeur et d'admiration devant le rapprochement de ces deux idées qui s'excluent, la Vierge et la Purification, la Mère de toute pureté

---

1. Bibl. nat., ms. lat. 16481.
2. Vincent de Beauvais, *Spec. histor.*, liv. XXIX, ch. 137.

et la cérémonie expiatrice. « Quoi de commun entre la puri-
« fication et Marie ? quel rapport entre la satisfaction et
« l'innocence ? entre la pénitence et la sainteté ? quel lien
« entre l'expiation et vous, ô Marie, la plus pudique des vierges,
« la plus innocente des filles, la plus belle des femmes, la
« plus heureuse des mères, la plus digne des reines, la plus
« humble des servantes, la plus chaste des tourterelles, la
« plus simple des colombes ? quel lien entre la purification
« et vous, plus épurée que l'or, plus brillante que le cristal,
« plus claire que le verre, plus blanche que la neige, plus
« douce que le miel, plus purifiante que le feu ?... Vous qui
« avez sanctifié le temple et l'autel par la présence de
« votre personne sacrée, par l'offrande de vos présents, bien
« plutôt que vous n'avez été sanctifiée vous-même par
« l'autel et le temple ! » Après avoir tiré de cette opposition une leçon d'humilité, de patience, et placé dans la bouche
de Marie l'explication du fait, après avoir énuméré, d'après
les Pères, les causes pour lesquelles la Mère du Sauveur a dû
subir la loi commune, l'orateur dégage de chacune d'elles un
enseignement moral. Il rappelle aussi, à ce sujet, l'exemple
symbolique de l'innocente Suzanne. Puis, dans une seconde
partie, où le raisonnement tient un peu plus de place, il
applique le texte de l'évangile du jour à la purification du
cœur et désigne les principaux vices dont on doit laver la
souillure. Il termine par un regard mélancolique jeté sur la
rapidité du temps et par un appel pressant à la conversion
des pécheurs [1].

Telle est la louable méthode d'un des premiers prédicateurs du siècle. Le commentaire théologique est accompagné

---
1. Bibl. nat., ms. lat. 14591.

de l'instruction pratique, et le tout se déroule naturellement, dans un cadre bien conçu, nullement chargé de divisions, au milieu des fleurs de la véritable rhétorique, celle qui part du cœur. Cet exemple suffira ici pour édifier le lecteur sur le genre et le contenu des bons sermons de l'époque, et en même temps sur les jugements téméraires d'une critique qui s'est trop pressée de poser des conclusions générales. En réalité, la prédication du moyen âge ne diffère guère que par la forme de celle de l'antiquité chrétienne ou de celle des temps modernes. C'est toujours la grande voix évangélique qui se répercute de génération en génération. Seulement elle est moins facilement reconnaissable quand elle nous parvient par l'intermédiaire de simples canevas ou de *reportages* incomplets, comme sont la plupart des manuscrits de nos anciens sermonnaires.

Il est un genre particulier d'éloquence sacrée, fort peu enseigné de nos jours, que le siècle de saint Louis étudiait et pratiquait avec conviction. Une touchante pensée de foi lui avait fait ranger parmi les branches de la rhétorique l'art de parler à Dieu, c'est-à-dire la prière. Dans l'esprit des contemporains, la langue de la prière devait être belle et soignée, parce que c'est le plus noble usage que l'homme puisse faire de sa parole, et elle devait être persuasive, parce que le Seigneur est réellement sensible à ses accents, parce qu'il se laisse toucher davantage par la voix qui prie bien. Telle est l'idée fondamentale d'un traité dû à Guillaume d'Auvergne, évêque de Paris, et dont j'ai déjà dit un mot. Cet opuscule porte un titre qui exprime à lui seul cette belle pensée. Il est intitulé : *De Rhetorica divina* (*De la Rhétorique divine*) ; ce qui ne signifie nullement l'art de parler de Dieu, comme on pourrait le croire. Je ne crains pas de dire que, si le livre est inférieur, au point de vue littéraire, à la *Rhétorique* de Cicéron, il repose sur un fondement plus admirable. Les anciens prophètes raisonnaient bien avec le Dieu d'Israël ; les supplications du roi Ézéchias avaient bien fait fléchir la rigueur des sentences éternelles ; Ninive pénitente avait échappé à la destruction prononcée contre elle. Des chrétiens pouvaient-ils avoir moins de confiance, moins de pouvoir? Ce n'était pas admissible; aussi nos pères, qui mettaient en pratique ce que nous nous contentons souvent de penser, apprenaient-ils sérieusement à prier, et l'évêque de Paris répondait à leurs besoins, à leurs aspirations, en leur enseignant, avec la double autorité de la science et de la vertu, comment ils devaient s'y prendre. A en croire certains critiques, son œuvre ne contiendrait encore qu'une compilation assez ridicule, dont le moindre défaut serait de dicter d'avance aux fidèles, non seulement les différents points des discours qu'ils devaient tenir à Dieu, l'exorde, la démonstration, la péroraison, mais même les gestes qu'ils devaient faire et jusqu'aux soupirs dont ils devaient les accompagner. Ce n'est sans doute point un chef-d'œuvre ; l'imitation de Cicéron s'y fait rarement sentir : l'auteur, du reste, n'a pas fait de cette imitation son but principal, comme on l'a prétendu, et il ne se la propose qu'incidemment dans le cours de son traité. Mais c'est bien un manuel pratique tel que les aimait la piété active de ces âges chrétiens. Il s'en dégage un parfum de foi et de charité ardente qui transporte réellement le lecteur dans un autre monde. Guillaume donne effectivement des conseils sur l'ordre et la méthode du discours prié ; il veut qu'il contienne une exposition, une narration, une conclusion, comme les compositions de la rhétorique humaine. Mais on ne trouve là rien que de très naturel. C'est le principe qui a présidé à la rédaction de la plupart des prières que nous trouvons dans nos manuels de piété. D'ailleurs, l'auteur ne se borne pas là : il montre, avec beaucoup plus d'onction que de sécheresse, l'importance et l'efficacité de la prière; il enseigne comment il faut invoquer Dieu d'abord, puis la sainte Vierge, dont l'intercession est si puissante, puis les saints, qui sont toujours favorablement écoutés du Très-Haut. Il demande que l'oraison soit obstinée, qu'elle soit importune, qu'elle soit une lutte contre le ciel, à l'instar de celle que soutint Jacob contre l'ange, mieux encore, une victoire (*Deus per luctam orationis vincitur*, c'est le titre du chapitre 53). Il demande aussi qu'elle soit brève, et qu'elle n'empêche point les prières d'autrui, comme font les messes de certains prêtres qu'on pourrait appeler des mangeurs de cierges (*cereorum consumptores*) et qui célèbrent d'une manière si longue, si prolixe, que le peuple en arrive à se dégoûter de la nourriture spirituelle et à s'écrier, pour ainsi dire : *Dederunt in escam meam fel*. Il descend à des avis détaillés sur ce qu'il appelle les auxiliaires de l'oraison (*quæ orationi adminiculantur*), et en premier lieu il place la posture du corps. Est-ce à dire qu'il enjoigne de se placer de telle ou telle façon? Non ; mais il loue l'action de ceux qui se prosternent, qui s'agenouillent, qui lèvent les yeux vers le ciel qui étendent les mains dans l'ardeur de la prière, et surtout il conseille de prendre une position commode, par exemple, de s'accouder sur un appui quelconque (détail qui a son importance pour l'archéologie), parce que le corps, se trouvant en repos, laisse à l'esprit plus de liberté. Quoi de plus rationnel, et quoi de plus indulgent ? Les amis du confortable dans les églises ne peuvent qu'applaudir à cette espèce d'éloge du prie-Dieu ; et les amis de la piété démonstrative, tous ceux qui ont vu, dans les vieilles églises de Belgique, dans les pèlerinages renommés de la Suisse ou de l'Allemagne, de dévots adorateurs prier les bras en croix, avec une ardeur expansive, doivent aussi comprendre ce que notre auteur dit des gestes venant au secours de la ferveur impuissante à s'exprimer. Il parle encore d'un autre genre d'auxiliaires, des cris, des soupirs, des sanglots, des gémissements. Faut-il entendre qu'il les prescrit ? Non, ce serait puéril : il explique simplement leur signification, leur efficacité, leur mérite ; et toutes ces considérations, qui rentrent nécessairement dans son sujet, ont au moins l'avantage de nous édifier sur l'esprit de ses contemporains. L'incrédulité y trouve l'occasion de sourire, soit ; mais les croyants y puisent le désir de mieux prier, et c'est le but qu'il a voulu atteindre.

Guillaume d'Auvergne ne se contente pas des préceptes ; il donne des exemples ou des modèles. Il recommande, en première ligne, les prières tirées des Pères ou de l'Écriture. « Tullius, ce prince des orateurs latins, n'a pas dédaigné d'emprunter et de traduire du grec des harangues de Démosthènes et d'Eschine... A plus forte raison des chrétiens doivent-ils rechercher et imiter les invocations toutes spirituelles de ces hommes très sages et très saints, qui les ont puisées aux sources mêmes de l'inspiration divine. Toutefois, ajoute-t-il, ces prières sont souvent trop profondes et d'un sens trop difficile à saisir pour les fidèles. C'est pourquoi je vais donner quelques spécimens très clairs et très simples, à la portée de toutes les intelligences. » Et son cœur s'épanche alors en aspirations ardentes, qui lui viennent par flots, comme des bouffées d'encens, et que sa plume transcrit couramment. « Dieu de miséricorde, faites de moi votre serviteur agréable « en toutes choses, votre serviteur attaché à vous plaire en « tout et partout. Arrachez de mon cœur jusqu'à la racine « tout ce qui vous déplait en moi, et répandez sur moi les « grâces et les vertus qui me feront vivre tout entier pour « vous et avec vous, conformément à votre très droite et très « parfaite bonté. Détournez votre face, détournez vos yeux « très saints de mes péchés et de mes vices, si grands, si « nombreux. Ne regardez en moi que ce qui est vôtre, ce que « vous seul avez fait en moi, et ne considérez pas ce que j'y « ai fait moi-même, car, le bien et le beau que vous aviez fait « en moi, je l'ai horriblement déformé, abominablement « dégradé, misérablement souillé, odieusement perverti, outra- « geusement, ignominieusement, au delà de tout ce que je « puis imaginer, et cela contre votre volonté. Accordez, je « vous en supplie, à un aussi grand pécheur le pardon de « toutes les fautes qu'il a commises, de toutes les peines qu'il « a méritées. Que votre grâce ait en moi une telle intégrité, « une telle plénitude, que je puisse vivre ici-bas en vous « servant et vous complaisant en toutes choses, et après « cette vie, arraché par vous à toutes les angoisses et à tous « les tourments, délivré par vous de l'esclavage de la corrup- « tion, régner avec vous dans la gloire et la béatitude, avec « vos élus et vos bien-aimés... Que votre nom très sacré, « votre nom béni, votre nom glorieux soit comme une huile « répandue sur mon cœur, le pénétrant tout entier, l'adou- « cissant, le guérissant, le sanctifiant, l'élevant jusqu'à vous « et en vous... Donnez-moi sur vous des pensées de lumière

« et de feu, qui me transfigurent et m'éclairent tout entier,
« qui me réjouissent, qui me transportent en vous, qui m'u-
« nissent et m'attachent inséparablement à vous par les liens
« de l'amour le plus pur, le plus droit, le plus agréable à vos
« yeux (1). »

Nous sommes ici à cent lieues des subtilités de la scolastique ; en revanche, nous sommes à deux pas du magnifique langage de l'*Imitation*. On comprend, après cela, pourquoi la *Rhetorica divina* fut le premier ouvrage de Guillaume d'Auvergne qui eut les honneurs de l'impression, et pourquoi il eut aux quinzième et seizième siècles un nombre considérable d'éditions ; mais on comprend moins que jamais pourquoi il est tombé depuis dans l'oubli.

Qu'on n'aille pas croire, du reste, que la tentative de l'évêque de Paris soit une manifestation isolée, et que la

---

1. Comme une traduction est impuissante à rendre l'énergie du style de l'auteur, voici le texte latin de ce passage : « *Domine misericordiæ, fac me tibi servum in omnibus acceptabilem, servum tibi per omnia placentem. Aufer a me radicitus et ex toto quæcunque bonitati tuæ displicent in me, et largire mihi dona gratiarum atque virtutum, quibus tibi et totus et tecum vivam, videlicet ad regulam rectissimæ optimæque bonitatis tuæ. Averte faciem tuam et oculos sanctissimos tuos a tot et tantis vitiis meis et peccatis. Respice in me solum id quod tuum est, videlicet quod in me tu solus fecisti, et ne respexeris ad ea quæ ego in me feci, quoniam quod in me tu solus pulchrum et bonum feceras deformavi horribiliter, deturbavi abominabiliter, inquinavi execrabiliter, perverti odibiliter, injuriose et contumeliose, ultra quam cogitare sufficiam, et hoc adversum te. Largire, obsecro, mihi tanto peccatori veniam omnium culparum quas commisi omniumque pœnarum quas merui. Da gratiæ tuæ eam mihi integritatem et plenitudinem, per quam tibi per omnia acceptabiliter et placite vivam hic, et post hanc vitam, ereptus per te de omnibus angustiis et pressuris, et liberatus ab omni servitute corruptionis, beatus et gloriosus, tecum perenniter cum electis et dilectis tuis regnem... Nomen tuum sacratissimum, nomen tuum benedictum, nomen tuum gloriosum sit semper oleum effusum in corde meo, totum semper penetrans, semper perungens, totum me sanans, totum me sanctificans, totum me rapiens ad te et in te... Da mihi de te semper lucifluos cogitatus ac flammeos, totum me semper splendificantes, totum in te exhilarantes, totum me in te rapientes, totum me conglutinantes et unientes tibi unione purissimi, rectissimi tibique placitissimi amoris...* » (*Rhetorica divina*, ch. 16.)

réalité des choses ne corresponde point à son enseignement ou à ses désirs. Partout on applique son principe, partout on récite avec conviction des prières liturgiques méthodiquement composées, éloquemment écrites. Si, après les règles de l'art, on voulait voir l'exécution, si, après les préceptes du maître, on voulait entendre la voix des *orantes*, il suffirait de se reporter aux petits livres où M. Léon Gautier a réuni en gerbes assorties des centaines de suaves oraisons tirées des manuscrits du moyen âge. Il n'a eu qu'à se pencher sur leurs feuillets jaunis pour recueillir une moisson des plus abondantes. Or, parmi tous ces vénérables échantillons de la vieille piété française, on en trouve plus d'un qui semble avoir été composé pour mettre en pratique les principes de Guillaume d'Auvergne. Telle est la belle prière du matin traduite d'un obscur anonyme, qui a dû vivre au treizième siècle, et reproduite dans le recueil que je viens de citer. Ce morceau contient d'abord un exorde, une exposition : le chrétien s'humilie, il implore le pardon de ses fautes avant d'oser solliciter les faveurs divines, il produit des arguments pour toucher le cœur de Jésus-Christ ; puis il formule ses demandes pour ses frères et pour lui ; il se réclame de la Vierge et des saints, et enfin, dans sa conclusion, il s'élève à l'action de grâces, à la louange infinie du Dieu en trois personnes. Il le loue comme il l'aime, avec effusion, avec transport et ses accents ne sont plus ceux de l'homme :

« O bienheureuse Trinité ! ô Éternité ! ô Vérité suprême !
« ô Bonté infinie ! Origine de toutes choses, parfaite Beauté,
« Béatitude parfaite, soyez bénie !

« Soyez béni, Vous qui êtes la gloire, le miroir et la joie des
« saints !...

« Soyez béni par l'homme dans l'état de pénitence, dans
« l'état de justice, dans l'état de gloire !

« Soyez béni par notre mémoire, par notre entendement,
« par notre volonté, par nos pensées, par nos paroles, par
« nos actions !

« Soyez béni par l'universalité des êtres que Vous avez
« créés, que Vous gouvernez, que Vous sauvez !

« O bienheureuse Trinité ! que tous les anges s'unissent à
« tous les hommes pour chanter sans fin vos louanges et pour
« répéter à jamais:

« Saint, saint, saint est le Seigneur notre Dieu (¹) ! »

Ce sont bien là les règles fondamentales de la rhétorique appliquées aux élans de la ferveur; c'est bien le discours prié. Aussi, dans la langue de l'Église et dans notre langage moderne, cette forme sublime de la harangue, celle qui s'adresse directement à Dieu, a-t-elle seule conservé l'antique nom du discours, *oratio*, l'oraison, comme si toutes les autres variétés de l'éloquence devaient s'effacer devant celle-là, comme si toutes les voix qui retentissent ici-bas devaient se taire devant l'humble voix qui porte au ciel le témoignage de l'adoration des hommes.

1. *Choix de prières d'après les manuscrits du IXe au XVIIe siècle*, par M. Léon Gautier, 4e édition, p. 10.

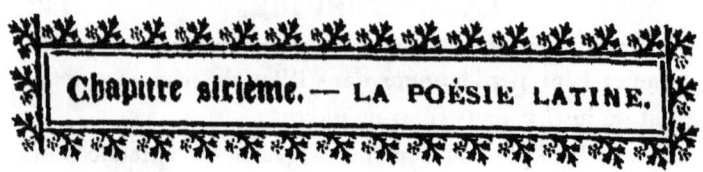

Chapitre sixième. — LA POÉSIE LATINE.

SOMMAIRE. — Amour des contemporains pour la forme versifiée. — La poésie liturgique. — Substitution du syllabisme, du rhythme et de l'assonance au mètre et à la prosodie antique. — Causes de cette révolution ; ses progrès. — Les hymnes. — Les proses. — Les tropes. — La poésie extra-liturgique ; sa forme classique ; sa froideur. — Poëmes didactiques, historiques, satiriques.

DE la rhétorique à la poésie, la distance est courte et la transition facile. L'une et l'autre ne sont-elles pas nées du besoin de couvrir d'une parure l'expression de la pensée humaine ? Ne sont-elles pas sœurs de par l'idée-mère qui les a enfantées, la préoccupation du beau ? Lorsqu'on jette les yeux sur les œuvres littéraires du treizième siècle, un des phénomènes qui frappent le plus l'attention, c'est la passion universelle de l'époque, sinon pour la poésie, du moins pour la versification. Sans être animée d'un souffle poétique aussi remarquable que les siècles précédents, elle est possédée de la manie des vers, de l'amour de la rime et de la mesure. On versifie tout, l'histoire, la légende, la morale, les sciences, et jusqu'à la médecine ; car nous possédons de longs traités sur les maladies et les remèdes (et quels remèdes !) revêtus de la forme poétique. Ce goût prononcé, poussé parfois jusqu'à la fureur, est commun, du reste, à tout le moyen âge ; il tient non seulement au plaisir que trouvait l'oreille de nos pères dans la cadence et l'assonance, mais aussi, mais surtout peut-être, à ce qu'ils se servaient de cette forme de langage comme d'un moyen mnémotechnique. C'est ce que nous apprennent, entre autres, les préceptes d'Étienne de Bourbon en matière de prédication, et les usages établis par l'école de Salerne en matière d'enseignement médical. En outre, il y avait pour les poètes comme pour les prosateurs deux langues différentes : l'une servait à chanter les héros légendaires, les exploits guerriers ou les passions humaines, l'autre était réservée aux chants sacrés et aux compositions savantes ; la première était la langue de la nation ou la langue des laïques, la seconde celle de l'Église ou des clercs. De là deux poésies complètement dissemblables ; de là une autre extension du domaine poétique que nous ne connaissons plus : qui songe, en effet, à composer des vers latins aujourd'hui, à part les malheureux élèves de quatrième ou de troisième, qui ne peuvent pas faire autrement ? Nous nous occuperons d'abord de cette poésie latine, dont le culte était loin d'être éteint, quoique la langue latine ne fût plus guère une langue parlée, et nous remettrons aux chapitres suivants le plaisir d'écouter les accents inspirés de nos vieux trouvères.

La poésie latine, au treizième siècle, embrasse deux genres distincts, tous deux riches et fort goûtés des clercs : la poésie liturgique ou sacrée, la poésie extra-liturgique ou profane. Commençons par la première. — Si nous entrons dans une des églises du temps, à l'heure où les fidèles réunis entonnent en chœur un de ces cantiques latins, admis depuis le quatrième siècle à l'honneur de figurer officieusement dans la liturgie, nous sommes frappés, dès les premiers mots, d'une singularité très curieuse. Mais, nous écrions-nous, ce ne sont plus là des vers latins ! ce n'est plus la mesure antique ! ce n'est plus l'hexamètre de Virgile, ni le pentamètre d'Ovide, ni aucun de leurs dérivés! Qu'a-t-on fait de la prosodie, et par quoi l'a-t-on remplacée? On l'a remplacée tout simplement par le principe du syllabisme et du rhythme, sur lequel reposait déjà la poésie primitive des Romains, et d'où est issue la poésie française moderne. En d'autres termes, on ne scande plus les pieds, on ne combine plus les syllabes longues avec les syllabes brèves pour en faire des dactyles ou des spondées; on compte uniquement le nombre des syllabes, on leur prête à toutes une valeur égale, et on en met dans chaque vers une quantité déterminée, comme en français; puis, en même temps, on établit une conformité de son plus ou moins parfaite entre la dernière syllabe d'un vers et la dernière syllabe du vers suivant, ou simplement d'un des vers suivants. Si cette conformité ne porte que sur la voyelle finale, on a ce qu'on appelle l'assonance; si elle s'étend aux consonnes ou aux deux dernières syllabes, on a la rime véritable, ou même la rime riche, comme dans cette strophe de saint Thomas d'Aquin :

> *Verbum supernum prodiens,*
> *Nec Patris linquens dexteram,*
> *Ad opus suum exiens,*
> *Venit ad vitæ vesperam.*

Voilà des vers qui sont latins par le langage, mais qui sont déjà français par la forme et la coupe. C'est toute une révolution qui s'est accomplie; de nouvelles lois président à la versification des chants sacrés. D'où viennent donc ces lois? d'où vient cette révolution? — Eh bien! cette fois encore, c'est l'idée chrétienne qui a tout fait, et c'est le désir d'associer le peuple fidèle aux louanges du Seigneur qui a poussé l'Église à cette transformation radicale. Il y a peu de phénomènes dont la marche soit plus intéressante à suivre et plus propre à nous édifier sur le véritable esprit du christianisme. Un des plus brillants érudits catholiques de notre époque, M. Léon Gautier, l'a retracée en détail dans une série de leçons aussi éloquentes qu'instructives, et s'apprête à livrer au public le fruit de ses longues recherches (1). Nul guide plus sûr, nul compagnon de route plus attachant pour ceux qui voudraient faire une connaissance complète avec les beautés de ce pays inconnu, qui forme le domaine de la poésie liturgique : pour la plupart des chrétiens d'aujourd'hui, je le dis à notre confusion, ce serait un vrai voyage de découvertes. Mais nous devons nous borner ici à un coup-d'œil d'ensemble.

La révolution opérée par l'Église n'était pas très difficile; car, chose surprenante, la poésie classique, ce que nous appelons d'une manière générale la poésie latine, n'avait jamais été populaire chez les Romains. Il y avait à cela deux raisons péremptoires. D'abord les poètes du siècle d'Auguste et leurs imitateurs ne visaient pas à la popularité : ils visaient avant tout à la protection des Mécènes, qui leur valait des villas, des richesses, des honneurs, et les plus désintéressés ne songeaient qu'à charmer l'oreille d'un petit groupe de délicats, sans se soucier des suffrages du reste. Le peuple n'existait pas pour cette aristocratie de la plume; Horace s'écriait même tout haut :

Odi profanum vulgus et arceo.

Ils composaient donc uniquement en vue des grands; loin

---

1. M. Gautier a déjà publié la première partie de son *Histoire de la poésie liturgique*, contenant une étude très détaillée sur les *Tropes* (Tours, Mame, in-8º, 1887).

de ressembler aux grands poètes nationaux des âges héroïques, qui déroulaient devant la plèbe enthousiaste les merveilles de l'*Iliade* ou de la *Chanson de Roland*, ils voulaient ignorer le public, et le public les ignorait. Jamais certainement l'*Énéide* n'eut dans la Rome antique la moitié des lecteurs et des admirateurs qu'elle eut au moyen âge. Ensuite, et c'est là sans doute la raison capitale, le principe même de la versification classique était antipathique à la nation romaine, contraire à son génie, à ses tendances, à son passé. Dans les temps primitifs, et jusqu'à l'arrivée d'Ennius, les belliqueux habitants du Latium chantaient des chansons grossières dans lesquelles on ne tenait aucun compte régulier des brèves et des longues, mais plutôt de l'accent et du nombre des syllabes. Ils ne connaissaient, en fait de vers, que les Atellanes, les Fescennins, les Saturniens ; c'était là leur vraie poésie nationale. Vint la conquête de la Grèce : l'imitation des Grecs sévit aussitôt comme une manie, comme un délire, dans la langue, dans les arts, dans les mœurs, partout. Ce ne fut pas assez de s'habiller comme eux : il fallut s'exprimer comme eux. Ce ne fut pas assez de chercher à reproduire leurs qualités : il fallut singer leurs défauts. La tyrannie de la mode se fit sentir aussi, tout naturellement, dans la versification, et les rudes gosiers des enfants des Osques et des Étrusques voulurent chanter comme les bouches harmonieuses de la molle Ionie. On ne se rendait pas compte de ce fait que la race grecque était essentiellement musicale, que son système de poésie métrique tenait à son caractère propre, à sa constitution, à son tempérament, et que, sous le beau ciel des Hellènes, comme on chantait en naissant, comme on parlait en chantant, la langue originelle s'était trouvée tout naturellement composée de brèves et de longues, de sons traînants et de sons fugitifs, ainsi qu'un morceau de musique ou de danse. Les Grecs n'avaient fait que conformer leur langage poétique à leur langage ordinaire, et ils récitaient leurs vers en les scandant par instinct. Voilà ce que les Romains voulurent imiter; voilà ce qu'ils voulurent substituer à l'antique mesure saturnienne, comme le dit Horace dans un passage célèbre :

Græcia capta ferum victorem cepit, et artes
Intulit agresti Latio. Sic horridus ille
Defluxit numerus Saturnius.

Mais, chez les Romains, cette répartition spontanée des syllabes n'existait nullement. Quand Ennius, ou plutôt son école, voulut introduire parmi eux le mètre hellénique, on eut toutes les peines du monde à établir un classement analogue entre les syllabes de la langue latine; ce ne fut que par des distinctions artificielles, rétrospectives, qu'on put y arriver, et l'on n'y arriva même jamais d'une manière complète, car il resta dans la prosodie de nombreuses incertitudes. Aussi le peuple continua de chanter ses vers primitifs, construits sans art, pour sa plus grande commodité, et laissa les hellénisants varier à plaisir les enchevêtrements ingénieux du mètre (ce qu'ils ne purent opérer sans faire de la langue poétique elle-même une langue compliquée, peu accessible au vulgaire), pour s'en tenir à la vieille méthode nationale. Il fallut, comme l'observe M. Gautier, tout le génie de Virgile et tout le talent d'Horace pour faire accepter et consacrer par l'usage la nouvelle versification empruntée à la Grèce; encore demeura-t-elle l'apanage des érudits. Lorsque les acteurs de Rome débitaient au théâtre les comédies des meilleurs auteurs, on voyait (c'est encore le même Horace qui l'atteste) les assistants, ennuyés de la poésie métrique, interrompre la pièce et demander des spectacles. Quintilien laisse également échapper l'aveu que la langue romaine n'était pas bâtie pour la comédie en vers *(in comœdia maxime claudicamus)*. Aussi les comiques qui voulaient reconquérir la faveur de la foule s'écartaient-ils à dessein des règles de la quantité, afin d'être mieux compris. « *In metro peccant arte, non inscitiâ* », dit Terentianus Maurus. Cicéron, Priscien et d'autres nous fourniraient au besoin des témoignages analogues sur cet état de choses singulier, anormal, et cependant réel.

Mais voilà le christianisme qui, à son tour, conquiert le monde ; et le premier caractère du christianisme, c'est, au contraire, d'être essentiellement populaire. Le Christ est venu pour relever les petits ; l'Église leur fait dans ses rangs la plus belle place. Que va-t-il en résulter ? C'est que le principe de l'ancienne versification romaine, de celle qui est restée dans l'oreille et dans la mémoire de la foule, reprendra le dessus, et que la versification savante, d'importation étrangère, sera délaissée, au moins pour les chants sacrés. Il faut que le peuple entier célèbre la louange de JÉSUS-CHRIST. Jadis la puissance de Jupiter, les exploits d'Énée, le désespoir de Didon étaient agréablement chantés par quelques esprits raffinés ; mais au Dieu vivant, au Dieu universel, dont la domination ne doit avoir ni fin ni limite, il faut la louange de toute l'assemblée des saints, il faut la grande voix du peuple chrétien, s'élevant unie et majestueuse comme le bruit de la mer, pour porter aux pieds de l'Éternel un hommage digne de son immensité. Et le peuple, de son côté, a besoin de chanter à pleine voix son Dieu, en comprenant et en sentant tout ce qu'il lui dit, parce qu'il est véritablement rempli de son amour, l'amour divin, sentiment nouveau que les païens ne pouvaient même pas soupçonner; car quel est celui d'entre eux que l'on vit aimer une seule de ses divinités? Ils craignaient Jupiter, ils admiraient Vénus, ils invoquaient Mercure; mais les aimer, sentir un battement de cœur en prononçant leur nom ou en l'entendant prononcer, éprouver ces délicieuses émotions réservées à l'âme fidèle intimement unie à son Dieu, jamais! C'est là le privilège de la vraie religion; et le paganisme n'était pas même une religion, ce n'était pas un culte.

On pourrait croire que j'émets ici une théorie. Mais tel est bien le motif réel qui engagea saint Ambroise à introduire le rhythme et l'assonance dans ses hymnes célèbres, les premières que l'Église ait adoptées. Un passage significatif de saint Augustin nous fait entrer dans la pensée intime des Pères à cet égard. Voulant composer un cantique renfermant la réfutation des Donatistes et le faire chanter de mémoire aux fidèles, « je n'ai pas voulu, dit-il, lui donner la forme de la poésie (métrique), de peur d'être contraint par les nécessités de la prosodie à employer des expressions peu familières au peuple. *Non aliquo carminis genere id fieri volui, ideo, ne me necessitas metrica ad aliqua verba vulgo minus usitata compelleret.* » Aussi écrit-il son cantique dans une forme particulière, qui se rapproche sensiblement de la poésie syllabique. A partir du quatrième siècle, cette tendance s'accentue de plus en plus. On compose toujours des hymnes métriques; mais, tout en respectant la quantité pendant quelque temps encore, on cherche à la concilier avec le système syllabique. En d'autres termes, on conserve les pieds composés de brèves et de longues; mais on réduit en même temps les vers, autant que possible, à un nombre uniforme de syllabes, parce que la musique populaire des hymnes, qui attache rigoureusement une note à une syllabe, exige cette uniformité. Ainsi l'on donne douze syllabes à l'asclépiade, qui devient par là le type de notre vers alexandrin, huit à l'iambique dimètre, qui devient le type du vers lyrique de huit pieds, quinze au *septenarius* trochaïque, qui, partagé en deux ou en trois par l'accent et par des assonances intérieures, forme à lui seul comme une petite strophe, etc. Puis on multiplie les assonances, afin de mieux graver les chants sacrés dans la mémoire des fidèles : dans une hymne de saint Ambroise, on compte douze vers assonancés sur seize ; dans une hymne de Sédulius, au cinquième siècle, on en compte soixante-dix sur quatre-vingt-douze ; dans une hymne de saint Grégoire, au sixième, tous les vers sont ornés d'assonances. La progression est évidente. Vers l'an 1000, cette transformation deviendra complète : toute la poésie liturgique sera syllabique et assonancée. Enfin, vers la fin du onzième siècle, la rime véritable, extension quelque peu puérile de l'assonance, triomphera sur toute la ligne ; elle s'introduira jusque dans l'intérieur des vers. C'est à elle, c'est à cette nouvelle venue que l'avenir appartient.

Donc, l'origine de la versification latine ecclésiastique que nous trouvons en usage au temps de saint Louis, et qui est la mère de la versification française, peut se résumer dans ces quelques formules: Les fondements de cette versification, c'est-à-dire l'accent tonique, qui fait élever ou arrêter la voix sur certaines syllabes et produit ainsi des temps de repos ; le syllabisme, qui consiste à compter les syllabes au lieu de les mesurer ; l'assonance, qui est le germe de la rime ; tout cela provient de la poésie populaire des habitants primitifs du

Latium. Seule, la longueur ou la coupe des vers provient des mètres classiques d'importation grecque, modifiés sous l'influence du syllabisme. Mais tous ces éléments ont été introduits ou rétablis par l'action de l'Église, par la liturgie, dans le but de populariser les chants sacrés. — C'est ainsi, je crois, que l'on peut concilier les deux systèmes de M. Gautier et de M. Gaston Paris, qui ont discuté cette question, et qui, au fond, ne sont séparés que par une nuance, portant sur la part d'influence revenant à la vieille poésie populaire des Romains et à leur poésie savante dans cet enfantement de la versification moderne. La première survit en elle plus que la seconde, comme le pense M. Paris ; mais les règles liturgiques ont contribué plus que l'une et l'autre à sa formation, comme le dit aussi M. Gautier dans ses conclusions. En somme, elle est, comme notre langue même, un legs de la plèbe romaine, legs qui a passé par les mains de l'Église, parce que l'assemblée des chrétiens et la plèbe ne faisaient plus qu'un, et qui nous est parvenu transformé, perfectionné, comme tout ce que touchait la main de fée de la nouvelle religion.

Nous trouvons, au treizième siècle, trois genres de poésie sacrée simultanément cultivés, différant tous trois de la poésie classique par la forme, mais à un degré inégal. Ce sont les hymnes proprement dites, les proses et les tropes. Je laisse de côté les offices en vers, comme la messe de sainte Geneviève qui se disait pour la confrérie des archers bourgeois de Paris, parce qu'ils ne sont qu'une exception et une fantaisie, et les mystères liturgiques, qui sont le développement des tropes, parce que nous les retrouverons en traitant de la poésie dramatique. Les hymnes sont le chant sacré par excellence ; elles représentent l'ode antique, mais avec toute la supériorité d'accent qui appartient à la louange du vrai Dieu. C'est saint Ambroise, selon la plupart des historiens, saint Hilaire de Poitiers, suivant quelques autres, et peut-être tous les deux ensemble, qui imaginèrent de composer et de faire chanter par les fidèles ces additions à l'office primitif. Les hymnes étaient pour les chrétiens de leur temps ce que sont les cantiques français pour ceux d'aujourd'hui, à cette différence près qu'ils étaient vraiment animés du souffle poétique. Leurs caractères distinctifs sont d'être en vers plus ou moins réguliers (*hymnus est laus Dei metrice scripta*, dit le vénérable Bède), et de s'adresser généralement à Dieu pour le louer, tandis que les proses sont en prose, comme leur nom l'indique (du moins relativement à la poésie classique, dont elles ne suivent plus du tout les lois), et qu'elles s'adressent aux fidèles, pour leur exposer un dogme ou leur raconter les vertus d'un saint. Depuis le neuvième siècle, l'assonance a complètement envahi les hymnes, déjà soumises à l'isochronie des syllabes, et depuis le douzième la rime les a gagnés à son tour. Ils sont surtout composés à l'aide de l'ancien *septenarius* trochaïque, autrement dit vers politique, divisé, ainsi que je le disais, en deux ou trois tronçons rimant entre eux, comme dans ces strophes de saint Bernard :

Margarita | *summi sita* | *Regis diademate,*
Quæ cunctarum | *gratiarum* | *es ornata stemmate,*
Maris stella, | *Dei cella,* | *virtutisque speculum,*
Quam miratur | *et precatur* | *universum seculum.*

Cette coupe heureuse prête à une foule de combinaisons, plus favorables les unes que les autres à l'expression lyrique de l'amour divin ; et précisément le premier hymnographe du treizième siècle, saint Thomas, nous en fournit un harmonieux spécimen dans son chant célèbre en l'honneur de l'Eucharistie :

Pange, lingua, | gloriosi | corporis mysterium,
Sanguinisque | pretiosi | quem, in mundi pretium,
Fructus ventris | generosi, | Rex effudit gentium.

Ici la rime est disposée autrement : c'est la seconde partie du vers qui rime avec la seconde partie des vers suivants, et la troisième avec la troisième. Quant au style, les hymnes de saint Thomas et de ses contemporains sont moins simples, ils sont plus savants, plus théologiques que ceux des premiers siècles du moyen âge. Ce ne sont plus tout à fait des chants populaires, puisque la langue latine est morte ; mais ce sont des chants officiels, entrés depuis une centaine d'années dans le corps des livres liturgiques et dans les heures canoniales. Peut-être ne renferment-ils pas autant de beautés, autant de magnificences de langage que les compositions d'Adam de Saint-Victor, le plus grand poète sacré de tout le moyen âge, qui vivait au milieu de ce douzième siècle, si poétique dans son esprit, si majestueux dans sa langue. Néanmoins ils comprennent encore des chefs-d'œuvre. A côté des hymnes anciens de saint Ambroise, de saint Hilaire, de saint Grégoire, de Prudence, que les fidèles continuent toujours à chanter, figurent avec honneur des productions nouvelles, que les modernes ont à leur tour précieusement conservées. Daunou lui-même a été obligé de rendre justice à celles qui sont sorties de la plume du Docteur angélique. « Un talent poétique dont ses œuvres ne présentent aucun autre exemple, dit-il, se fait remarquer dans les hymnes

Pange, lingua, Sacris solemniis, Verbum supernum... Il s'en faut que le style de ces poèmes soit toujours d'un goût très pur, que la latinité en soit très élégante et que les règles de la prosodie classique y soient observées (Daunou ne soupçonnait même pas que la prosodie classique était alors remplacée par une autre, et que la latinité chrétienne avait un genre de beauté indépendante des élégances païennes) ; cependant le sentiment de l'harmonie s'y manifeste par la variété des mesures, par l'heureuse distribution des nombres et des rimes, par la coupe des vers, ou, si l'on veut, des lignes. Les pensées presque toujours ingénieuses, ont souvent de la grandeur et de l'éclat ([1]). » La contrainte qui règne dans cet éloge est vraiment curieuse. Pour nous, qui n'avons pas les mêmes préjugés, et qui vivons dans un temps où, Dieu merci, la connaissance de notre histoire littéraire est beaucoup moins superficielle, nous pouvons hautement rendre à saint Thomas poète l'hommage que nous avons précédemment rendu à saint Thomas théologien. Si d'autres hymnographes de l'époque se sont tenus dans la médiocrité, lui du moins nous dédommage amplement de ces symptômes de décadence, et nous allons le voir mieux encore à propos des proses ; car ce profond penseur, dont on a pu croire l'esprit absorbé par les subtilités de la scolastique, le cœur desséché par l'étude d'Aristote, a chanté sous toutes les formes, et avec une surabondance de pieuse tendresse, le plus touchant des dogmes catholiques.

Les proses sont beaucoup plus récentes que les hymnes dans la liturgie. Elles furent imaginées, vers 860, à l'abbaye de Saint-Gall, par un moine appelé Notker, pour remplacer

---

1. *Hist. littér. de la France*, t. XIX, p. 362 et suiv.

les neumes ou *jubili*, c'est-à-dire les notes joyeuses qui servaient de prolongement à la dernière voyelle du mot *Alleluia*, chanté à la fin du Graduel de la messe. Au lieu d'une série de *a a a* qui n'offraient aucun sens, ce bon religieux entreprit de faire chanter des paroles sensées et rhythmées ; et il avait bien raison. L'idée première lui en avait été fournie par un antiphonaire normand apporté de Jumièges à Saint-Gall : mais, tandis que les neumes étaient remplacés, dans celui-ci, par des mots sans suite ou même d'assez mauvais goût, il leur substitua, lui, de véritables chants, qui prirent le nom de *séquences*, déjà affecté aux notes supplémentaires venant à la suite de l'*Alleluia*. (*Sequitur jubilatio quam sequentiam vocant*, dit un ancien *Ordo* romain.) Ces proses primitives, ou proses notkériennes, se répandirent en beaucoup de diocèses. Mais ce fut Adam de Saint-Victor qui donna la consécration à ce nouveau genre de poésie sacrée, par le perfectionnement qu'il apporta dans sa structure et par le style éclatant dont il le revêtit. Rien de plus éloquent que les proses adamiennes. Leur auteur manie avec une dextérité pleine d'aisance la strophe de trois ou de six vers, dérivée du *septenarius* trochaïque, dont nous avons déjà remarqué l'introduction dans les hymnes et qui devient ici d'un emploi beaucoup plus général. La prose, par conséquent, n'est pas aussi prose que cela. Née à une époque où les scrupules qui faisaient encore respecter le mètre antique avaient disparu, elle afficha hautement le principe du syllabisme, tandis que l'hymne s'en imprégna peu à peu, avec un reste de pudeur. Mais, pour être dans la forme de la poésie moderne, de la poésie française, elle n'en est pas moins de la poésie. Et quant au sentiment poétique, qui pourrait ne pas le reconnaître dans les magnifiques morceaux de maître Adam ? L'alliance, si difficile en apparence, de la théologie et de la poésie, s'y trouve merveilleusement réalisée (¹). Or, c'est là aussi le caractère dominant des proses du siècle de saint Louis. Qui de nous n'a répété avec admiration, avec jubilation, suivant l'expression liturgique, les belles strophes à rhythme ternaire de celle de la fête du Saint-Sacrement ?

> *Lauda, Sion, Salvatorem,*
> *Lauda ducem et pastorem*
>   *In hymnis et canticis.*
> *Quantum potes, tantum aude ;*
> *Quia major omni laude,*
>   *Nec laudare sufficis.*

Ce morceau passe avec raison pour un des chefs-d'œuvre du genre, et c'est encore au génie de saint Thomas que nous le devons. Sa structure est calquée sur celle du chant d'Adam de Saint-Victor en l'honneur de saint Étienne :

> *Heri mundus exultavit,*
> *Et exultans celebravit*
>   *Christi natalitia ;*
> *Heri chorus angelorum*
> *Prosecutus est cœlorum*
>   *Regem cum lætitia.*

Mais ici l'imitateur éclipse le modèle.

D'autres séquences, d'autres proses, peut-être aussi remar-

---

1. On en a un exemple caractéristique dans la prose *Supremæ matris gaudia*, dont la traduction a paru dans la *Revue du Monde catholique* (an. 1870, n° du 25 juin). M. L. Gautier a donné trois éditions des *Œuvres poétiques d'Adam de Saint-Victor ;* la troisième, bien préférable aux autres, a été publiée en 1894 (Paris, in-12).

quables, ont vu le jour à la même époque et ont été adoptées, comme la précédente, par l'Église. Celle de la Pentecôte :

Veni, sancte Spiritus,
Et emitte cœlitus
Lucis tuæ radium,

attribuée jadis au roi Robert, et de nos jours au pape Innocent III, mort en 1216, se chantait dans la croisade albigeoise, comme l'avait observé D. Guéranger, notre grand liturgiste ; elle appartient évidemment par sa facture au commencement du treizième siècle. Celle du jour des Morts, qui retentit à nos oreilles comme un éclat de tonnerre, passe pour être l'ouvrage de Thomas de Celano, qui vivait dans la première partie du siècle suivant ; mais les critiques les plus compétents la font remonter au temps de saint Louis. Seulement, il faut dire qu'elle ne se chantait pas, à l'origine, le jour de la Commémoration des défunts : elle se chantait le premier dimanche de l'Avent, jour où l'Église appelait l'attention des fidèles sur le jugement dernier. Et, en effet, cette sublime poésie ne fait allusion qu'à la sentence suprême qui attend les humains ; c'est la fanfare éclatante qui sonne l'appel des coupables au tribunal du souverain juge : il n'y a là rien de particulier au culte des trépassés. Une œuvre du même genre, aussi célèbre mais dont le langage est moins correct, a été prêtée quelquefois à un religieux quelque peu postérieur et de nationalité italienne, Fra Jacopone : c'est le *Stabat Mater*, qui renferme encore des strophes si touchantes. Mais il ressemble trop par sa forme extérieure au *Lauda, Sion*, et à d'autres séquences du même âge pour ne pas être leur contemporain. Le *Stabat*, au reste, n'était pas une prose à l'origine ; il a été adopté comme tel beaucoup plus tard, pour la fête de Notre-Dame des Sept-Douleurs. C'était un *planctus*, une complainte, faite pour être chantée en dehors de la messe, comme nos cantiques français.

Enfin des proses assez nombreuses, qui ne sont point demeurées comme celle-ci dans la liturgie, et qui sont d'un mérite très inégal, ont été composées pour les nouvelles fêtes instituées au treizième siècle, en dehors de la fête du Saint-Sacrement. Je citerai notamment celle de la Susception de la sainte Croix, dont l'auteur est inconnu, comme la plupart du temps, mais qui renferme un couplet curieux en l'honneur de la ville et de l'université de Paris :

> *Tibi, ô urbs inclyta,*
> *Omni laude prædita,*
> *Mater studiorum,*
> *Est corona credita*
> *Est in te reposita,*
> *Urbs Parisiorum.*

« C'est à toi, ô ville fameuse, dotée de toutes les gloires, à toi, la mère des études, que la sainte Couronne a été confiée ; c'est dans ton sein qu'elle repose, noble cité de Paris. » Inutile de demander si le clerc qui a composé ces vers médiocres devait être un parisien.

La prose écrite pour la fête de saint Louis célèbre ses exploits sous l'étendard de la croix et sa mort glorieuse. Celle de la fête de saint François remémore ses prédications devant le soudan d'Égypte, ses stigmates, et jusqu'à son amour pour les petits oiseaux :

> *Vir qui sic refloruit*
> *Aves voce monuit*
> *Semper clara.*

Heureuse idée, bien mal rendue, et rappelant une strophe autrement poétique de saint Bonaventure, ce disciple du grand charmeur, qui semble avoir hérité de son âme aimante et de son sentiment vrai de la belle nature :

> *Philomena prævia*
> *Temporis amœni,*
> *Quæ recessum nuntias*
> *Imbris atque cœni,*
> *Dum mulcessis animos*
> *Tuo cantu læni,*
> *Ave, prudentissima ;*
> *Ad me, quæso, veni.*

Ainsi aucune note, ni la note sublime ni la note tendre, ni la note terrible ni la note gracieuse ne manque à cette poésie sacrée. Mais il faut nous hâter de le déclarer ; car, dès le début du siècle suivant, dès la fin de celui-ci même, la décadence qui attend tout l'ordre de choses du moyen âge, gagnera ce genre de littérature. Les proses, en particulier, perdront leur vogue universelle, leur langue noble et imagée, pour revêtir un style mou et sans caractère. Leur multiplication même leur fut fatale ; on en vint à en composer pour presque tous les jours de l'année liturgique, et les missels se chargèrent ainsi d'un mélange hétéroclite de pièces plus ou moins dignes d'approbation. Aussi Rome dut-elle réagir contre cet envahissement et n'admit-elle dans sa liturgie que quatre proses en tout.

Le troisième genre de poésie liturgique n'eut jamais l'importance des précédents. Les tropes sont, comme les proses elles-mêmes, une interpolation de l'office, introduite depuis le dixième siècle, pour satisfaire ce besoin remarquable des fidèles de voir allonger les cérémonies et les spectacles de l'Église ; mais ils ne consistèrent d'abord qu'en quelques mots, parfois en un vers ou en un distique, intercalés entre deux phrases du texte officiel et développant le sens d'une de ces phrases. Par exemple, les premières paroles de l'Introït de Noël : *Puer natus est nobis, et filius datus est nobis*, furent remplacées par celles-ci : *Quem nasci mundo docuere ex ordine vates, puer natus est*, etc. ; *visceribus sacris quem gessit mater opima*, etc. C'était une véritable farciture, dont l'idée rappelait celles des offices en vers, et qui, malgré ses prétentions, n'offrait pas le caractère solennel des hymnes ou des proses. Les tropes différaient aussi de ces dernières en ce qu'elles n'étaient point écrites sur une mélodie antérieure, et ils différaient des hymnes en ce qu'ils n'étaient point faits pour servir de chants populaires. Quelques-uns cependant, à force de se développer, prirent la tournure de véritables cantiques, lorsque la versification nouvelle, basée sur l'assonance ou la rime, y eut pénétré, c'est-à-dire à partir de la fin du onzième siècle. Tel est le fameux *O filii*, qui est entré dans notre liturgie pascale, et qui n'est qu'un trope du *Benedicamus*, comme l'indique son dernier vers : *Deo dicamus gratias*. En effet, les morceaux de cette espèce furent la plupart composés pour être chantés au *Benedicamus* qui termine chacune des heures canoniales. Il nous en est resté fort peu, parce que l'Église romaine leur fit, bien plus qu'aux proses, une guerre décidée. Ce n'est pas sans raison ; car de telles interpolations tournaient à l'abus et dénaturaient trop souvent la majestueuse simplicité de l'office. Il faut toutefois leur reconnaître un mérite : c'est qu'ils furent le germe du drame liturgique, et que tout le théâtre moderne est sorti, comme nous le verrons, de ces premiers commentaires du récit évangélique.

Il me reste à parler de la poésie latine extra-liturgique ou profane. Elle nous arrêtera moins longtemps, d'abord parce qu'elle est moins intéressante en soi, et puis parce qu'elle ne représente nullement la véritable poésie de l'époque. Que l'Église continue à chanter en latin, cela se conçoit : elle a fait de l'ancien idiome romain sa langue héraldique, immuable comme sa doctrine. Mais que des sujets historiques, didactiques, moraux soient traités en vers latins à l'heure où la France entière répète la *Chanson de Roland*, à l'heure où elle est suspendue aux lèvres de ses trouvères et de ses jongleurs, voilà qui peut surprendre davantage. On est parti de là pour affirmer que la langue latine n'était pas morte, que certaines chansons satiriques composées en latin prouvaient que l'on comprenait et que l'on parlait encore cette langue. Mais cela doit se dire uniquement des clercs, des gens d'Église. Ces chansons ont été faites par eux et pour eux, comme les autres poèmes latins du siècle. Toute cette poésie est essentiellement cléricale, savante, réservée; elle est fermée à la masse de la nation, et la nation n'y perd pas beaucoup. En effet, son principal caractère est la froideur ; elle n'est pas faite pour échauffer, pour attendrir : elle vise tout au plus à instruire, et la forme poétique n'est chez elle qu'un manteau d'emprunt jeté sur un corps prosaïque, soit par l'amour invétéré des vers, soit par le désir de mieux graver dans la mémoire les vérités ainsi présentées. Le nom de poésie ne lui convient donc guère : celui de prose versifiée, quoique un peu sévère peut-être, serait plus juste. Cette critique n'atteint pas, du reste, le fond des ouvrages ou des traités en vers, qui souvent n'en est pas moins solide pour cela.

Une autre preuve de l'impopularité de la poésie dont je parle et de son caractère de pur exercice littéraire, c'est qu'elle n'est plus basée sur les règles de la nouvelle versification, de la versification de l'antique plèbe romaine, devenue celle de la littérature chrétienne. Non ; ceux qui s'y adonnent sont des hommes si savants, qu'ils dédaignent cette forme populaire, devenue la forme nationale, et qu'ils remontent jusqu'aux procédés de Virgile et d'Ovide. En un mot, ils font des vers métriques, et non des vers syllabiques. Là est le signe distinctif qui les sépare des poètes liturgiques, et qui les sépare aussi, pour toujours, du vrai public. Les sujets de saint Louis comprennent encore les hymnes et les proses qu'ils entonnent avec tant d'amour à l'église, parce que leur style offre peu d'inversions et que leur rhythme se rapproche de celui des poèmes populaires: mais à ces imitations guindées des maîtres classiques, à leurs mètres compliqués, à leurs constructions forcées, ils n'entendent rien, ils ne cherchent même pas à rien entendre ; ils en ignorent, comme l'on dit en style judiciaire. Et c'est là peut-être aussi la raison de la froideur que je viens de signaler. Ces laborieux écrivains, qui travaillent, qui suent sang et eau pour imiter la langue et la poésie virgiliennes, se heurtent à mille obstacles qui enchaînent, qui tuent l'inspiration. Le règne de cette langue et de cette poésie est réellement fini ; elles ne servent plus qu'à faire des pastiches. Et si ces pastiches se produisent en quantité considérable, ce phénomène ne prouve qu'une chose, à savoir le grand nombre des lettrés et la force des études.

Si ces vérités pouvaient sembler douteuses, le doute disparaîtrait par l'examen des principaux monuments de ce genre de poésie. Les plus importants appartiennent à la théologie et à la science. Je ne parlerai point de la longue paraphrase de la Bible en plus de quinze mille vers, intitulée *Aurora*, et due à Pierre de Riga, chanoine de Reims, ce commentaire historique et allégorique qui jouit d'une si grande vogue au moyen âge (parmi les clercs, s'entend) : il renferme de très beaux vers, et il échapperait en partie à la critique que je viens de faire. Mais il échappe aussi à notre domaine ; car son auteur florissait, selon tous les synchronismes, vers la fin du douzième siècle. Il faut en dire autant des poëmes du célèbre Alain de Lille, notamment de son *Anticlaudianus*, roman moral traitant des connaissances nécessaires pour former l'homme vertueux, et qui atteint les proportions d'une encyclopédie : quoique devenu classique au treizième siècle, ce précieux ouvrage appartient plutôt aux dernières années du précédent. Mais voici des analogues rentrant tout à fait dans notre période. Voici le *Doctrinale puerorum* de maître Alexandre de Villedieu, qui fut aussi en grande faveur dans les écoles : c'est une excellente grammaire latine, basée principalement sur Priscien ; mais c'est un méchant poëme, comme doit l'être toute grammaire en vers. Le moyen d'expliquer l'alphabet ou les déclinaisons en langage poétique ? Voici quelque chose de plus fort : Gilles de Corbeil, médecin de Philippe-Auguste, écrit un poëme médical dont le titre me dispensera d'insister sur son contenu : *De urinis*. Non seulement il veut enseigner la médecine en pompeux hexamètres, à l'exemple des docteurs Salernitains, mais il prétend mettre en vers ce que la médecine de son temps offre de plus repoussant. De pareilles fantaisies peuvent être très utiles au point de vue de l'histoire de cette science toute spéciale : mais, je le demande, quel rapport peuvent-elles avoir avec la poésie? Laissons donc de côté, ici du moins, toute cette série de poèmes chirurgicaux, mathématiques, philologiques, dont fourmille la littérature de l'époque, et cherchons le feu sacré ailleurs que dans les traités didactiques. C'est en prose qu'ont écrit tous ces versificateurs, et jamais on n'enseignera convenablement quoi que ce soit qu'en bonne prose... ou en mauvais vers.

Les récits historiques se prêtent davantage à la forme poétique. Dans cette classe, nous rencontrons une immense composition de Jean de Garlande, intitulée *De triumphis Ecclesiæ*, que la critique sagace de Victor Le Clerc a rendue au treizième siècle, contrairement à la tradition qui l'avait attribuée jusque-là au onzième. Tous les événements de l'histoire universelle y sont retracés, depuis le passage de la mer Rouge jusqu'à la première croisade de saint Louis (preuve péremptoire que l'auteur vivait sous son règne). Cette longue narration est riche en détails de mœurs, en traits précieux pour l'historien, surtout lorsque Jean de Garlande en arrive aux faits dont il a été le témoin ou le contemporain. Mais, encore un coup, c'est là de l'histoire, c'est de la chronique versifiée ; ce n'est pas de la poésie. L'auteur a beau s'efforcer d'énoncer les dates des événements par une périphrase, et se mettre à la torture pour nous dire en vers que le roi vint camper dans tel lieu en 1190 :

Christi millenus centenus jungitur anno
Cum nonageno ; rex ibi castra locat.

De semblables tours de force sont la mort de l'inspiration,

quand ils ne rendent pas le style complètement obscur. De temps en temps, quelques lueurs jaillissent de ces ténèbres ; par exemple, dans les deux distiques où la reine Blanche est représentée implorant de la Reine des cieux la paix du monde :

> *Blanca tamen, regis mater justissima, pacem*
> *Poscit sanctarum sedulitate precum ;*
> *Stella, parens solis, concepte filia prolis,*
> *Pacem de celis mittere, Virgo, velis.*

« Cependant Blanche, la très pieuse mère du roi, implore la paix par ses prières assidues : Étoile brillante, mère du Soleil, fille de Celui à qui tu as donné le jour, daigne, ô Vierge, du haut des cieux nous envoyer la paix ! » Il y a là une idée féconde, un joli sujet de tableau ; et effectivement ces vers accompagnent, dans le manuscrit, une petite miniature. Mais l'allure générale du style, et notamment le mélange toujours choquant des figures mythologiques avec les expressions et les idées chrétiennes, font oublier les trop rares beautés de l'ouvrage.

Le *Ligurinus*, poème héroïque consacré à chanter les exploits de Frédéric Barberousse dans le Milanais (appelé Ligurie), dénote beaucoup plus de talent. La langue en est pure, élégante, la versification facile, et l'étude de l'antiquité classique s'y trahit par d'heureuses réminiscences. On l'a cru longtemps composé par un moine de Pairis, en Alsace, appelé Gunthier. Il paraît par une dissertation récente de M. Gaston Paris, que son véritable auteur, allemand sans doute, vivait plutôt dans le dernier quart du douze siècle.

Gilles de Paris a été moins bien inspiré en célébrant les hauts faits de Charlemagne dans son *Carolinus*, écrit spécialement pour l'instruction de Louis VIII, et compilé d'après les chroniques d'Éginhard et du moine de Saint-Gall. L'auteur, quoiqu'il s'adresse au propre fils de Philippe-Auguste, fustige en passant les scandales donnés par ce prince, et défend noblement le pape Innocent III dans sa querelle avec lui. C'est un acte de courage ; néanmoins les qualités de l'exécution ne répondent guère, dans l'œuvre de Gilles de Paris, au mérite des intentions. On peut en dire autant de la fameuse Philippéide de Guillaume le Breton, bien qu'elle affecte, par moments, la tournure antique.

En somme, cette famille de poèmes est supérieure, dans son ensemble, à la famille des didactiques. Mais la trompette héroïque ne résonne plus de ce côté : les vrais chantres de Charlemagne et de ses nobles émules sont dans le camp des trouvères, et ce n'est plus dans les froides élucubrations des savants, des latinisants, que les Français iront chercher désormais les gloires de la patrie.

La satire et la chanson, nous les retrouverons aussi parmi les productions de la poésie française. Gilles de Corbeil écrit bien en vers latins une vigoureuse critique des prélats de son temps, auxquels il finit par reconnaître en terminant quelques vertus. Certains clercs des universités se permettent bien des couplets burlesques pour le divertissement de leurs confrères, des chansons à boire, des *fatrasies* ou charges macaroniques, dont plusieurs se sont perpétuées dans la tradition des écoles. Quelques-uns même vont jusqu'au genre grossier ; car il est difficile de donner un autre nom aux *Carmina Burana*, aux plaisanteries de Gautier Map, aux *goliardises* de tel ou tel ribaud lettré. Mais, empressons-nous de le dire, les principales de ces compositions sont dues à des plumes anglaises ou allemandes : aussi se distinguent-elles plutôt par la brutalité que par la finesse. Et puis il y a autre chose : elles sont presque toujours jointes au dénigrement ou à la caricature de la papauté. Les voltairiens de tous les temps ont peu varié dans leurs satires ; laissons à ceux-là, qui sont, du reste, une infime minorité, sans écho, sans public, le bénéfice de l'obscurité qui les a enveloppés dès le début.

La poésie latine, au treizième siècle, peut donc être considérée comme morte, en dehors de l'Église et du monde ecclésiastique, et cela par une raison toute simple et toute-puissante, c'est que la langue latine se trouve elle-même dans ce cas. Ce sont une poésie et une langue très cultivées encore, beaucoup plus cultivées que de nos jours ; mais chacune d'elles n'en est pas moins supplantée par une rivale plus jeune et plus heureuse. Là où elles survivent cependant, elles sont fortifiées et ranimées par la sève religieuse. La liturgie est le refuge du génie latin, et fait résonner les dernières cordes de la lyre antique : mais elle léguera au monde une autre lyre glorieuse, façonnée directement par ses mains ; car la poésie française perpétuera la poésie liturgique dans ses formes, dans ses procédés, dans son allure ; la poésie française, en un mot, sera la poésie liturgique habillée d'un costume nouveau.

Chapitre septième. — LA POÉSIE FRANÇAISE : POÉSIE ÉPIQUE.

SOMMAIRE. — L'épopée nationale. — Origine et formation des chansons de geste. — Modification de leur forme primitive au troizième siècle ; la *Chanson de Roland* rajeunie. — Décadence de la littérature épique vers la fin de cette période ; les romans de la Table-Ronde. — Les éditeurs des poèmes populaires ou les jongleurs.

I.

DEPUIS que des travaux nombreux et concluants ont tiré de la poussière notre épopée carlovingienne, tous les cœurs français se sont repris à battre aux mâles accents de cette poésie séculaire, qui est apparue à nos yeux ignorants comme une nouveauté. Quel est celui d'entre nous qui pourrait rester froid devant les belles figures de notre légende populaire, chantées sur le mode le plus digne d'elles, le plus approprié à leur nature homérique ? Qui n'aimerait ce vieil empereur à la barbe fleurie, libérateur de la chrétienté, vainqueur des Saxons et des Sarrasins, et ce brave Roland, vivante incarnation de la chevalerie, supérieur par le caractère à tous les guerriers de la fable antique, et le sage Olivier, et le fougueux Renaud, et la pauvre reine Berthe, et tant d'autres types merveilleux que je ne saurais entreprendre de faire défiler sous les yeux du lecteur, car son attention se lasserait, car le jour et la nuit se succéderaient dix fois avant que la série des héros et des légendes soit épuisée ?

Et l'on a osé prétendre que les Français n'avaient pas la tête épique! Et Voltaire, grimaçant un sourire, viendra répéter ce propos d'une ignorance grossière ! Il viendra nous dire, avec le ton et les minauderies d'une vieille coquette : « Notre pays n'avait point d'épopée, et je ne sais vraiment si la *Henriade* sera jugée digne de combler cette lacune ! » La *Henriade*, ce pastiche si froid, si guindé ! Voltaire, ce singe de génie, comme on l'a appelé ; singe du génie, comme il faudrait plutôt dire ! Quelle figure font aujourd'hui ces noms en face des grands noms de l'épopée carlovingienne ressuscitée ? Car, on ne peut plus le nier, notre épopée revit désormais ; elle est exhumée, au grand jour, et les laborieuses recherches de l'érudition contemporaine, les efforts opiniâtres des Guessard, des Léon Gautier, des Gaston Paris et de leurs émules ont reçu récemment le couronnement le plus mérité, le plus significatif : l'édition de la *Chanson de Roland* se trouve maintenant dans les mains des élèves de nos collèges, avec les éditions d'Homère et de Virgile. Les maîtres et les écoliers peuvent comparer entre eux ces chefs-d'œuvre si différents, mais si ressemblants par certains côtés. Et ceux qui décerneront encore la palme épique au génie grec (tout le monde, peut-être, ne la lui décernera pas) ne pourront plus, du moins, nier l'aptitude de notre race ni les preuves matérielles de cette aptitude. Progrès tout à fait opportun, que la Providence semble avoir réservé à notre époque comme une consolation ; car, lorsque la patrie est abaissée, lorsque le présent est plein de ténèbres et d'inquiétudes, on aime encore plus à reporter ses yeux sur les vieilles gloires célébrées par le génie national; on se rattache à cette lumière lointaine, réveillée si à propos, comme un phare au milieu de la tourmente, et dans ces vénérables souvenirs on puise, malgré toutes les tristesses du moment, une invincible espérance.

Nous avons donc une épopée véritable, c'est-à-dire un cycle de poèmes épiques, non composés artificiellement par un auteur unique, mais sortis spontanément et quelque peu en désordre du cerveau de cent ou de mille Français, ayant tous la tête épique, n'en déplaise à M. de Malezieu et à Voltaire. D'où vient donc cette épopée? Quelle est son origine? Quelle est sa nature? Quelles ont été ses transformations? Telles sont les questions générales auxquelles je vais essayer de répondre en quelques mots, avant de parler des plus beaux de ces poèmes.

Au point de vue de la forme matérielle, ces chants, écrits la plupart en vers de dix syllabes et en tirades monorimes, appelées *laisses* ou complets, dérivent de la poésie liturgique. On a vu plus haut comment le vers métrique des anciens s'était graduellement transformé en vers syllabique et par quel lien étroit notre versification française se rattache à la versification populaire latine. Il suffit d'ajouter ici que le vers décasyllabique de nos vieilles épopées est analogue à celui de nos poètes modernes, que le vers de douze syllabes, qu'elles présentent aussi quelquefois, est construit comme notre alexandrin, et que ces vers sont reliés entre eux, primitivement par l'assonance de la dernière voyelle sonore (ainsi on voit rimer ensemble les mots *Charles* et *marche*, *faire* et *maistre*), puis, en vertu de raffinements successifs, par une rime véritable, portant sur toute la dernière syllabe. Au treizième siècle, cette rime est déjà implantée.

Au point de vue du fond, les origines de notre épopée sont plus lointaines et plus obscures. L'origine particulière de chaque poème ne sera peut-être jamais éclaircie, car presque tous sont le produit d'une collaboration anonyme à plusieurs couches superposées. Mais l'origine générale peut se retrouver, et elle a été retrouvée dans les cantilènes de l'époque barbare, plus loin encore, dans les vieux chants ou *lied* germaniques signalés par Tacite et Jornandès, au moyen desquels les Francs et les autres tribus germaines transmettaient à leur postérité les traditions des ancêtres. Après avoir longtemps célébré sous cette forme leur Wodin et tous les héros légendaires de leur race, les Saliens, transplantés au milieu des Gallo-Romains, chantèrent de même les exploits de Clovis, de Clotaire, de Théodoric, de Dagobert (qu'on a chanté depuis d'une façon beaucoup moins noble). Peu à peu le peuple conquis adopta lui-même cet usage et répéta des cantilènes, non plus en langue tudesque, mais en latin vulgaire, et ensuite en langue romane, composées en l'honneur de ses princes, de ses saints, de ses illustrations. On possède un débris fort curieux de ces cantilènes mérovingiennes dans le fameux morceau composé à la louange de Clotaire et de saint Faron :

> *De Chlotario est canere rege Francorum,*
> *Qui ivit pugnare in gentem Saxonum...*

Charles Martel, Pepin furent chantés à leur tour. Arriva cette épopée en action qui forme le règne de Charlemagne. L'enthousiasme inspiré par les luttes gigantesques du grand empereur prit de telles proportions, la chrétienté délivrée par lui de la terreur barbare voua à sa mémoire un culte si ardent, si universel, qu'il devint aussitôt le centre de la légende nationale, comme il avait été le centre et la clef de voûte de l'édifice social élevé par la papauté. Aux traits authentiques de sa vie, déjà si remplie d'actions héroïques, vinrent s'ajouter mille traits fabuleux ; toutes les prouesses de ses prédécesseurs et d'autres encore lui furent attribuées ; toutes les traditions antérieures se fondirent dans la tradition carlovingienne ; tous les récits conservés par la mémoire du peuple ou enfantés par son imagination fertile se groupèrent autour de cette majestueuse figure, et spécialement autour d'un des faits les plus saillants du règne: l'expédition contre les Sarrazins d'Espagne.

Alors notre épopée prit véritablement naissance, parce qu'elle avait un héros et un événement à la hauteur du génie national, parce que ce héros et cet événement symbolisaient, résumaient une grande idée, une idée chère à tout le moyen âge, celle de la lutte des nations chrétiennes contre la barbarie païenne sous l'hégémonie de la France et sous la conduite de son chef. Pour chanter la gloire de Charlemagne et aussi sa défaite accidentelle (car les poètes épiques ont toujours besoin d'une infortune afin de pouvoir s'attendrir, et l'on a remarqué que les grands revers les ont ordinairement mieux inspirés que les grandes victoires), des Tyrtées populaires surgirent de tous côtés. Ils le représentèrent comme un vieillard plus que centenaire, mais vigoureux et jeune de cœur, infatigable, immortel ; tantôt imposant comme le Jupiter homérique, tantôt terrible comme le dieu de la guerre, et toujours animé de l'esprit de Dieu, conversant avec les anges, accomplissant une mission céleste. Autour de lui ils groupèrent les douze pairs, son neveu Roland, l'Achille de notre épopée, Olivier, qui en est l'Ulysse, le duc Naimes, qui en est le Nestor, l'archevêque Turpin, ce Calchas chrétien, Richard de Normandie et cent autres capitaines. Toute cette pléiade légendaire, tout ce grand cycle de Charlemagne se constitua aux neuvième et dixième siècles, à l'époque même où se constituaient la langue et la poésie romanes. Ainsi, on l'a dit avec raison, notre épopée est « l'esprit germanique sous une forme romane ». Son principe, son essence nous vient des Francs, la plus poétique de toutes les races barbares, comme le montre bien le prologue de la loi salique ; sa forme, son vêtement extérieur vient des Gallo-Romains et de la liturgie chrétienne. Elle est toute populaire, toute militaire par son esprit ; elle est cependant quelque peu cléricale par son origine extrinsèque. Et par son objet, elle est à la fois l'un et l'autre, car elle chante Dieu et la patrie, le pape et l'empereur, l'Église et la France ; témoin irrécusable, témoin éloquent de l'étroite union de ces deux grandes idées dans les temps qui l'ont vu naître.

Toutefois, si nous pouvons constater dès cette époque la formation des premières chansons de geste (c'est le nom que reçurent les poèmes consacrés à nos héros, à leurs *gestes* ou à leurs exploits), nous ne possédons d'aucune d'entre elles un texte écrit antérieur au onzième siècle, parce qu'elles se sont chantées longtemps avant qu'on en vînt à les écrire. La *Chanson de Roland* est la plus ancienne et en même temps la plus belle, la plus égale de toutes celles qui nous sont parvenues, car, il faut l'avouer, la plupart contiennent des inégalités, des longueurs, des platitudes ; Homère lui-même n'est pas exempt de ces taches (*quandoque bonus dormitat Homerus*). Elle est, selon toutes les apparences, du dernier tiers du onzième siècle. Mais son auteur n'est pas sérieusement connu, malgré toutes les recherches faites à ce sujet, car on ne sait au juste quelle a été la part de travail du scribe Turold ou Touroude, personnage fort obscur d'ailleurs ; et il en est ainsi pour la grande majorité de nos autres épopées : nos légendes nationales n'ont pas eu, comme celles des Grecs, la chance de rencontrer un génie supérieur pour les coordonner, les mettre en œuvre et les marquer à jamais de son nom. On voit seulement que l'auteur de la *Chanson de Roland* devait être d'origine normande ; en effet, le texte original est en dialecte anglo-normand. Vinrent ensuite le *Charroi de Nîmes*, le *Monnage Guillaume*, *Raoul de Cambrai*, *Garin le Loherain*, *Ogier le Danois*, *Amis et Amiles*, *Jourdain de Blaives*, *Girard de Roussillon*, etc. Ce dernier poëme épique est le seul qui ait été composé en langue d'oc ; car les Provençaux, si féconds dans le genre lyrique, avaient le caractère trop léger et l'haleine trop courte pour écrire des épopées en huit ou dix mille vers. Mais les chansons de geste de l'époque primitive ne tardèrent pas elles-mêmes à subir des altérations, des modifications et surtout des additions considérables. De même que les cantilènes s'étaient transformées en poëmes courts et concis, ceux-ci s'allongèrent en passant de main en main, ou plutôt de bouche en bouche ; car on ne songeait guère alors à respecter la propriété littéraire : on s'occupait avant tout de faire plaisir à ses auditeurs et de prolonger ce plaisir le plus possible.

En même temps des changements d'un autre genre s'introduisaient dans notre épopée. Ses premiers auteurs avaient peint les mœurs rudes et les caractères énergiques qu'ils avaient sous les yeux. Le prestige de l'empire ou de la royauté étant tombé peu à peu, sous les faibles successeurs de Charlemagne, les poètes qui vinrent alors représentèrent dans leurs chants un souverain débile, impuissant, presque ridicule, entouré d'une cour de hauts barons plus forts que lui, toujours occupés de ligues et de révoltes : c'était l'image de la triste époque de Louis le Fainéant. Ceux qui surgirent encore plus tard mirent en scène des chevaliers, et très involontairement, comme les peintres flamands qui prêtaient à la Vierge les traits et le costume de leurs florissantes épouses, ils donnèrent au grand empereur le type du roi capétien, à ses douze pairs les sentiments et les mœurs des croisés; ainsi de suite. C'était toujours la geste carlovingienne qu'on décrivait ; mais chaque tableau reproduisait les mœurs contemporaines du poète, avec ce mépris inconscient de la couleur locale qui est un caractère si général au moyen âge. Le même sujet, la même chanson passa donc successivement par autant d'états différents qu'elle eut de rédacteurs ; et ces remaniements, ces rajeunissements rendent très compliquées toutes les questions relatives à l'origine et à l'âge de chaque poème. Nous n'avons pas à les débrouiller ici; d'ailleurs, cette tâche a été compendieusement remplie par l'érudit le plus versé dans la matière, et nous n'avons plus à désirer, pour être entièrement édifiés, que l'achèvement de la belle publication entreprise, il y a déjà plus de vingt ans, par l'auteur des *Épopées françaises*. Nous devons nous occuper surtout de l'état de choses existant au treizième siècle, en nous contentant, pour les temps antérieurs, de retracer les grandes lignes.

Or, M. Léon Gautier distingue dans la période de splendeur des chansons de geste, qu'il fait commencer au dixième siècle et finir vers l'avènement des Valois, trois époques ou trois états parfaitement caractérisés. La première époque qu'il appelle l'époque héroïque, va jusqu'en 1137 environ ; la seconde, l'époque semi-héroïque, va de 1137 à 1226 ; la troisième, l'époque lettrée, va de cette dernière date au commencement de la décadence, vers 1328. Comme types de ces trois genres on peut citer : pour le premier, la *Chanson de Roland*, où se reflètent, surtout dans le tragique récit de la bataille de Roncevaux, et la mâle abnégation et la *furia* presque sauvage des hommes de fer de la première croisade ; pour le second, le poème de *Renaud de Montauban*, et notamment l'épisode des quatre fils Aymon, où le cœur humain apparait déjà un peu plus amolli, moins inaccessible aux sentiments ordinaires ; pour le troisième, le roman de *Berte aux grands pieds*, où l'on trouve des nuances plus raffinées, une analyse plus détaillée des impressions de l'âme, trahissant un milieu littéraire plus avancé. Les deux derniers de ces poèmes appartiennent seuls au genre en faveur dans le siècle que nous étudions. Pour en donner au lecteur une légère idée, voici, traduite en français moderne, par l'auteur des *Épopées françaises*, la belle scène où, dans *Renaud de Montauban*, les quatre fils Aymon, de légendaire mémoire, chassés du manoir paternel, mourant de faim et de froid dans la forêt des Ardennes, cèdent au violent désir d'aller revoir leur mère :

« L'hiver fut long pour les quatre frères, et ce rude hiver fut suivi de six autres. Sur leur chair nue, ils portent leurs hauberts. Ils sont velus comme des ours ; ils ont la peau noire comme de l'encre ; ils conduisent leurs chevaux avec des harts en guise de rênes. « Ils sont en Ardenne, les fils

« Aimon, ils sont presque nus, — Quand il pleut, quand il
« vente, quand il grêle même. — Chacun est sous un arbre,
« son écu à son cou, — Son heaume tout rouillé et son épieu
« brisé. — Oh! que l'hiver les ennuie, l'hiver qui fut si long!
« — Et comme ils désiraient que l'été revînt! » Enfin un
souffle chaud passe un jour sur leur front ; c'est le mois de
mai, c'est l'été. Ils frémissent, ils espèrent ; une idée les
saisit : « Si nous allions voir notre mère, qui a tant pleuré à
cause de nous ? » Ils y vont, mais en se cachant, mais comme
des coupables, mais en marchant la nuit et en dormant le
jour. Le voyage fut dur. Un matin, ils aperçurent les murs
du château de Dordone, et d'émotion se pâmèrent. Toutefois,
avec une témérité admirable, ils pénètrent dans le palais. Ils
sont méconnaissables, on les prend pour des ermites, on les
accueille, et ils s'asseoient à la table paternelle... « Leur mère
« sort de la chambre, dont la porte est ouverte ; — Et ses
« fils la regardent, tenant leurs têtes basses. — Alard, dit
« Renaud, quel conseil me donnez-vous ? — Voilà notre
« mère ; je la reconnais bien. — Frère, répond Alard, pour
« Dieu ! allez à elle ; — Contez-lui notre message et nos
« grandes misères. — Non, non, dit Richard le preux et
« l'alosé ; — Sire Renaud, beau frère, attendez encore. —
« Les quatre frères donc sont dans le palais plenier. — Ils
« sont tout dépouillés, tout misérables ; n'ont pas un vêtement
« entier, — Laids et hideux comme le diable. — Quand la
« dame les vit, fut rudement émerveillée ; — En ressentit
« une telle peur, qu'elle ne put se ranimer... — Mais bientôt
« regarde Renaud, court lui parler ; — Et tout son sang déjà
« frémit en elle. — Dans le palais, voilà la duchesse qui se
« dresse, — Et qui voit changer les traits de Renaud. — Il

« avait une cicatrice sur le visage, devant ; — S'était fait
« cette plaie en jouant au *behourd*, étant petit enfant. — Sa
« mère le regarde, le reconnaît. — Renaud, dit-elle, si tu es
« Renaud, pourquoi le cacherais-tu ? — Beau fils, je t'en con-
« jure, au nom du Dieu puissant. — Si tu es Renaud, dis-le-
« moi sans tarder. — Quand Renaud l'entend, il veut cacher
« ses larmes. — La duchesse le voit, ne doute plus. — Pleurant,
« les bras levés, va baiser son enfant. — Puis tous les autres,
« cent fois de suite. — Pour tout au monde, ils n'eussent pas
« dit une parole. »

« Est-ce être exagéré, ajoute le traducteur, que de placer cette scène, je ne dis pas au-dessus, mais tout à côté des plus beaux passages de l'*Iliade* ou de l'*Odyssée ?* Nous ne le pensons pas. Ce qu'il y a de certain, c'est que rarement nos épiques français se sont élevés à une telle hauteur ; c'est que nous sommes en présence de sentiments très naturels, fort naturellement rendus ; c'est que voilà une mère, une vraie mère, et des chevaliers chez qui le poids du haubert n'a pas étouffé le cœur. Ils pleurent véritablement, et nous pleurons avec eux (¹). »

Mais malgré la popularité de ces nouveaux poèmes, il ne faut pas croire que la *Chanson de Roland* eût perdu la sienne au temps de Philippe-Auguste ou de saint Louis. On la récitait sous une forme quelque peu rajeunie, modifiée suivant le goût du jour, avec des rimes au lieu d'assonances, avec un dénouement moins terrible ; mais enfin plus de quatre-vingts couplets de la version primitive subsistaient textuellement dans la version nouvelle, et un très grand nombre d'autres n'avaient subi que des retouches légères ; c'était toujours notre

1. L. Gautier, *Les Épopées françaises*, II, 191 et suiv.

première épopée que l'on chantait ; c'était toujours notre Iliade, avec les imposantes figures de Charlemagne et de ses pairs ; c'était toujours la gloire militaire de la grande nation catholique, et l'on peut voir par l'histoire de la première croisade de saint Louis que le caractère de Roland engendrait encore des imitateurs, que cet admirable type du preux faisait encore école. Gautier de Châtillon, Joinville, le comte d'Artois, le saint roi lui-même le reproduisirent avec toute la supériorité de mérite que l'histoire a sur la légende. Elle n'était pas venue, l'heure où la source de l'héroïsme devait se tarir chez nous. Elle n'était pas venue, l'heure de l'engourdissement, l'heure des compromis de la conscience et des défaillances du cœur.

Elle n'était pas venue ; pourtant elle approchait. Le treizième siècle n'est plus, à proprement parler, un âge épique: il est trop civilisé pour cela. La littérature épique vit alors sur son passé, et, si elle produit encore quelque chose de neuf, comme *Aiol et Mirabel*, *Anséis de Carthage*, *Aubéron*, *Berte aux grans piés*, *Doon de Mayence*, les *Enfances Guillaume*, *Fierabras*, *Gaidon*, *Girard de Viane*, *Renaud de Montauban*, ce neuf n'est guère qu'une adaptation ou un développement de l'ancien fonds. En effet, ne compose pas qui veut un cycle épique. Un particulier, un poète inspiré peut écrire une ode, une tragédie, un poème. Mais, pour l'enfantement de toute une épopée, il faut la complicité inconsciente d'une nation entière, il faut l'âme d'une nation, il faut des millions de cœurs battant à l'unisson sous l'impression d'une même pensée et d'un même amour ; il faut, de plus, que cet unisson se produise à l'époque où la race est jeune, pleine d'avenir, pleine d'illusions ; il faut enfin que sa prédisposition à l'enthousiasme soit servie par quelqu'un de ces événements d'une portée exceptionnelle qui changent la face du monde et frappent violemment l'imagination populaire. Que ces diverses conditions se trouvent réunies, et le moment psychologique sera venu. Il vint pour les Grecs, le jour où leurs principaux chefs, se précipitant sur l'Asie, ouvrirent à leur curiosité, à leur avidité, à leurs ardeurs belliqueuses le monde mystérieux de l'Orient. Il ne vint point pour les Romains, parce qu'ils n'étaient plus, au temps de leurs conquêtes, un peuple assez primitif ; l'*Énéide* n'est qu'une épopée artificielle, une composition individuelle et savante. Il vint pour la race romane, pour la grande famille néo-latine, quand, rajeunie par l'infusion du sang germanique et surtout de la nouvelle morale évangélique, elle assista à ce merveilleux spectacle du vieil empire d'Occident ressuscité sous une forme chrétienne et de la réunion de toute la société catholique sous un sceptre unique, assez fort pour refouler la furieuse poussée de la barbarie extérieure.

Or, à la fin du règne de saint Louis, rien de pareil n'existe plus. L'unité du monde chrétien est devenue une unité toute morale ; la race française est déjà en pleine maturité, en pleine civilisation ; les mœurs sont sensiblement adoucies : bientôt même elles vont s'affadir. De même qu'il se trouve encore, à cette époque, un certain nombre de chevaliers de la vieille roche, il y a une école de trouvères classiques, pour ainsi dire, cultivant toujours la grande épopée carlovingienne. Mais on commence aussi à voir surgir une chevalerie nouvelle, plus élégante, plus raffinée, plus galante, et à celle-ci correspond tout un genre particulier de poésie dont je n'ai pas encore parlé : ce sont les poèmes de chevalerie proprement dits, ce sont les interminables romans de la Table-Ronde.

L'invasion de ce nouveau cycle fut en quelque sorte une réaction, une revanche des anciennes légendes celtiques sur la littérature romano-germanique. Les fabuleuses aventures du roi Artus et de sa cour étaient chantées depuis un temps immémorial en Bretagne; mais l'idiome breton n'étant pas compris des Français, ces chants, d'une saveur toute locale, n'avaient pas eu d'écho jusque-là. Au treizième siècle, on se mit à les traduire en masse. Cinquante ans auparavant, Geoffroi de Monmouth les avait recueillis en latin d'après un vieil auteur appelé Nennius, en les embellissant d'une façon notable. Un peu plus tard, Chrétien de Troyes avait composé avec ce fonds de légendes bretonnes *Erec et Énide*, le *Chevalier au lion*, *Perceval*, la *Charrette*. Robert de Boron et ses continuateurs en tirèrent *Joseph d'Arimathie*, le *Roi Artus*, *Lancelot*, *Tristan*, la *Conquête du Saint-Graal* et quelques romans en prose. Mais ce n'est guère que vers la fin du règne de saint Louis que ces compositions se multiplièrent, ou du moins que leur vogue immense commença. Elles se ressemblent toutes. « Le roi Artus tient
« uniformément sa cour à Caerléon; un chevalier inconnu
« se présente devant les héros rassemblés autour de la
« Table-Ronde et défie l'un d'entre eux; un combat singulier
« s'engage sur-le-champ, et le nouveau venu reste toujours
« vainqueur. Alors il se remet en route, véritable chevalier
« errant (dont le fameux don Quichotte nous offrira plus
« tard la caricature trop facile), et se précipite d'aventures
« en aventures. Il est à la recherche du Saint-Graal et ne
« s'arrêtera que lorsqu'il aura trouvé cet incomparable trésor.

« Ce ne sont que châteaux mystérieux, cavernes magiques,
« rencontres inespérées (1). » En un mot, c'est l'*Odyssée*
venant après l'*Iliade* ; c'est l'aventure substituée à la *geste*,
en attendant que le simple roman ou même le poème héroï-
comique se substitue au poème purement héroïque, à peu près
comme de nos jours on voit au théâtre l'opérette supplanter
l'opéra.

Le cycle d'Artus ou d'Arthur est au cycle de Charlemagne
ce que la chevalerie enrubannée du temps des Valois est à la
chevalerie de fer des croisades, ce que René d'Anjou est à
Godefroid de Bouillon. Ce n'est même plus une épopée ; car,
au lieu d'être chantés, les poèmes dont il se compose sont
rédigés de prime abord ; ce sont des œuvres personnelles et
préméditées, non plus l'efflorescence spontanée du génie
populaire, non plus la louange des véritables héros nationaux ;
car la Bretagne, jusque-là, n'avait jamais été la France.
Telle est pourtant la littérature qui détrôna peu à peu notre
vraie poésie épique. La lutte entamée entre elles tourna, dès
le quatorzième siècle, à l'avantage de la Table-Ronde, et la
mode nouvelle précipita la décadence de nos vieilles chansons
de geste, qui reçurent le coup de grâce le jour où, après les
avoir démesurément allongées, surchargées, on les mit en
prose pour les défigurer plus facilement. Le voile de l'oubli
jeté par la Renaissance sur toutes les productions du moyen
âge vint ensuite achever ce que l'affadissement du goût avait
commencé.

Après avoir répondu brièvement aux questions qui regardent l'origine et le caractère de notre poésie épique, il me

1. L. Gautier, *Revue du Monde catholique*. Cf. *Les Épopées françaises*, I, 320 et suiv.

reste à ajouter un dernier mot sur la manière dont nos épopées s'éditaient et se propageaient. Je ne parle point ici de leur propagation à l'étranger, où cependant elles se répandirent de bonne heure et servirent de véhicule à l'influence française, mais de leur vulgarisation chez le peuple même pour qui elles étaient faites. Comme nous l'avons vu, la plupart des chansons de geste étaient anonymes. On sait bien les noms d'Adenès le Roi, de Gautier de Douai, de Bertrand de Bar-sur-Aube, de Huon de Villeneuve et de deux ou trois autres trouvères, auteurs de versions ou de manuscrits remontant au treizième siècle. Toutefois la paternité de la plupart d'entre eux est encore incertaine : l'auteur prétendu n'a été souvent qu'un simple compilateur, moins encore un scribe ou un copiste ; et l'on n'a jamais pu justifier, par exemple, l'attribution faite au nommé *Turoldus* de la rédaction que nous possédons de la *Chanson de Roland*. En général, plus un poëme est ancien, plus son origine est obscure, toujours par la raison que les premiers sont sortis spontanément et peu à peu du génie populaire. Le rôle des auteurs ou des compilateurs s'est borné primitivement à recueillir les chants et à rédiger les manuscrits. Les véritables instruments de la diffusion des chansons de geste, leurs véritables éditeurs, c'étaient les jongleurs (*joculatores*, joueurs). Les jongleurs étaient des chanteurs ou des déclamateurs qui se transportaient dans les châteaux, dans les villes, dans les villages, avec une provision littéraire suffisante pour charmer les loisirs du dimanche ou les longues heures de la veillée. Ils étaient les colporteurs de la poésie nationale, et il fallait bien les employer, puisqu'il n'y avait ni imprimerie ni publicité réelle par la voie de l'écriture. Ils avaient grand soin d'imposer à l'auteur ou au trouvère leurs conditions et de les rendre aussi onéreuses que possible pour lui (je disais bien que c'était de vrais éditeurs); ils lui recommandaient, en outre, de consacrer quelques vers à bien déprécier, qu'on me passe le mot, à bien éreinter les autres jongleurs (les mœurs de la confrérie littéraire ne sont pas d'hier, comme l'on voit) et aussi de rimer un appel à la générosité des auditeurs. La quête dans l'auditoire fournissait, en effet, au jongleur le plus clair de ses revenus. Voici comment les choses se passaient généralement. Un étranger, vêtu du costume de la corporation, arrivait tout poudreux dans un village; on signalait de loin son arrivée : Voilà, voilà le jongleur! Il allait jusqu'à la place, tirait sa vielle de son étui, et, après avoir préalablement imposé silence à son entourage, haletant d'impatience et de joie, il se mettait à chanter sur une espèce de récitatif un extrait du *Moniage Rainoart*, ou de la *Bataille Loquifer* ou des *Enfances Guillaume*, ou de toute autre chanson de geste. Au milieu de son récit, il s'interrompait et réclamait son salaire en fort bons termes (¹). On a rapproché avec raison ces personnages des marchands nomades qui traversent de temps en temps nos campagnes en exhibant, dans de petites voitures, toutes les séductions de la Bibliothèque bleue, parmi lesquelles figurent encore les *Quatre fils Aymon* et les *Conquêtes du grand Charlemagne, roi de France*. Je les rapprocherais aussi volontiers des artistes ambulants (artiste est un mot poli) qui s'en vont répandre parmi les ouvriers, parmi les paysans, ces rapsodies populaires dont la vogue subite ne saurait s'expliquer autrement. Toute la différence est dans la qualité

1. L. Gautier, *Les Épopées françaises*, I, 344 et suiv.

de la poésie colportée. Mais quelle n'est pas cette différence!
On nourrissait l'âme du peuple avec la *Chanson de Roland*;
je n'oserais même pas nommer ici les inepties et les infec-
tions dont on l'abreuve aujourd'hui. Comment s'étonner, après
cela, que ce même peuple, qui se précipitait à la guerre sainte,
se rue aux barricades ou dans les cabarets?

Les jongleurs n'étaient certes pas une classe très morale.
En faisant les beaux esprits, ils visaient souvent au rôle de
séducteur, comme les troubadours du midi. Aussi le roi les
bannit-il un beau jour de son palais; aussi l'Église les frap-
pait-elle de condamnations sévères, quoique les prédicateurs
établissent soigneusement la distinction entre ceux qui débitaient les gestes des héros et les histrions qui couraient les
festins et les tournois, pour exciter par leurs chants à la
débauche ou à la cruauté; aussi voyons-nous le célèbre Folquet
de Marseille, qui avait été *joculator* et *trovator*, et qui était
devenu évêque après une conversion éclatante, rougir de
confusion en reconnaissant, à la table royale, une de ses
propres chansons dans la bouche d'un de ses anciens confrères, et se condamner à ne prendre que du pain et de
l'eau pour expier ce péché de jeunesse. Mais les accents
généreux qu'ils faisaient retentir aux oreilles de la foule,
l'enthousiasme guerrier qu'ils excitaient, lorsqu'ils mar-
chaient à la tête des armées, en évoquant d'une voix dramatique les gloires de la patrie, doivent relever à nos yeux
le rôle de ces Tyrtées nationaux, et faire reporter sur eux
une petite part de cette sympathie qu'éveille dans nos âmes
la légendaire épopée si bien popularisée par leur concours.
Nous nous demandons quelquefois où sont les paroles
ardentes qui lançaient les masses de l'Occident contre

l'Orient païen, où sont les traces de la prédication des croisades. Eh bien ! elles se retrouvent dans leurs chants. Sans doute, saint Bernard, Foulques de Neuilly et leurs imitateurs prononcèrent, pour grossir les rangs des croisés, maint discours chaleureux, dont il ne nous est pas parvenu une syllabe. Mais les poètes et les chantres populaires, ceux dont la voix allait remuer jusqu'au fond des chaumières la fibre du patriotisme chrétien, ceux qui exaltaient sans cesse et partout les exploits de Charlemagne et de Roland contre les Sarrazins, voilà les vrais entraineurs, voilà les vrais recruteurs des grandes expéditions d'Orient. On a cru reconnaître dans la formation de nos premières chansons de geste l'influence de l'esprit des croisades ; mais ce sont bien plutôt ces poèmes qui ont développé l'esprit dont on parle, qui ont enflammé d'émulation les héritiers du magnanime empereur et de ses guerriers. La preuve, c'est que la naissance de notre poésie épique a précédé l'inauguration des croisades. Elles ont tout au plus concordé ; elles ont été deux phénomènes concomitants. Et ce qui rend tout à fait frappante la corrélation de ces deux grandes manifestations, c'est qu'apparues ensemble, elles s'en sont allées ensemble : la fin du siècle de saint Louis a clos à la fois chez nous l'ère de l'épopée chantée et l'ère de l'épopée en action.

Aujourd'hui, de chute en chute et de décadence en décadence, les jongleurs en sont arrivés à n'être plus que les hommes qui jonglent, et les beaux restes de notre légende nationale à ne plus laisser que des traces grossières dans d'affreux petits livres à couverture jaune ou bleue, ou dans les produits plus affreux encore de l'imagerie d'Épinal. Ces caricatures peintes et ces caricatures écrites sont doublement odieuses. Seul, un petit groupe d'érudits connait la véritable physionomie des originaux, les versions authentiques et primitives, et s'efforce de les faire connaitre au public indifférent. En soulevant un coin du voile jeté par l'ingratitude et l'oubli sur tant de chefs-d'œuvre, en contribuant à rappeler l'attention de nos contemporains sur la grande épopée française, ils font preuve du patriotisme le plus sérieux et le plus éclairé.

Chapitre huitième. — LA POÉSIE FRANÇAISE: POÉSIE DRAMATIQUE ET LYRIQUE.

SOMMAIRE. — Le mystère ou le drame sacré engendré par les tropes liturgiques. — Son développement graduel. — Forme revêtue par ce genre de composition au treizième siècle. — Préparation des acteurs; mise en scène. — Décadence du théâtre du moyen âge. — Les troubadours. — Les poètes lyriques français. — Genres divers. — La fable et le fabliau.

Si notre poésie épique est essentiellement militaire dans son principe, notre littérature dramatique, en revanche, est sortie directement de l'Église. Le mystère, qui composa d'abord à lui seul tout le théâtre du moyen âge, dérive en droite ligne de l'office liturgique, et même, à sa naissance, il se confond avec lui. Or, ce drame sacré ayant engendré à son tour le drame profane, on peut dire sans exagérer que notre théâtre moderne, sécularisé, paganisé par la marche des siècles, est essentiellement religieux par son origine. *Quantum mutatus ab illo!* La société chrétienne n'est, d'ailleurs, pas la seule où ce phénomène se soit produit. La tragédie, qui était le drame national des Grecs, naquit chez eux, comme son nom seul l'indique, d'un hymne à Bacchus, transformé peu à peu en dialogue, puis en véritable scène. Un des érudits les plus compétents sur la matière a exprimé cette vérité d'une façon très heureuse: « L'histoire des progrès de la tragédie en Grèce, dit-il, c'est l'histoire des empiètements du dialogue sur l'hymne, des personnages sur le chœur (1). » Eh bien ! de même, l'histoire du développement du théâtre au moyen âge, c'est celle des empiètements du dialogue sur les tropes de l'office divin, de l'élément profane sur l'élément liturgique. Et ce n'est pas le seul point sur lequel on trouve une corrélation frappante entre les origines littéraires de la nation hellénique et les nôtres. L'épopée nationale, nous l'avons vu, s'est formée chez nous comme chez elle, sous l'empire des mêmes causes et de la même situation. Les Romains, qui sont nos ancêtres plus directs, n'ont cependant point passé par des phases analogues, parce qu'ils n'étaient pas, comme les Grecs et comme les Gallo-Francs, une race primitive. Il faut, pour qu'un peuple s'identifie à sa religion au point de la mettre en scène et d'en tirer tout un théâtre, les précieuses qualités de la jeunesse, la vivacité de la foi, de l'imagination, et par dessus tout l'enthousiasme : or, les Romains ne professèrent d'enthousiasme que pour les hommes et les choses de la Grèce; ils n'eurent point de religion nationale, point de culte indigène, car ils empruntèrent celui d'autrui ; et, au commencement, ils ne formaient même pas une race. Une grande originalité était, au contraire, l'apanage de la poésie germanique, et, lorsque les tribus franques eurent rajeuni, en s'y mêlant, le sang des populations gauloises, lorsque surtout le christianisme eut vivifié ce mélange par sa sève toute-puissante, il en sortit un peuple nouveau, un peuple jeune, ayant sa vie propre et ses traditions à lui. C'est ce qui fit qu'il y eut une épopée française ; c'est ce qui fit aussi que nous eûmes, presque dès l'origine, un drame national. Le nom générique de ce drame atteste à lui seul son caractère religieux : il s'appela le

1. Marius Sepet, *Le drame chrétien au moyen âge*, p. 10.

mystère, comme les cérémonies de l'Église elles-mêmes ; il devait être la représentation mystérieuse, symbolique, des grandes scènes de l'Évangile rappelées dans l'office divin.

La partie de l'office qui donna particulièrement naissance aux mystères, je viens de le dire, c'est le trope, c'est-à-dire cette interpolation liturgique que l'on voit se glisser, à partir du dixième siècle, entre les différents membres, entre les phrases même du texte canonique, pour le paraphraser, et qui prit insensiblement les proportions d'un morceau de poésie analogue à l'hymne ou à la prose. Non seulement on allongea de plus en plus les tropes, mais on les mit en action ; on fit chanter par des personnages différents les paroles mises dans la bouche de JÉSUS-CHRIST, de Marie, de Lazare, etc., et par l'ensemble des fidèles le corps du récit, absolument comme dans la tragédie antique, où une partie des faits intéressant l'action était simplement racontée par le chœur. C'est ce qui a lieu encore dans le chant de certains offices, dans celui de la Passion, par exemple, où les voix alternées constituent un véritable dialogue. La simple commémoration du fait évangélique devint donc successivement une narration détaillée, puis une narration dialoguée, puis un *scenario* plus ou moins développé ; et cela se fit par une transformation en quelque sorte inconsciente, sous l'influence de la ferveur et de l'enthousiasme du peuple fidèle, qui voulait se représenter sous une forme plus saisissante les origines du christianisme, en repaître ses yeux, et même y jouer un rôle. Mais, dès le premier moment, quelques tropes revêtirent aussi le caractère dramatique. Ainsi, vers la fin du dixième siècle, voici ce qui se passait à la fête de Noël, entre le *Te Deum* qui terminait les matines et l'*Introït* de la messe. Pendant l'espèce d'entr'acte qui séparait ces deux offices, deux chœurs, personnifiant les anges et les bergers, échangeaient en latin les paroles suivantes :

Les anges. — « Qui cherchez-vous dans la crèche, dites, bergers ?

Les bergers. — « Le Sauveur, le Christ, le Seigneur, l'Enfant enveloppé de langes, selon la parole angélique.

Les anges. — « Le voici, ce petit enfant, avec Marie, sa Mère, de qui prophétisa, il y a longtemps, Isaïe, disant : Voici qu'une Vierge concevra et enfantera un fils. Allez donc, et dites qu'il est né. Alleluia !

Les bergers. — « Oui, maintenant, nous savons bien que le Christ est né sur la terre.

« Chantez donc tous son avènement, répétant avec le prophète : Un enfant nous est né, » etc.

Franchissons deux siècles, et voyons ce qu'est devenue cette petite scène primitive, cet embryon de drame, qui a encore une couleur toute liturgique. D'abord, ses proportions ont augmenté ; puis les rôles se sont subdivisés ; la mise en scène s'est perfectionnée ; enfin l'élément profane y a déjà quelque peu pénétré, car la langue vulgaire, le vers français, y ont fait leur apparition, et c'est là un changement caractéristique, indiquant que nous n'avons plus affaire à un texte liturgique. En un mot, le dialogue des anges et des bergers est devenu une véritable composition dramatique, connue sous le nom de *Drame des Pasteurs* [1]. Cette composition représente la seconde phase du mystère, son deuxième mode d'existence, et cet état de choses dure depuis la fin du

---

1. L'analyse de ce drame a été donnée par M. Marius Sepet, *op. cit.*, p. 67 et suiv.

douzième siècle jusque vers le commencement du quatorzième. On emploie, pour définir cette forme intermédiaire, le terme de mystère ou de drame *semi-liturgique*. Elle offre, en effet, une transition évidente entre la scène purement liturgique du premier âge et le mystère développé jusqu'à l'excès, en trente ou quarante mille vers et en plusieurs journées, sorti de l'église, émancipé, fait pour être représenté sur la place publique, tel qu'en écriront les dramaturges du temps des Valois. Un des spécimens les plus curieux de cette transition ou de cette transformation graduelle nous est offert par le drame d'Adam, qui est tiré d'un ancien sermon servant de leçon dans l'office de Noël. Dans une étude spéciale, M. Sepet nous l'a fait voir passant tour à tour par les trois états de mystère liturgique, de mystère semi-liturgique et de mystère profane [1]. Or, l'état intermédiaire, celui où il se présente aux douzième et treizième siècles, est peut-être le plus parfait des trois. On y remarque une certaine invention et des traits heureux. Ainsi, dans la scène de la tentation, le démon, après avoir échoué auprès d'Adam, essaye de gagner Ève par la coquetterie et la vanité.

LE DIABLE.

> Tu es faiblette et tendre chose,
> Tu es plus faible que la rose,
> Tu es plus blanche que cristal,
> Que neige sur glace en un val.
> Mauvais couple en fit Dieu, pour sûr:
> Tu es si tendre, et lui si dur !
> Mais cependant tu es plus sage ;
> Tu as grand sens et grand courage

---

1. *Bibliothèque de l'École des Chartes*, an. 1868, p. 105 et suiv.

Aussi fait bon venir vers toi...
Le fruit que Dieu vous a donné
N'a en soi guère de bonté ;
Celui qu'il vous a défendu
A en soi très grande vertu.
C'est en lui qu'est grâce de vie,
De pouvoir et de seigneurie,
De tout savoir, et bien et mal.

ÈVE.

Quel goût a-t-il ?

LE DIABLE.

Célestial !
A ta personne, à ta figure
Bien conviendrait telle aventure :
Le monde à toi se soumettrait
De l'abîme jusqu'au sommet.
Et, subjugué par ta sagesse,
Saluerait sa belle déesse.

ÈVE.

Est tel le fruit?

LE DIABLE.

En vérité.

ÈVE.

Déjà mon cœur est transporté [1].

Le drame semi-liturgique conserve un caractère de dignité que ses dérivés ne tarderont pas à perdre. Il est tantôt en français, tantôt en latin : les deux langues y luttent encore,

1. Texte rajeuni par M. Sepet, *op. cit.*, p. 137.

comme dans toute la littérature contemporaine. Mais, même lorsque la langue vulgaire l'emporte, lorsqu'un drame est composé tout entier en français (ce qui arrive ordinairement lorsqu'il doit être joué devant le peuple, tandis que ceux qui se jouent dans les couvents ou dans les écoles sont en latin), on n'y rencontre encore ni les platitudes ni les grossièretés qui déshonoreront le mystère à la fin du moyen âge. Le siècle de saint Louis est encore plein de foi et de respect : la licence, si elle existe quelque part, n'ose pas s'étaler en public ; et, d'ailleurs, le lieu qui sert d'asile au théâtre interdit les farces et les plaisanteries.

Ce lieu, il est vrai, n'est plus l'église toute seule : ce sont aussi les dépendances de l'église ; car les nécessités de la mise en scène exigent un emplacement plus vaste, et les acteurs comme les spectateurs se transportent quelquefois d'un endroit à un autre, lorsque la scène se déplace, afin de reproduire les événements avec plus de fidélité. Ainsi, pour me renfermer dans le sujet que j'ai pris pour exemple, le mystère des Bergers s'étant fondu avec celui des Mages, par suite de la tendance du théâtre à former comme des cycles dramatiques, embrassant, les uns toute la période des fêtes de la Nativité, les autres toute la période pascale, et ainsi de suite, il faudra des locaux différents pour installer la partie de l'action qui se passe à Bethléem, celle qui se passe au palais d'Hérode, etc. Ainsi, à la porte de l'église ou de l'abbaye, sera disposée la crèche ; dans la cour, se tiendront le roi des Juifs, avec sa suite, et les bergers de Bethléem ; dans une des galeries du cloître, seront cachés les scribes et les pharisiens ; dans le chœur attendront les moines chargés de figurer les Mages, et tous ces personnages iront et viendront conformément aux indications du récit évangélique; tant on attache d'importance à l'exactitude de la mise en scène.

Cette conception plus large de la représentation dramatique, avait cependant un inconvénient pour les spectateurs : il est évident que ceux qui se trouvaient dans l'église ne pouvaient guère contempler les scènes qui se passaient au dehors, et réciproquement, à moins de jouer des coudes au travers d'une foule compacte. Mais de cette manière, au moins, il y en avait un peu pour tout le monde, tandis que les infortunés qui font la queue à la porte de nos théâtres n'obtiennent souvent, pour prix de plusieurs heures de patience qu'un ajournement.

Le choix et l'instruction des acteurs ne préoccupaient pas moins les dramatiques que la mise en scène. Avant la formation des grandes confréries qui s'emparèrent peu à peu de l'entreprise des mystères, et qui sont demeurées célèbres chez nous sous le nom de confrères de la Passion, on voit déjà les écoliers, qui représentent annuellement la vie et les miracles de leur patron, saint Nicolas, faire de leurs rôles une étude attentive, et entrer, comme nous disons, dans la peau de leurs personnages. Aussi les rôles imposants, comme ceux de JÉSUS-CHRIST, des anges, des apôtres, étaient-ils distribués aux clercs les plus vénérables ou les plus édifiants : ceux-là n'avaient presque pas d'efforts à faire pour atteindre à la vraisemblance. Mais pour les rôles féminins, c'était plus difficile, car ils étaient tenus par de très jeunes gens, et jamais par des femmes : c'était là une règle absolue, qui s'explique non seulement par un motif de convenance générale, mais aussi par le caractère sacré des premiers mystères, lesquels, étant presque des cérémonies officielles de l'Église, ne pouvaient admettre aucune femme sans aller à l'encontre de tous les canons. Du reste, les hommes portant alors des vêtements longs et flottants, fort peu différents de ceux de leurs compagnes, l'observation de cette règle n'était ni malaisée ni malséante sous le rapport du costume; on sait, d'ailleurs, qu'elle est demeurée en vigueur jusqu'à des temps assez rapprochés du nôtre.

Mais, quels que fussent les acteurs, on avait toujours soin de les dresser d'avance et de les faire répéter. Ils avaient parfois affaire, comme de nos jours, à des auteurs fort exigeants, ou à des régisseurs (appelés les *meneurs de jeu*) qui ne l'étaient pas moins. On en peut juger par le préambule du mystère d'Adam, dont l'auteur inconnu était plus entendu que beaucoup d'autres :

« Qu'Adam soit bien dressé à donner la réplique, afin de
« ne la donner ni trop tôt ni trop tard ; et non seulement lui,
« mais tous les personnages. Que tous soient instruits à
« parler posément et à faire des gestes en rapport avec ce
« qu'ils disent. Qu'ils ne s'avisent pas, dans les vers, d'ajouter
« ou de retrancher une syllabe ; mais qu'ils les prononcent
« toutes distinctement, et disent sérieusement ce qu'il faut
« dire [1]. »

Ces préceptes, il faut l'avouer, ne seraient pas toujours inutiles aux élèves de notre Conservatoire.

Quant à la langue et à la poésie de ces mystères de la bonne époque, elles n'offrent rien d'aussi hardi, d'aussi sublime que celles des chansons de geste ; mais elles présentent peut-être moins d'inégalités. Elles n'ont pas de ces élans subits, de ces

1. Sepet, *op. cit.*, p. 124.

mouvements passionnés qui arrachent un cri d'admiration : elles n'ont pas non plus de ces brusques abaissements qui choquent les esprits délicats. La raison en est simple : c'est que cette poésie dramatique suit paisiblement, pas à pas, le texte sacré, dont elle n'est que le commentaire. Elle ajoute fort peu de chose aux situations et aux paroles qu'il renferme : elle s'élève avec lui et descend avec lui. En un mot, elle n'est pas encore émancipée, elle n'est pas encore indépendante, comme l'est déjà la poésie épique ; mais les entraves qui arrêtent l'essor du génie ou de la fantaisie des dramaturges les préservent aussi des divagations et des chutes trop ordinaires chez ceux dont l'imagination est la seule règle.

Au quatorzième siècle, le mystère en arrivera à se séculariser, à sortir tout à fait de l'église, et aussi à s'allonger considérablement : ce sera son troisième mode d'existence. Il pourra être représenté dans un lieu profane ; il pourra avoir pour sujet une légende ou un événement purement historique, étranger à ceux que la liturgie a consacrés, par exemple le baptême de Clovis. Mais il demeurera encore, au fond, un spectacle commémoratif, et un spectacle principalement religieux par la pensée comme par le langage. Il contiendra même souvent des sermons en vers ou en prose, et des sermons étrangers à l'action, introduits uniquement comme intermèdes (étranges intermèdes, si on les compare à ceux qui les ont remplacés dans nos drames lyriques). En même temps, la mise en scène se compliquera, les rôles se multiplieront, et le mystère deviendra le reflet plus exact des mœurs populaires. Les détails de la vie privée s'y reproduiront comme dans un miroir, et l'introduction de ces éléments profanes en fera pour l'historien, pour l'archéologue une source de richesses (1).

Ensuite apparaîtront sur le théâtre la *sotie*, la *moralité*, la *farce*, compositions d'ordre secondaire, et avec elles feront invasion certains éléments grossiers, ridicules, qui ne seront pas toujours relevés par des traits d'esprit. Ce sera là le germe de notre comédie moderne, si riche elle-même en satires et en plaisanteries d'un goût douteux. Le mystère, au contraire, aboutira, malgré sa déviation et sa déformation, au grand type du drame shakespearien, type fort inégal aussi, j'en conviens, mais offrant infiniment plus de ressources à l'imagination et plus de prise au progrès que la tragédie classique. La tragédie française est l'erreur d'un grand siècle épris de l'imitation des Grecs et des Romains : il a fallu deux génies transcendants pour lui transmettre une vie factice. Aujourd'hui cette vie s'éteint, et notre théâtre n'a plus d'avenir, il n'a même plus de présent, que dans les deux genres directement issus du théâtre de nos pères : la comédie de mœurs, fille des moralités ; le drame historique ou national, fils des anciens mystères.

La poésie lyrique était plus avancée que la poésie dramatique ; mais le perfectionnement de la forme avait eu lieu, chez elle, aux dépens de l'honnêteté du fond. Dans le midi, les troubadours avaient poussé jusqu'au raffinement le rhythme et le style de la *chanson*, qui est le type constant de leurs productions : ils avaient aussi poussé jusqu'à la licence

---

1. Un spécimen remarquable de ces mystères de la troisième époque nous est offert par le *Mystère de saint Bernard de Menthon*, publié par l'auteur dans la collection de la Société des anciens textes.

volontaire et réfléchie la liberté de la pensée et de l'expression. Nous laisserons donc en dehors de notre cadre cette poésie provençale, élégante et corruptrice, pour cette raison d'abord, et puis parce qu'elle n'appartient pas, en réalité, à la littérature française : la France, au temps des troubadours, comprenait tout au plus, dans le pays de langue d'oc, deux sénéchaussées, et cette langue était aussi étrangère aux Français de l'époque qu'elle peut l'être pour nous. D'ailleurs, le règne des troubadours finit de très bonne heure, car ils achevèrent de disparaître sous la domination d'Alphonse de Poitiers. Il ne faudrait cependant pas chercher la cause de cette disparition dans l'influence personnelle du frère de saint Louis. « On a accusé Alphonse, dit judicieusement son historien, d'avoir puissamment contribué à la décadence de la littérature provençale, qu'il aurait travaillé à anéantir comme un souvenir vivace de l'indépendance du Languedoc : mais cette littérature s'est éteinte d'elle-même. Sans doute la réunion du midi à la couronne et la suppression de ces galantes cours seigneuriales, où les troubadours brillèrent à la fin du douzième siècle d'un si vif éclat, contribuèrent à reléguer parmi le peuple l'usage de la langue d'oc, tandis que les nobles, les fonctionnaires, les ambitieux apprenaient la langue parlée à la cour et au siège du gouvernement ; mais ce résultat, amené par la force des choses, fut postérieur à Alphonse [1]. »

On a voulu aussi attribuer la chute de la poésie provençale à la croisade des Albigeois et aux procédés rigoureux de l'inquisition. Cette pauvre inquisition, comme si elle n'était point assez chargée sans cela! On s'écrie pathétiquement, après avoir fait le tableau des horreurs de la guerre et des

---

1. Boutaric, *Saint Louis et Alphonse de Poitiers*.

bûchers fumants: « Les chants avaient cessé! » Mais M. Paul Meyer, qui s'est fait l'écho de cette assertion dans un cours public, ne s'est-il pas chargé de la démentir lui-même en citant un appel éloquent à la croisade albigeoise rimé par le troubadour Gavaudan, et surtout en faisant la déclaration suivante : « *Aucun des troubadours* n'a pris le parti des Albigeois ; l'un même, qui a pour les clercs d'amers sarcasmes, va jusqu'à approuver l'inquisition, pourvu qu'elle procède avec modération (¹) ? » Ces paroles sont formelles ; donc, si les chants cessèrent, et si plusieurs troubadours se décidèrent à émigrer, on ne saurait dire que leurs opinions religieuses en furent la cause. Ajoutons cependant que, si ces poètes voluptueux ne se trouvèrent pas dans les rangs de la grande armée manichéenne, ils contribuèrent néanmoins indirectement à l'éclosion de l'hérésie dans les provinces du midi. On a remarqué bien des fois la coïncidence des mouvements ou des tendances hérétiques avec le relâchement des mœurs: les peuples comme les particuliers sont entraînés vers l'erreur par la révolte des sens ; Henri VIII, Luther et leurs principaux adhérents en sont bien la preuve. Il est certain que les Provençaux, que les Languedociens furent prédisposés à secouer le joug de l'orthodoxie par les voix séduisantes qui, depuis plus d'un siècle, leur peignaient sur tous les tons les charmes de la passion et du plaisir. La morale austère de l'Église catholique était devenue pour eux un frein insupportable: en se séparant d'elle, ils espéraient mettre librement en pratique toutes les maximes de leurs troubadours. C'est ce que démontre la concordance frappante de ces maximes avec la doctrine albigeoise ou vaudoise: les

---

1. P. Meyer, *Leçon d'ouverture du cours de littérature provençale.*

chansons de troubadours démolissaient avec acharnement le principe de la fidélité conjugale ; or, les hérésiarques de l'Albigeois prêchaient précisément contre le mariage, et les uns comme les autres favorisaient le désordre des mœurs. C'est ainsi que, sous l'étoffe des ennemis de l'Église, on retrouve invariablement les adversaires de la morale naturelle et des grandes lois sociales. Ainsi, quelle que soit la vraie cause de l'extinction de la poésie provençale, nous ne devons point la déplorer si amèrement. Cette poésie a longtemps charmé, et à juste titre, les oreilles des méridionaux ; mais elle leur a gâté le cœur.

L'art des chanteurs du midi avait excité l'émulation des trouvères, et, dès le milieu du douzième siècle, le genre cultivé par eux avait commencé à faire irruption dans les provinces du nord, avec la licence raffinée qu'il portait dans ses flancs. Les poètes français se mirent non seulement à imiter leurs rivaux, mais à les traduire servilement, pour plaire aux seigneurs et aux dames. Bientôt retentirent dans tous les manoirs les *saluts d'amour*, les *pastourelles*, les *descorts*, les *serventois*, les *ballades*, les *rondes*, les *rondeaux*, les *vaduries*. Il s'établit à Amiens, à Rouen, à Lille, à Valenciennes, sous le nom de *puys*, des concours de poésie lyrique à l'instar de ceux des villes littéraires du midi. La vogue s'attacha aux strophes bien tournées d'Alart de Caux, de Baude de la Quarière, d'Eustache le Peintre, de Gasse Brulé, de Gilebert de Berneville, de Guillaume de Ferrières, de Hue de la Ferté, de Hue d'Oisi, de Robert Mauvoisin et de plusieurs autres chansonniers. Des seigneurs, des princes même ne dédaignèrent pas de leur faire concurrence : on a des chansons d'Hugues de Lusignan, du roi Jean de Brienne, de Pierre d'Aragon, de Charles d'Anjou, et les plus célèbres de toutes celles du treizième siècle sont peut-être dues à ce Thibaud de Champagne, roi de Navarre, qui, après avoir soupiré des plaintes amoureuses, voua sa muse à Dieu et composa, entre autres, une superbe exhortation à la croisade. On trouve aussi, parmi cette classe de poètes, une femme de la noblesse, la dame du Fayel, qui fut aimée du sire de Coucy, et qui est devenue célèbre dans la légende sous un nom qui n'est pas le sien, celui de Gabrielle de Vergy.

On remarquera combien sont nombreux les noms de chansonniers parvenus jusqu'à nous à côté de ceux des poètes épiques ou dramatiques. De ceux-ci j'ai pu à peine citer un ou deux. Ils n'ont généralement pas signé leurs œuvres, tandis que la plupart des premiers se sont fait connaître d'une manière quelconque; indice assez clair de l'intérêt particulier qu'on attachait à ce genre nouveau. La vérité oblige à dire, du reste, que la muse lyrique française égala, et quelquefois surpassa la muse provençale, par le charme du style ou par celui du rhythme; et dans la pensée même, si elle fut souvent aussi grossière, elle n'affecta cependant pas une allure aussi libertine, ni surtout un penchant aussi déclaré pour l'adultère. Elle nous a laissé un bon nombre de pièces qui ne dépassent point les limites d'une grâce aimable et d'une galanterie décente. Tel est, par exemple, le « salut d'amour » dû à messire Andrien Contredit, trouvère d'Arras, pièce qui représente agréablement, pour le fond comme pour la forme, la moyenne de ces poésies légères ([1]). Cette chanson appartient à une des variétés imitées du provençal. Mais il faut dire que la France du nord avait depuis longtemps une poésie lyrique

---

1. *Hist. littér. de la France*, XXIII, 518.

à elle : elle avait eu des cantilènes romanes ; elle avait encore ses *lied* ou *lais*, provenant des anciens chants celtiques ou germaniques ; elle avait ses *motets*, empruntés aux chants latins de la liturgie. Et ce n'était pas seulement un moule, un rhythme particulier, que ses poètes demandaient à la littérature sacrée : ils lui demandaient aussi, quelquefois, leurs sujets et leurs inspirations. Il existe, en effet, toute une classe de petits poèmes religieux rentrant dans le genre lyrique au même titre que les chansons, bien que nos critiques littéraires n'aient généralement voulu voir que celles-ci. Telles sont les compositions de Rutebeuf et de Gautier de Coinsi en l'honneur de la sainte Vierge, qui sont de véritables hymnes françaises. Tels sont beaucoup de cantiques composés par des clercs pour l'usage des fidèles, et qui, s'ils ne sont pas toujours animés du grand souffle poétique, sont du moins supérieurs aux platitudes répandues de nos jours sous ce nom : on en trouve dans les manuscrits à la suite de certains sermons ; on en chantait dans les veillées de Noël et dans les pèlerinages, où les chansons profanes se mêlaient aux airs religieux pour soutenir par leur cadence la marche des pieuses caravanes. Telles sont encore les stances d'Elinand sur la mort, qui se lisaient en public de son temps et qui ont été vantées par les juges les plus difficiles :

> Mors, crie à Rome, crie à Rains :
> Seigneur, tot estes en mes mains,
> Aussi li haut comme li bas ;
> Ouvrez vos yex, chaingnez vos rains... (¹).

Il faut enfin mentionner certaines homélies en vers, qui

---

1. *Hist. littér. de la France*, XVIII, 96 et suiv. ; Vincent de Beauvais, *Spec. Histor.*, liv. XXIX, c. 137.

n'ont pas été faites pour être débitées en chaire, et qui ont plutôt l'air de chansons morales ou religieuses. Un charmant spécimen de ce dernier genre est le *Chapel à sept fleurs*, fraîche allégorie adressée à une jeune fille par un poète anonyme, et dont voici la traduction en prose :

« Une jeune fille veut que je lui octroie un don ; elle me
« demande un chapeau de fleurs. Que Dieu m'accorde sens
« et loisir, pour que je puisse faire ce qu'elle veut. Mon pré-
« sent devra lui plaire si j'y mets d'abord le lis ; puis viendra
« la violette ; puis la belle fleur du souci ; l'ache et la consoude
« y prendront place à leur tour ; la rose épanouie fera la
« sixième, et la septième l'ancolie. Voilà une jolie couronne,
« où chaque fleur désigne une vertu que la jeune fille doit
« avoir et conserver. La blancheur du lis semble lui dire :
« adore la Mère de Dieu, aime Dieu et la sainte Église. La
« douce fleur de violette lui rappelle qu'il faut qu'elle se tienne
« à l'écart, en silence, qu'elle n'écoute point les médisants et
« ne s'expose au blâme ni en faits ni en paroles. L'or du souci
« lui enseigne à garder pur et sans tache le trésor de la
« sagesse. L'ache lui recommande d'être humble, bonne,
« indulgente pour les pauvres et les faibles. La consoude, en
« s'ouvrant à la clarté du jour et en se fermant aux ténèbres
« de la nuit, l'avertit de n'accueillir que la courtoisie et de se
« soustraire à la noire trahison. La rose, qui tient de la sainte
« Mère de Dieu l'empire de la beauté, c'est la jeune vierge
« elle-même, qui s'élève entre toutes les femmes comme la
« rose entre toutes les fleurs. L'ancolie, enfin, est la fleur qui,
« avec les cinq petits liens que Dieu lui a donnés, sert à nouer
« toutes les autres. Lorsqu'un chapeau de fleurs en perd une
« seule, il déchoit beaucoup de son prix ; il en est ainsi d'une

« jeune fille, lorsqu'elle perd une seule de ses vertus. Je vous
« en prie donc, jeunes filles, que chacune de vous songe à mes
« sept fleurs ; s'il vous en souvient toujours, vous forcerez les
« médisants à se taire (¹). »

Il y avait donc réellement une poésie sacrée en dehors de l'Église et de la liturgie. Cette poésie n'a pas été suffisamment mise en lumière; mais ses vestiges sont assez apparents pour nous prouver que la langue des clercs n'était pas la seule à murmurer la louange divine, et que la langue populaire savait chanter autre chose que l'amour et la beauté.

Dans le groupe des genres divers qui complètent le domaine de la poésie française, nous trouvons d'abord quelques poèmes historiques et didactiques. Mais pas plus que leurs analogues latins ces ouvrages ne représentent la vraie poésie. La *Vie de saint Thomas Becket*, l'*Histoire du Mont-Saint-Michel*, par Guillaume de Saint-Paer, la *Conquête de l'Irlande*, le récit de la soumission des Bretons sont intéressants au point de vue historique. Dans certaines pièces fugitives, comme le *Dit de vérité*, le *Dit de Tunis*, ou la satire anti-française composée à l'occasion de la médiation de saint Louis entre le roi d'Angleterre et ses barons, on aime à relever des allusions aux événements contemporains ou l'expression du sentiment public. Mais il n'y faut guère chercher autre chose. Et quant aux œuvres de pédagogie, elles sont, de plus, extrêmement rares, parce qu'on enseigne d'ordinaire en latin, et non en français. L'*Image du monde*, vaste encyclopédie en vers, où l'on remarque un style correct et des traits heureux, n'est qu'une traduction fidèle du célèbre traité d'Honoré d'Autun (*Imago mundi*). Si d'autres productions

---

1. *Hist. littér. de la France*, t. XXIII, p. 249.

de cette classe sont rimées en français, c'est qu'elles s'adressent à des catégories de lecteurs toutes spéciales, peu familières avec l'idiome des savants ; ainsi en est-il du *Chastiement des dames*, manuel de civilité mondaine, dû à Robert de Blois, et de l'*Ordène de chevalerie*, écrit pour l'instruction des chevaliers. Une autre famille de petits poèmes affecte une forme originale trahissant l'influence de la dialectique : ce sont les *Débats* ou disputes que l'on imagine entre des objets contraires, pour faire valoir leurs avantages ou leurs défauts ; telles sont la *Bataille d'enfer et de paradis*, la *Bataille des sept arts*, la *Bataille des vins*, la *Synagogue et l'Église*, le *Juif et le chrétien*, etc.

Mais une place beaucoup plus importante doit être faite à la fable et au fabliau. La fable proprement dite est un apologue franc et sans prétention ; elle fait parler les bêtes et les choses sans se préoccuper de la vraisemblance. Le fabliau est un apologue déguisé ; c'est le récit d'une anecdote qui aurait fort bien pu se passer dans le monde réel, mais qui, la plupart du temps, est de pure invention. Tous deux peuvent donc être considérés comme frère et sœur ; et tous deux sont cultivés, dès le treizième siècle, avec un égal empressement. Le premier fabuliste du temps, c'est une femme. Cette femme ne nous a appris sur son compte que deux choses :

Marie ai nom ; si sui de France.

Aussi l'appelle-t-on communément Marie de France. Et nous n'en saurions pas davantage si un de ses contemporains, un poëte anglo-normand, ne nous attestait que ses œuvres faisaient les délices des chevaliers et des nobles dames. Marie de France, quoiqu'elle sût peut-être le grec, et certainement le latin, le français, le breton, l'anglais, n'a nullement dans ses écrits la pédanterie du bas-bleu moderne. Elle a laissé des *lais* imités des chants de la Bretagne, une longue légende en vers (le *Purgatoire de saint Patrice*), et un recueil de fables intitulé *Ysopet* ou le petit Ésope, qui est le plus beau fleuron de sa couronne poétique. Ses fables ne sont pas empruntées directement à Ésope, mais à des recueils latins qu'elle a pris pour des traductions du célèbre phrygien, comme celui de Romulus, auteur pseudonyme, qui n'a guère fait que mettre en prose les apologues latins de Phèdre. Elle y a cependant ajouté quelques morceaux de son invention. Mais généralement elle n'a fait qu'embellir et traiter à sa manière ces sujets vieux comme le monde, qui dans tous les temps ont servi de thèmes aux fabulistes. On sait, en effet, que notre bon La Fontaine n'a rien créé, ou presque rien ; il s'est contenté de reproduire, avec une mise en scène plus habile, les charmants petits tableaux décrits par ses prédécesseurs. Phèdre est dans le même cas, et je suis fort tenté de croire qu'Ésope lui-même n'a le droit de s'appeler le père du genre que parce que nous ignorons les sources auxquelles il a puisé. La grande majorité des récits qui forment la matière des fables, des fabliaux, des contes populaires se retrouve dans les littératures anciennes, dans celle de l'Égypte, de la Perse, de l'Inde, de la Chine même: tous les jours les progrès de la critique moderne font découvrir quelque nouvel anneau de cette chaîne indiscontinue, qui remonte, comme je le disais, aux origines du monde, et qui est peut-être une des preuves les plus frappantes de l'unité de la race humaine. Les premiers patriarches ont raconté ces légendes à leurs fils ; puis ceux-ci les ont transmises à leurs descendants, qui les ont colportées aux quatre coins du globe. Comment expliquer autrement qu'elles se rencontrent chez des peuples séparés par des milliers d'années et des milliers de lieues? Comment expliquer que le type du Petit Poucet, de Riquet à la Houpe, de Cendrillon, du Chat botté, de la Matrone d'Éphèse, du Savetier et du Financier, et de tant d'autres, existe chez les Égyptiens ou chez les Chinois, en même temps que chez les Occidentaux? Comment expliquer que la plaisante historiette du *Médecin malgré lui*, que Molière passe pour avoir inventée, se retrouve, à quelques variantes près, dans les sermons comme dans les fabliaux du moyen âge, dans les vieux recueils de légendes des Latins et des Grecs, comme dans ceux de l'Inde et de la Perse? Certainement chacun de ces peuples n'a pas été, à l'origine, étudier la littérature des autres, à supposer que cette littérature existât. C'est donc par la voie orale que se sont propagées ces vieilles histoires, comme toutes les traditions relatives aux temps primitifs de l'humanité; et cela n'a pu se faire qu'à une époque où les hommes, où les tiges des races futures vivaient côte à côte, dans l'intimité d'une famille unique. Par conséquent, l'on ne saurait admettre le raisonnement de certains savants, qui voudraient, au contraire, tirer de ce caractère universel et populaire des apologues antiques un argument contre l'autorité de la Bible. Mais revenons à Marie de France.

A-t-elle réussi à donner à ses fables une tournure originale, à communiquer la vie et l'animation aux êtres matériels, à dégager de leurs relations supposées une moralité utile? Le lecteur va en juger. Voici comment elle retrace la fameuse rencontre du *Loup et de l'Agneau*, dont tout le monde a présente à la mémoire la version moderne.

DOU LEU ET DE L'AIGNEL.

Ce dist dou leu et d'un aignel
Qui bevoient à un ruissel.
Li leus à la source bevoit,
Et li aigniaus aval estoit.
Iréement parla li leus,
Ki moult estoit contrarieus.
Par maltalent parla à lui :
Tu m'as, dist-il, fait grand anui.
Li aignels li a respondu :
Sire, en quoi dunc ? — Ne le veis-tu ?
Tu m'as ceste aigue si troublée,
Que n'en puis boire ma saoulée ;
Autresi m'en irai, je croi,
Comme je vins, mourant de soi.
Li aignelés adunc respont :
Sire, ja bevez-vous amont ;
De vous me vient quanque j'ai bu.
— Quoi ? fist li leus, me desdis-tu ?
L'aignels respont : N'en ai voloir.
Li leus li dit : Je sais de voir,
Ce meisme me fist tes père,
A ceste surce où od lui ère,
Or a six mois, si com je croi.
— Qu'en retraiez, fait-il, sur moi ?
N'ière pas nés, si com je cuit.
Et tot pour ce li leus a dit :
Ja me fuz tu ore contraire :
Est chose ke tu ne dois faire.
Dunc prist li leus l'aigniel petit
As denz, l'estrangle, si l'occit.

Moralité.

Ci sunt li riche robéour,
Li vesconte et li jugéour

> De ceux qu'il ont en leur justise
> Fausse occoison, par cuvoitise,
> Truevent assez pur eux confundre,
> Souvent les font as plais semundre ;
> La char leur tolent et la pel,
> Si com li leus fit à l'aignel (¹).

Entre cette fable et celle de La Fontaine, la ressemblance est frappante ; les détails, les expressions sont presque identiques. Ce n'est plus la sécheresse de Phèdre ; c'est plutôt la richesse de l'imagination orientale. Et pourtant La Fontaine n'a certainement pas connu Marie de France. Mais, si les deux fabulistes français se rencontrent dans le corps du récit, je n'hésite pas à dire que l'écrivain du moyen âge en tire une morale plus hardie, plus précise que le poëte du dix-septième siècle. « La raison du plus fort est toujours la meilleure » ; voilà toute la conclusion de La Fontaine. Marie de France trouve autre chose à dire : avec une noble liberté, elle fait sortir de son sujet la condamnation, la satire de l'avidité des barons et des juges féodaux.

Ainsi donc, voilà encore un genre qui est loin d'être négligé ; et si nous voulions étendre notre investigation aux prosateurs qui l'ont exploité, par exemple, aux orateurs sacrés, dont quelques-uns ne craignaient pas de raconter en chaire les aventures du Renard et du Corbeau, du Rat de ville et du Rat des champs, du Lion devenu vieux, de la Cigale et de la Fourmi, des Membres et de l'Estomac, du Loup et de la Cigogne, du Geai paré des plumes du Paon, etc., etc., nous trouverions à chaque pas la matière d'un rapprochement curieux. Les fabulistes anciens et modernes n'ont pas amené

---

1. Roquefort, *Poésies de Marie de France.*

la chute du pot au lait de Perrette avec autant d'art que le cardinal Jacques de Vitry. Chez celui-ci, l'ambitieuse laitière, exaltée par la perspective de sa richesse future, se figure déjà qu'elle chevauche sur une belle haquenée. *Io! io!* lui crie-t-elle ; et c'est en voulant lui donner de l'éperon que le mouvement de son corps entraîne le renversement du vase et des espérances qu'il portait. En fait de pittoresque, le moyen âge ne craint pas la comparaison.

Les fabliaux sont loin de présenter le caractère moral des fables. Ils sont presque tous licencieux, et c'est ici la grande tache de la littérature du moyen âge. A côté de leurs grossièretés, ils contiennent naturellement (cela va toujours ensemble) des satires violentes contre la noblesse, contre le clergé, contre les bourgeois, contre les vilains même, mais surtout contre les maris. On n'a pas craint de dire quelquefois qu'ils offraient la fidèle peinture des mœurs du temps. D'où vient donc que la plupart de ces contes burlesques descendent en droite ligne de l'antiquité? D'où vient que nous les retrouvons, avec de très légères différences, dans Ovide, dans Pétrone, dans Apulée, dans les *Mille et une nuit*? Évidemment les conteurs grecs, latins, arabes n'ont pas pu dépeindre à l'avance le caractère des Français du treizième siècle. Les fabliaux ne renferment donc pas plus de portraits que des modèles. Est-ce que les contes de La Fontaine représentent les mœurs des contemporains de Louis XIV? Est-ce que les opérettes de nos petits théâtres reproduisent l'image de la société actuelle? Allons donc! Les héros des fabliaux sont de vrais païens, quand ils ne sont pas de francs coquins. C'est là un legs du paganisme ; et ceux qui ont mis en vers français de telles turpitudes, ont pu y joindre des mots piquants contre la société chrétienne, ils ont pu habiller, travestir les hommes de l'antiquité en gens du moyen âge, rajeunir le langage et la forme de leurs vilaines histoires ; mais, à coup sûr, ils n'ont pas peint ce qu'ils avaient sous les yeux. Ils n'auraient même pas pu inventer de pareils tableaux, car (c'est un fait digne de remarque) les plus licencieux des auteurs modernes ont toujours dû aller chercher leurs idées à la source de toute corruption, qui est le paganisme.

On a prétendu aussi que les fabliaux étaient la littérature populaire du temps. Sans doute, la liberté du langage était grande, et le nom de *gauloiserie* est resté à certaine nature de propos qui a toujours eu des amateurs chez nous comme ailleurs. Toutefois cette liberté n'est pas nécessairement l'indice d'une liberté de mœurs équivalente. Ainsi nous rencontrons des mots extrêmement crus dans la bouche des contemporains les plus graves et les plus vertueux. D'aucuns veulent même que la moralité réelle d'une société soit en raison inverse de la pruderie de son vocabulaire. On pouvait donc, jusqu'à un certain point, parler comme dans les fabliaux sans se conduire comme leurs personnages et sans les fréquenter. Sans doute encore, ce nouveau genre de littérature, répandu par des jongleurs éhontés, fit du mal à nos pères. Mais les fabliaux n'eurent jamais autant de vogue, autant de crédit qu'on le suppose. Comptez leurs éditions manuscrites, comptez les volumes qui les renferment, et comparez-en le nombre avec celui des manuscrits de nos poètes sacrés ou de nos poètes épiques : vous verrez lesquels étaient le plus goûtés, lesquels étaient le plus populaires. Il y a, d'ailleurs, des fabliaux honnêtes ; il y en a même d'édifiants, par exception. Mais, si l'on n'avait eu d'autres moyens pour moraliser le peuple, on n'eût certes pas abouti à de grands résultats. En somme, ces historiettes scandaleuses étaient versifiées par quelques lettrés corrompus pour flatter les goûts de leurs pareils ; voilà la vérité. Et l'on peut en dire autant des romans héroï-comiques ou des romans libertins de cette époque, qui ne sont qu'un développement du fabliau. Le fameux *Roman de la Rose* et le non moins fameux *Roman du Renard* n'ont pas tenu dans le monde intellectuel du treizième siècle le quart de la place que leur attribuent aujourd'hui les amateurs de littérature rabelaisienne. Ces récits corrupteurs, mêlés de peintures fantastiques de la société (le mot est de Fauriel, un critique assez compétent) ont scandalisé les meilleurs esprits du moyen âge : Gerson, Christine de Pisan et d'autres ont réprouvé avec énergie l'œuvre de Jean de Mung, pâle imitation d'Ovide, arrivée seulement dans le quatorzième siècle à une notoriété favorisée par l'abaissement du niveau des mœurs. Il en est de tous ces poèmes, et surtout des fabliaux, comme des contes de Boccace ou de Voltaire, qui en sont directement issus. La lecture de Voltaire a pu déteindre sur l'esprit d'un certain nombre de particuliers ; mais on ne peut pas dire que ses polissonneries rimées aient jamais été populaires. Voltaire ricane, et le peuple chante. Le peuple chante ses gloires ou ses douleurs ; il faut, pour s'emparer de l'âme d'une nation, les accents émus de l'enthousiasme ou de la pitié. Or, les fabliaux ne répondent à aucune de ces conditions : ce sont des pastiches de l'antiquité, étrangers par leur origine et par leur esprit à la France de saint Louis. La reproduction froide et préméditée des vices d'un monde disparu a pu, je le répète, exercer une influence funeste : jamais elle n'a pu constituer la littérature nationale.

La vraie poésie du peuple, nous l'avons vu, c'était celle qui était sortie spontanément de son sein ; c'était la chanson de geste, c'était le *lai* celtique, c'était la complainte religieuse ou même la complainte amoureuse. C'était, en un mot, toute la poésie chantée ; car la foule ne lisait pas : elle chantait ou elle écoutait ses chanteurs favoris. Ainsi donc, si l'on veut juger de son esprit par ce qui en faisait la nourriture habituelle, il faut se reporter au genre lyrique, et surtout au genre héroïque, dont nous avons étudié en premier lieu les admirables productions. A la vérité, un élément trivial, un élément impur se mêle, dès le treizième siècle, à cet élément sublime. L'âge de la grande poésie approche alors de son déclin. Mais la décadence ne fait encore que se laisser entrevoir. A cette époque, on est au sommet de la montagne ; on découvre le versant où va glisser bientôt toute la société du moyen âge. Nous la voyons cependant, cette société, se rattacher, se cramponner avec amour à tout ce qui la retient encore sur la pente fatale. Elle est toujours profondément chrétienne, dans sa littérature comme dans ses mœurs, et, quels que soient ses travers, il ne faut point désespérer d'un peuple qui chante avec toute son âme et le *Lauda, Sion* et la *Chanson de Roland.*

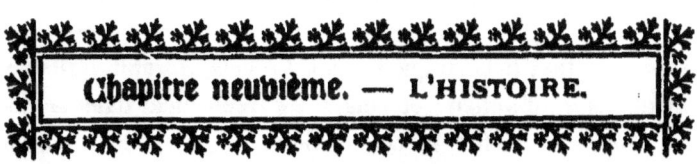

Chapitre neuvième. — L'HISTOIRE.

SOMMAIRE. — Conception différente de l'histoire dans l'antiquité et dans le moyen âge. — Les études historiques sous S. Louis : Vincent de Beauvais ; son érudition, ses recherches. — Les archives des monastères et de la royauté. — Les chroniqueurs ; leur multiplication. — Chroniques latines et chroniques françaises. — Les grandes chroniques de Saint-Denis. — Villehardouin. — Joinville. — Les hagiographes.

NOUS abordons, avec l'histoire, un domaine demi littéraire et demi scientifique ; c'est un sujet qui offre une transition naturelle entre les lettres et les sciences proprement dites. Aussi ne faut-il pas nous attendre à voir les écrivains du moyen âge déployer ici la même supériorité, le même génie que dans le genre de la poésie ; car le moyen âge, bien qu'à la recherche de tous les progrès, était généralement très en retard dans l'ordre scientifique. Cela dit, je me sens plus à l'aise pour faire ressortir les louables efforts des historiens du treizième siècle et le succès de quelques-uns.

En premier lieu, nous devons constater une divergence capitale entre la conception de l'histoire dans l'antiquité et celle que le christianisme a introduite dans le monde moderne. Toutes les deux partent d'un principe opposé pour aboutir à des applications différentes. L'histoire, chez les anciens, était surtout un art ; chez nous, elle est plutôt une science : et, si le moyen âge n'a pas encore la méthode scientifique, du moins il est déjà très loin de l'idée païenne, car son objectif en histoire n'est plus tant le beau que le vrai. En cela, il trahit véritablement l'esprit chrétien ; en cela, il est réellement dans la voie du progrès. En effet, la beauté de la forme est la condition essentielle de la poésie; mais la solidité du fond est la première qualité de la composition historique. Tant mieux pour les historiens qui ont le don de réunir ces deux mérites : ils atteignent l'idéal du genre ; mais ceux chez qui domine le culte de la forme ne seront jamais de vrais historiens, et la preuve, c'est que leur école est de plus en plus délaissée aujourd'hui. Cette observation, cette distinction, que j'ai déjà essayé d'établir ailleurs entre la manière antique et la manière des âges chrétiens (1), a quelque peu effarouché certains admirateurs passionnés de la littérature grecque et romaine. Elle n'est pourtant pas une témérité ; elle n'est pas même une nouveauté, car elle repose sur les travaux les plus approfondis de la critique contemporaine, que dis-je? sur l'aveu de plusieurs anciens, dont l'esprit supérieur et la bouche impartiale ont dénoncé chez les historiens de leur temps l'amour excessif de la fiction. Entre tous, Lucien s'est distingué par sa loyauté. Dans son traité sur l'*Art d'écrire l'histoire*, livre fort curieux et trop peu connu, il a signalé les deux grands défauts qui pervertissaient ce genre de composition : le goût des amplifications sophistiques et la passion des fables. Il a fait plus ; il en a donné des exemples, concernant la guerre des Parthes, alors toute récente, et devenue immédiatement une source féconde de légendes sur les exploits des généraux romains, sur la fuite d'Oroès, sur le cri de Priscus, qui avait fait mourir subitement vingt-sept ennemis.

« De tels récits expliquent comment Quintilien, indiquant

1. *La Société au treizième siècle*, p. 3 et suiv.

à son élève les auteurs qu'il doit lire, nomme les historiens aussitôt après les poètes et ajoute : L'histoire est, en effet, voisine de la poésie ; *un livre d'histoire est en quelque sorte un poème en prose.* Cicéron s'était contenté de reconnaître à l'histoire un caractère oratoire ; Quintilien, interprète des idées de son temps, en fait presque un genre poétique. » Tel est le jugement porté par un érudit fort compétent, dont le travail se recommande à tous ceux qui veulent connaître (soit dit sans irrévérence) le dessous des cartes de l'histoire ancienne. Cet ouvrage, intitulé *Histoire du roman et de ses rapports avec l'histoire dans l'antiquité grecque et latine* (1), par M. Chassang, maître de conférences à l'École Normale (et, par conséquent, juge non suspect) fait toucher du doigt le mélange constant, établi par la mode, de l'élément romanesque et de l'élément historique. Qu'y a-t-il d'étonnant à voir ce mélange observé dans la pratique, quand nous entendons les maîtres de la pensée l'ériger presque en théorie ?

« Le roman historique des anciens, conclut l'auteur que je viens de citer, au lieu de se développer avec art à côté de l'histoire, comme dans les ingénieuses compositions de quelques modernes, s'établit violemment au cœur même de cette science ; ainsi l'histoire, dont les légendes populaires et les fables poétiques avaient si souvent forcé l'entrée, se trouva encore envahie par les fictions des philosophes et des rhéteurs. » Et il rappelle les principales causes de ces altérations : d'une part, l'intérêt, la vanité nationale, l'adulation, l'esprit de parti ; d'autre part, l'ignorance, la superstition, l'amour du merveilleux. Reconnaissons, pour l'honneur des anciens, qu'ils n'ont pas été dupes. « Cicéron nous apprend

1. Paris, 1862, in-8°.

que la *Cyropédie* n'était guère considérée dans l'antiquité comme un ouvrage historique. Strabon, Quintilien et Quinte-Curce lui-même nous disent qu'on ajoutait fort peu de foi aux récits des historiens d'Alexandre (1). » Et plus d'une protestation, plus d'une plainte, aujourd'hui perdue, s'éleva de bonne heure contre les mensonges des annalistes grecs (*quidquid Græcia mendax audet in historiis*, comme disait Juvénal).

Néanmoins l'histoire romaine ne fut pas exempte non plus de ce défaut. Tout le monde sait que Tite-Live est l'inventeur des belles harangues mises dans la bouche de ses personnages, et les légendes relatives à la fondation de Rome, aux aventures de Romulus et de Rémus, n'ont pas plus trouvé grâce devant la critique que les détails de la guerre de Troie ou les exploits de Pharamond. Chaque nation, pour ainsi dire, a eu près de son berceau une fée, un mythe, une épopée : il faut les prendre pour ce qu'ils sont, et surtout ne pas prolonger volontairement au delà des temps héroïques la confusion de la fable avec la réalité. C'est en quoi ont failli les historiens antiques, si bons peintres d'ailleurs et si bons moralistes. Il fallait, pour inculquer à l'humanité l'amour de la vérité pure, que le Soleil de vérité vînt enfin illuminer la terre.

Les historiens chrétiens ne devinrent pas tout d'un coup des modèles de critique. Mais « les premiers annalistes de l'Église, les Eusèbe, les Socrate, les Théodoret sont, comme le dit M. Chassang, des écrivains instruits et graves. » Eusèbe, le plus célèbre, admet parfois des traditions suspectes ; cependant, en général, il écarte les fables et se tient en garde contre les livres apocryphes. Puis arrive Paul Orose, qui resserre les

---

1. Chassang, *op. cit.*, introduction.

faits dans une narration loyale, pour les plier à une grande idée philosophique. « La religion chrétienne ayant été rendue responsable de tous les maux qui désolaient le monde au quatrième siècle, il répond comme saint Augustin dans la *Cité de Dieu* : il met sous les yeux de ces Romains, si fiers de leur grandeur, le tableau de toutes les misères et de toutes les calamités qui ont affligé les plus brillantes époques de leur histoire. Orose est un des créateurs de la philosophie de l'histoire [1]. » Et cette nouvelle science ne pouvait naître et fleurir qu'en terre chrétienne. Sulpice Sévère, en déclarant qu'il aimerait mieux briser sa plume que d'écrire une parole contraire à la vérité, affirme l'idéal nouveau du genre historique. Ses contemporains, ses successeurs feront encore preuve de crédulité, d'ignorance même : mais, au moins, ils ne mélangeront plus systématiquement les fictions aux faits ; ils ne professeront plus cette espèce de cynisme, ou du moins cette funeste indifférence qui faisait confondre les historiens avec les rhéteurs et les poètes. L'esprit s'est modifié ; l'objectif principal s'est déplacé.

Au treizième siècle, ce grand changement et, j'ose le dire, ce grand perfectionnement est depuis longtemps consacré par l'usage. Nous trouvons parmi les annalistes deux catégories, cherchant toutes les deux à faire connaître le vrai : d'abord des historiens proprement dits, dans l'acceptation moderne du mot, et puis des chroniqueurs. Les premiers, en très petit nombre malheureusement, sont ceux qui scrutent les événements des âges passés, qui se servent des monuments antérieurs pour les confronter et pour en tirer la lumière, qui font, en un mot, œuvre d'érudit. Les seconds sont ceux

---

1. Chassang, *op. cit.*, p. 272.

qui se bornent à raconter ce qu'ils ont vu, ce qu'ils ont recueilli autour d'eux, sur les lieux ou les personnes qu'ils ont fréquentés. Leurs récits sont de simples mémoires personnels ; ce qui est, du reste, une nouvelle garantie d'authenticité. Quelquefois ils remontent, pour commencer, aux origines de leur sujet, ils font un bref résumé des événements plus anciens, ils essayent de se hausser jusqu'à l'histoire véritable : néanmoins les deux genres demeurent parfaitement distincts, et ils le sont encore de nos jours. Nous allons les étudier rapidement l'un après l'autre.

Les études historiques, à proprement parler, ne faisaient point partie intégrante de l'enseignement des écoles. Du moins, elles ne figurent pas comme une branche spéciale sur le programme de cet enseignement. Mais, par le fait, on apprenait l'histoire ancienne dans les littérateurs anciens, dans la Bible surtout, et l'histoire moderne dans les auteurs ecclésiastiques étudiés à titre de philosophes, d'orateurs ou de moralistes. Ce n'est que dans les temps modernes que l'histoire a été enseignée à part, en prenant peu à peu le caractère d'une science positive. On trouve cependant, en dehors des études scolaires, de véritables cours d'histoire, et d'histoire universelle, composés par des savants pour l'usage du public. Les encyclopédistes du temps ne manquent pas d'en insérer dans ces immenses compilations où ils entassent, où ils condensent les notions les plus diverses, comme pour permettre aux hommes de tout savoir en ne possédant qu'un seul livre. Ainsi Honoré d'Autun, l'auteur de l'*Imago mundi*, traduite en vers français au treizième siècle, traite longuement des six âges du monde : il retrace ses origines profanes et sacrées ; il étudie surtout l'âge chrétien, qui est le sixième d'après lui, et qu'il divise en dix parties.

Vincent de Beauvais fait à l'histoire une part beaucoup plus large. Il lui consacre le tiers de son vaste répertoire. *Speculum historiale*, tel est le titre du troisième volume de l'édition de ses œuvres ; et ce volume comprend 31 livres, subdivisés en 3793 chapitres. Son contenu et son plan ont été analysés assez clairement par le P. Touron, dans son ouvrage sur les hommes illustres de l'ordre de Saint-Dominique.

« L'ouvrage entier contient, selon l'ordre des temps, l'histoire abrégée de tout ce qui s'est passé de mémorable depuis la Création du monde jusqu'au pontificat d'Innocent IV. Vincent y décrit d'abord les commencements de l'Église, du temps d'Abel, et ses progrès ensuite sous les patriarches, les prophètes, les juges, les rois et les conducteurs du peuple de Dieu, jusqu'à la naissance de JÉSUS-CHRIST. Il suit le texte sacré et les écrits des anciens Pères pour faire l'histoire des apôtres et des premiers disciples du Sauveur. Les belles actions et les paroles célèbres des grands hommes de l'antiquité païenne trouvent leur place dans son traité historique. Il n'a point oublié de marquer les commencements des empires, des royaumes, des autres grands états, leur gloire, leur décadence, leur ruine, les successions des souverains et ce qui les a rendus illustres, soit dans la paix, soit dans la guerre. Mais, en historien chrétien, Vincent de Beauvais s'étend davantage sur ce qui appartient plus particulièrement et plus directement à l'état de l'Église sous les empereurs, depuis Auguste jusqu'à Frédéric II. Sa grande attention est de nous faire admirer la sagesse de la Providence et la vertu de la grâce de JÉSUS-CHRIST dans les victoires que l'Église, de siècle en siècle, a remportées sur tous ses ennemis... C'est à ce sujet que notre écrivain rapporte les actes qui parlent des combats, des souffrances et des victoires des martyrs, et qu'il met sous les yeux du lecteur ce qu'il a trouvé de plus remarquable dans les ouvrages des docteurs. Il n'a eu garde d'omettre ni les canons des anciens conciles ou les décrets des souverains pontifes qui ont foudroyé les hérésies et les autres sectes schismatiques, ni les vertus et les exemples des plus célèbres anachorètes, les règles et les instituts des saints Pères, les commencements des divers ordres religieux et leurs progrès. Tout ce grand corps d'histoire est terminé par les réflexions de l'auteur sur le mélange présent des bons et des méchants, sur l'état des âmes séparées de leurs corps, sur le siècle à venir, sur le temps et les actions de l'Antechrist. Il y est enfin parlé du dernier jugement, de la résurrection des morts, de la gloire des saints et du supplice des réprouvés (1). »

Vincent de Beauvais adopte, lui aussi, la division du monde en six âges, correspondant aux six jours de la Création. Cette idée n'est particulière ni à lui ni à son siècle : elle a été en vogue dans tout le moyen âge, et rien d'étonnant, car les éléments de la chronologie étaient encore très incertains et les hommes existant alors ne pouvaient savoir que l'âge chrétien ou le sixième âge, comme ils l'appelaient, atteindrait une durée beaucoup plus longue que les précédents ; ce qui introduit dans leur système une disproportion singulière. Le premier âge, d'après le *Speculum historiale*, finit au déluge ; le second à Abraham, le troisième à David, le quatrième à

---

1. Touron, *Hist. des hom. ill. de l'ordre de saint Dominique*, I, 193.

la prise de Jérusalem, le cinquième à l'avènement du Messie, et le sixième ne finira qu'avec l'univers. Depuis que l'on connaît, à peu de chose près, le nombre d'années écoulées avant la naissance de JÉSUS-CHRIST (4000 ans environ), il est beaucoup plus rationnel de partager l'histoire universelle en six phases de mille ans chacune, dont deux répondent au monde anté-diluvien, deux au monde païen et deux au monde chrétien. Mais, malgré l'autorité des systèmes qui assignent à l'existence de l'humanité une durée totale de six mille ans, il est possible que nos arrière-petits-fils voient le commencement d'un septième millénaire ou d'un vingt-et-unième siècle après JÉSUS-CHRIST ; et alors il faudra trouver encore une division nouvelle pour l'histoire universelle. Abstenons-nous donc de nous lancer dans ces théories. Considérons plutôt la méthode et les sources employées par Vincent de Beauvais.

Ce laborieux dominicain est bien le type de l'érudit du moyen âge. En racontant les annales du monde depuis son origine jusqu'en l'an 1250 après JÉSUS-CHRIST, il ajoute au récit des faits, comme l'a remarqué Boutaric, qui avait fait de son ouvrage une étude critique complète, publiée en partie seulement, « la biographie des auteurs célèbres, l'indication de ceux de leurs ouvrages qu'il connaissait ou dont il avait trouvé l'indication dans saint Jérôme, dans Jennarius ou dans d'autres écrivains. Ces indications font quelquefois double emploi avec le *Speculum doctrinale ;* mais souvent on trouve entre ces deux parties du *Speculum majus* des différences instructives. Vincent cite toujours ses autorités ; ou plutôt il s'est borné à faire une compilation, et il a soin d'indiquer le nom de l'auteur auquel il a fait un emprunt. L'utilité de faire des citations exactes était, du reste, fort appréciée de son temps. Le chroniqueur connu sous le nom d'Albéric de Trois-Fontaines indique les sources auxquelles il a puisé. Elinand, auteur d'une chronique universelle que Vincent a mise largement à contribution et dont il nous a conservé des fragments, a suivi le même système. C'est lui aussi qui a joint l'histoire des productions littéraires et des auteurs à celle des événements et a certainement servi de modèle à Vincent. (Ajoutons que cette préoccupation, ce souci de l'histoire littéraire était bien naturel chez un ancien trouvère.) Quand parfois, ce qui est rare, Vincent parle en son nom, entre autres quand il donne des listes d'ouvrages, ce qu'il écrit de son chef est précédé de la rubrique *Actor*. La part de l'auteur consiste donc principalement dans le choix et la disposition des citations... Ces citations ne sont pas toujours exactes ; il l'avoue lui-même, en en rejetant la faute sur ceux qui, malgré ses recommandations, ne se montrèrent pas copistes scrupuleux, tout en protestant que les inexactitudes qu'on peut lui reprocher sont sans importance, car aucune d'elles n'altère la vérité. Il mit en œuvre tous les auteurs, sacrés ou profanes, qu'il put se procurer, et le nombre en était prodigieux [1]. »

Daunou prétend bien que les historiens du moyen âge avaient, entre autres défauts, celui de n'avoir à leur disposition qu'une très petite quantité de livres, et de ne connaître notamment ni les anciens historiens grecs ni la plupart des latins. Mais comment donc alors trouvons-nous à chaque pas, dans Vincent de Beauvais, des citations de l'*Histoire d'Alexandre* (par le faux Callisthène), de la *Guerre des Gaules* de César, du *Jugurtha* et du *Catilina* de Salluste, de l'abrégé de Trogue-Pompée par Justin, de Quinte-Curce, de Suétone, de

---

1. *Revue des questions historiques*, t. XVII, p. 12.

Valère-Maxime? Je ne parle pas des historiens chrétiens ni des chroniques antérieures à son siècle : il s'en sert bien davantage encore. Il n'a connu ni Tite-Live ni Tacite, c'est vrai ; mais il a fait un large usage de tous les auteurs anciens qui sont venus à sa connaissance, et pour en découvrir d'autres il n'a rien négligé. Il a exploré les bibliothèques qui existaient de son temps ; car, si la bibliothèque de saint Louis ne fut créée que plusieurs années après l'apparition du *Speculum*, contrairement à l'hypothèse émise par Daunou et Petit-Radel, qui voulaient voir le catalogue de cette collection royale dans la liste des livres cités par Vincent, du moins il eut à sa disposition les immenses richesses entassées depuis des siècles dans toutes les grandes abbayes de France.

Saint-Père de Chartres, Saint-Victor de Marseille, Saint-Amand, Corbie, Saint-Riquier, Moissac, Fleury-sur-Loire, Saint-Martin de Tournai, Saint-Marien d'Auxerre, Saint-Victor de Paris, le Mont-Saint-Michel, le Bec, Cîteaux, Clairvaux, Sainte-Catherine du Val des Écoliers, et bien d'autres monastères possédaient dès longtemps de véritables trésors de livres ou de manuscrits, gardés avec un soin aussi jaloux que les trésors de leurs chapelles : les catalogues nous en ont été conservés, et sur ces catalogues sont représentées toutes les branches de la science et de la littérature. Les chapitres, les évêchés, surtout ceux de Paris, de Rouen, de Laon, de Bayeux, de Beauvais, avaient également de très riches collections. Le nouvel institut auquel appartenait Vincent de Beauvais possédait dans chacun de ses établissements une école et une bibliothèque. Les chapitres annuels des Frères Prêcheurs se préoccupaient du soin des livres et de la nécessité d'en prêter à ceux qui en manquaient (ce qui n'a pas empêché l'abbé Lebeuf d'avancer, conformément aux préjugés de son temps, que la création des ordres mendiants avait entraîné la décadence des lettres). Que d'auteurs classiques ne nous seraient jamais parvenus sans la vigilante sollicitude de tous ces moines, que l'on ose accuser d'ignorantisme, et qui nous ont, au contraire, légué, en les préservant des injures du temps, des vers, du pillage, en les reproduisant, en les éditant à l'envi, ces précieux monuments du génie antique dont l'érudition moderne est si fière! Que saurait-on des âges reculés de l'humanité, si l'Église n'avait fait preuve, dès les premiers temps, de ce perpétuel esprit de conservation qu'elle a porté dans le domaine des arts comme dans le domaine des lettres? Quelle épaisse obscurité s'étendrait aujourd'hui sur le monde, si les prétendus ignorantins n'avaient passé par là! Nos bibliothèques actuelles ne sont que le résidu des richesses des anciens monastères. Si l'on va consulter notre premier dépôt national, on n'ouvre pas un manuscrit qui ne porte la marque d'un couvent ou d'une église; mais on en trouve des milliers provenant du fonds de Saint-Germain-des Prés, du fonds de Saint-Victor, du fonds de Notre-Dame du fonds de Sorbonne; et, si nous étions sincères, si nous étions reconnaissants, nous placerions au seuil de ces magnifiques galeries, pliant sous le poids des livres, un écriteau ainsi conçu: Donné par l'Église à la France.

Eh bien! Vincent de Beauvais mit à profit toutes ces bibliothèques; car, loin d'être fermées aux travailleurs du dehors, elles étaient accessibles à tous, au point que plusieurs sont appelées par lui des établissements publics. Il employa pour cette immense investigation toute une armée de jeunes

1. V. sur ce point les détails donnés dans le chapitre suivant.

auxiliaires, que son ordre lui fournit ; il a mentionné en plus d'un endroit les extraits dus à leur collaboration. Il fut aidé par le saint roi lui-même, qui lui ouvrait libéralement sa bourse pour subvenir aux frais de la composition de son ouvrage : il lui a rendu bien haut ce témoignage : « *Semper etiam in sumptibus ad eadem scripta conficienda liberaliter interdum subsidia prebuisti.* » Et je ne sais même s'il ne faudrait pas attribuer à saint Louis une intervention plus directe dans l'exécution de cette vaste encyclopédie ; car Vincent était attaché, avant 1248, à la famille royale en qualité de lecteur ou de professeur, comme il nous l'apprend lui-même, et l'on peut supposer sans témérité que la conception première de son entreprise lui fut inspirée par celui qui l'encouragea de ses deniers : idée bien digne du bibliophile couronné qui réunissait à la Sainte-Chapelle les livres de tout genre qu'il pouvait faire copier, et se délectait dans la lecture des Pères de l'Église.

Ce grand roi avait également placé dans la Sainte-Chapelle les archives royales, qui devaient être pour l'érudition un secours non moins précieux que les bibliothèques. Le dépôt officiel des chartes, institué par Philippe-Auguste à la suite du combat de Fréteval, où la perte de ses bagages, de son sceau, de ses registres de chancellerie lui avait fait durement sentir l'urgence d'abriter ses titres en lieu sûr, fut installé, dès l'achèvement de ce splendide sanctuaire, au-dessus de la sacristie où l'on gardait les reliques de la Passion et les ornements pontificaux : de là le nom de *Trésor des chartes*, qui désigna depuis les archives de la couronne. Les abbayes, les seigneurs avaient aussi leurs chartriers, soigneusement tenus et précieusement conservés : l'intérêt, le souci de leurs droits, encore plus que l'amour de la science historique, leur en faisaient une obligation. Au treizième siècle, nous voyons toutes ces archives ecclésiastiques ou privées prendre une régularité et des proportions nouvelles ; des cartulaires se rédigent de tous les côtés ; des classements, des inventaires commencent à s'exécuter ; et ceux des seigneurs qui n'ont pas dans leur château un local affecté à cette destination spéciale, s'empressent de confier leurs chartes à quelque puissant monastère des environs, où ils les savent bien mieux gardées. Nous en avons un exemple curieux dans une lettre du sire de Rosny, par laquelle il s'engage, en 1283, à donner à l'abbaye de Saint-Denis une pièce de gibier par an, moyennant que celle-ci reçoive une de ses chartes en dépôt.

Ainsi, les ressources indispensables aux érudits, archives et bibliothèques, ne leur manquaient point ; et ces ressources, ils les utilisaient. Vincent de Beauvais n'eut malheureusement pas assez d'imitateurs. Mais sa tentative seule suffirait à démontrer que l'utilité des recherches historiques n'était nullement méconnue. La critique était encore dans l'enfance : on compilait les matériaux sans établir entre les bons et les mauvais une distinction suffisante, on admettait des fables parfois ridicules. Cependant on savait indiquer avec soin les sources (et en cela l'auteur du *Speculum* est loin d'être une exception) ; on se préoccupait d'éclaircir la chronologie, car les notions du comput étaient répandues partout ; on se fondait, pour les temps anciens, sur la Bible, et on lui empruntait, en outre, cette incomparable philosophie de l'histoire qui fait tout partir de la création pour aboutir au jugement dernier ; on appliquait la synthèse à l'histoire, et rien que l'idée de ces *Specula*, de ces histoires universelles qui abondent au moyen âge, dénote une largeur de vues trop souvent refusée à de plus savants ; enfin et surtout, l'on s'efforçait de ne laisser perdre aucun document, aucun élément pouvant servir aux historiens à venir. Nous qui nous trouvons dans cette dernière catégorie, nous aurions mauvaise grâce à nous plaindre d'une pareille méthode ; et avant de condamner nos prédécesseurs du moyen âge, nous devons nous rappeler que toute une école d'historiens modernes, florissant à l'époque la plus érudite et la plus scientifique, a dédaigné de profiter du privilège qui lui était accordé et s'est écartée de la voie des sources. Les encyclopédistes du dix-huitième siècle n'ont pas l'excuse qu'avait Vincent de Beauvais : ils avaient beaucoup plus de moyens de bien faire, et ils ont fait pis. Les Michelets du dix-neuvième ont assisté à des découvertes et à des progrès plus fructueux encore, et ils ont voulu en ignorer. Entre ceux qui recherchaient avidement les moindres miettes de substance historique parvenues jusqu'à eux et ceux qui ont négligé de s'asseoir au grand banquet servi par l'érudition contemporaine, on jugera quels étaient les plus affamés de savoir et de lumière.

Passons aux chroniqueurs. La chronique n'est plus, à proprement parler, un travail de compilation et de critique : c'est un simple récit des événements auxquels l'auteur a assisté, récit disposé sans aucun plan particulier, suivant l'ordre des temps (χρονος). Les vrais chroniqueurs donnent, sous la rubrique de chaque année, le tableau des faits accomplis durant cette année. Mais beaucoup d'entre eux, au moyen âge, ne résistent pas à la tentation de relier ces faits à ceux des siècles passés : ils remontent jusqu'aux origines de leur abbaye, de leur province, du royaume, ou même du monde ; ils indiquent brièvement, par une date et par quelques mots concis, les événements anciens, un peu plus longuement ceux des temps voisins du leur, et enfin, quand ils arrivent à leur époque, ils entrent dans tous les développements possibles. Il en résulte une certaine disproportion et une grande différence de valeur entre le commencement et la fin de leurs œuvres, car ils n'ont généralement sur les âges reculés que des notions inexactes ou du moins incomplètes : ainsi presque tous ceux qui parlent de l'origine des Francs les font descendre des Troyens et du légendaire Francus, qui aurait émigré avec les siens, comme Énée, vers les plages occidentales. Aussi convient-il de laisser de côté toute cette partie des chroniques, qui n'est autre chose qu'un prologue, un hors-d'œuvre, et qui n'a d'autre intérêt que d'accuser une fois de plus l'idée partout répandue de l'histoire universelle. Cette entrée en matières n'existe, d'ailleurs, que dans les chroniques monastiques : la méditation et le recueillement du cloître donnent seuls le vaste coup-d'œil et l'envergure d'esprit qu'elle suppose.

Les moines, au treizième siècle, ne sont plus les uniques rédacteurs des chroniques. C'est là le trait saillant de l'histoire dans cette période si féconde en nouveautés. L'histoire commence à se séculariser et, par conséquent, à se franciser. Précédemment, les compilations latines exécutées dans les abbayes de Saint-Denis, de Saint-Bertin, de Saint-Benoît-sur-Loire, de Saint-Germain-des-Prés, etc., représentaient, avec les travaux de quelques clercs séculiers, toute la production historique de la France. Il y avait dans chaque grand monastère, dans chaque église, comme un courant d'histoire locale que chaque siècle venait grossir. Ce courant tend dès lors à se tarir: l'histoire se centralise comme le pouvoir, comme la souveraineté ; elle devient nationale, et en même temps elle échappe en partie à l'Église. Les chroniques de Saint-Martial de Limoges, de Saint-Magloire de Nivelles, de Maillezais ne trouveront plus de continuateurs au quatorzième siècle, tandis que les chroniques des princes, des seigneurs, des familles prendront au contraire un développement nouveau, par suite de la création des fonctions d'historiographe auprès des personnages importants. La chronique ecclésiastique et latine est cependant représentée avec honneur encore par Jacques de Vitry, qui trouve des accents indignés pour retracer les fautes de la quatrième croisade et la corruption de ses contemporains ; par le moine Rigord, biographe de Philippe-Auguste, dont la hardiesse et l'indépendance de langage n'empêchèrent pas ce prince de l'honorer publiquement ; par son successeur Guillaume le Breton, auteur du poème de la *Philippide ;* par Pierre de Vaux-de-Cernay et Guillaume de Puy-Laurens, qui racontent avec animation la grande guerre des Albigeois ; par Bernard Itier, bibliothécaire de Saint-Martial ; par Geoffroi de Courlon, moine de Saint-Pierre-le-Vif ; par Albéric de Trois-Fontaines ; par le clerc anonyme auquel on doit l'importante histoire des rois de France appelée *Historia regum Francorum*, essai heureux, où l'on trouve une certaine critique, et qui fut traduit et répandu par l'ordre d'Alphonse de Poitiers ; par Guillaume de Nangis, qui a laissé, outre sa *Vie de saint Louis,* une chronique universelle et une chronique des rois de France, étudiées à fond dans un mémoire critique de M. Léopold Delisle ; j'ajouterais enfin par Mathieu Paris, si, d'une part, cet écrivain bien connu n'appartenait plutôt à l'Angleterre qu'à la France, et si, de l'autre, la passion et la verve du pamphlétaire ne détruisaient chez lui, comme l'a reconnu M. Wallon, l'autorité de l'historien. Il est vrai que les récents éditeurs anglais de Mathieu Paris défendent énergiquement la valeur de ses récits les plus invraisemblables ; ils prétendent même le justifier du reproche de crédulité, que lui adressait déjà Michaud. Mais ces protestants laissent percer le bout de l'oreille : ils l'appellent bien haut « le dénonciateur de l'oppression papale et royale »; il est donc fort à croire que cette qualité seule lui aura fait attribuer toutes les autres par ses imprudents admirateurs.

On le voit, le genre de la chronique latine n'est pas précisément perdu : mais cette chronique n'est plus tout à fait l'héritière de la chronique religieuse des siècles précédents ; elle est déjà plus indépendante et plus personnelle, par la forme, par le sujet, par la qualité des auteurs. Et puis, un symptôme bien significatif, c'est qu'elle commence à être traduite elle-même en langue vulgaire. Dès 1210, un certain Nicolas de Senlis traduit en poitevin plusieurs chroniques monastiques. En 1260, un ménestrel du comte de Poitiers traduit, comme je viens de le dire, l'*Historia regum Francorum*. Ces versions vont se multiplier, et ce mouvement de vulgarisation correspond justement à la naissance de la chronique française.

Mais nulle part la transformation n'apparaît aussi sensible que dans les fameuses chroniques de Saint-Denis. L'origine de ce monument quasi-officiel de notre histoire nationale est encore enveloppée d'une certaine obscurité. De savantes publications, notamment un mémoire spécial de M. de Wailly, ont cependant contribué à l'éclaircir, et les résultats acquis ont été assez bien résumés dans un ouvrage récent, qui est une condensation habilement faite des travaux d'autrui : « C'était le temps où l'abbaye de Saint-Denis, illustrée par ses hommes d'État et ses historiens, tel que Suger, Rigord, Mathieu de Vendôme, jetait son plus vif éclat et étendait sur l'administration publique comme sur les lettres son influence ; depuis un siècle, son trésor historique s'était enrichi d'une grande collection de manuscrits, dont l'abbé autorisait volontiers la communication ; le bruit, en partie exagéré, se répandait et s'accréditait que là se trouvaient réunis tous les chroniqueurs épars dans les autres abbayes. Pour soutenir cette gloire et affermir cette prépondérance, Mathieu de Vendôme, qui dirigeait l'abbaye au temps de saint Louis, commanda à l'un de ses moines de donner une forme française aux anciens monuments de nos annales. Le rédacteur, interprète zélé de la pensée politique de l'abbé, traduisit, en les développant à l'aide de chroniques plus récentes, les compilations de Saint-Benoît-sur-Loire et de Saint-Germain-des-Prés et celles de son propre couvent ; il s'appropria le travail de ses devanciers sans les nommer, supprima la mention des sources où ils avaient puisé, affecta de ne rien devoir qu'au trésor de Saint-Denis, et, n'omettant aucune occasion d'exalter l'abbaye, il laissa croire que tout ce qui concernait la véritable histoire de France s'y était conservé par une sorte de privilège. Son récit, qui ne va pas plus loin que celui du ménestrel d'Alphonse, fut achevé en 1274. Mathieu de Vendôme, accompagné du traducteur, qui se nommait dom Primat, se présenta devant Philippe le Hardi et lui offrit le volume élégamment transcrit et richement enluminé, en récitant sept quatrains :

> Phelipe, roi de France, qui tant est renomez,
> Je te rens le roman qui des rois est romez,
> Tant a cist traveillé qui Primas est nomez,
> Que il est, Dieu merci, parfais et consomez. Etc. (¹) »

C'est ainsi que fut fondée la grande collection des chroniques de Saint-Denis. Une nouvelle édition, composée de la rédaction du Ménestrel pour la période des deux premières races et de celle de Primat pour le reste, puis allongée d'une vie de saint Louis et d'une vie de Philippe le Hardi, parut sous Philippe le Bel sous ce titre : « Chroniques de France selon qu'elles sont conservées à Saint-Denis. » L'histoire officielle de nos rois fut écrite jusque sous le règne de Charles V par un moine de cette abbaye, qui suivait la cour en qualité d'historiographe et auquel on communiquait les titres royaux. A cette époque fut donné un texte complet et rajeuni, dont les exemplaires se répandirent partout : c'est celui qui a été publié dès 1477 à Paris, et plusieurs fois depuis, sous la dénomination de *Grandes chroniques de France*. Les historiographes du roi devinrent ensuite des écrivains séculiers, qui prolongèrent le recueil par une rédaction originale jusqu'à l'avènement de Louis XI.

Malgré tous ces travaux, malgré toute l'activité déployée dans ces deux genres de la chronique latine et de la chronique traduite de latin en français, les chefs-d'œuvre historiques du treizième siècle appartiennent sans contredit à une troisième espèce, celle des mémoires directement composés dans l'idiome vulgaire. La langue française, sortie complètement de ses langes, forte comme un adulte dont la croissance a été lente et régulière, conquiert l'histoire comme elle a

---

1. Aubertin, *La langue et la littérature du moyen âge*.

conquis la poésie et la chaire, comme elle conquerra bientôt la philosophie et tout le reste ; et son introduction dans ce domaine est une entrée triomphale, les noms de Villehardouin et de Joinville nous le disent assez. Est-ce bien là, cependant, son entrée première? Est-il naturel que les littérateurs du douzième siècle, qui écrivaient en français des poèmes, des romans, des traductions de livres saints, n'aient point essayé d'appliquer cette nouvelle forme de langage à la composition historique? Assurément non ; quelques essais timides ont dû se produire d'abord. M. Paul Meyer a depuis peu retrouvé quelques fragments versifiés de la fin du même siècle, ou des premières années du treizième, qui appartiennent vraiment à l'histoire: le prologue d'un récit du règne de Philippe-Auguste; une narration de la première croisade, imitée en partie du latin de Baudri de Bourgueil par un trouvère de l'Ile-de-France ou de Normandie. On sait, d'un autre côté, que Baudouin IX, comte de Flandre, avait ordonné, vers l'an 1200, de composer une histoire générale *gallicano idiomate* ; cette histoire a même existé, puisqu'un écrivain du pays de Hainaut, Jacques de Guise, l'a consultée. Néanmoins le livre de Villehardouin paraît bien, jusqu'à nouvel ordre, être le premier monument de notre histoire rédigé en prose française.

Geoffroi de Villehardouin, qu'on a cru longtemps fils de Guillaume, maréchal de Champagne, mais à tort, était certainement issu d'une noble famille champenoise et fut lui-même revêtu de la dignité de maréchal. Enrôlé avec l'élite de la chevalerie française dans la croisade qui devait aboutir à la fondation de l'empire gréco-latin, il prit une part active à tous les hauts faits de cette expédition, et il les a retracés dans un récit très sincère, intitulé *De la conqueste de Constantinoble*, qui embrasse les années 1198 à 1207. C'est donc à cette dernière date, ou fort peu de temps après, que son livre parut. Cette première chronique française a encore quelque chose de l'allure des grandes chansons de geste, qui étaient auparavant l'unique histoire nationale pour la masse du peuple. Elle fut peut-être composée pour être récitée, comme celles-ci, dans les châteaux, et l'on retrouve aussi dans certain passage de Joinville une préoccupation semblable. Villehardouin parait s'adresser directement à un noble auditoire. Son début ressemble vaguement à celui des vieux poèmes déclamés par les jongleurs dans les cours féodales. A chaque pas, ces formes de discours : « Sachez, seigneurs... Que vous dirai-je?... Or poez oïr... » se rencontrent sous sa plume. Lorsque la flotte des croisés fait voile vers la Grèce, lorsqu'elle arrive devant les murs imposants de la cité impériale, ces merveilleux spectacles mettent également dans la bouche du chroniqueur des accents d'une poésie véritable. On retrouve encore dans Villehardouin les grands conseils de barons décrits dans les chansons de geste, les parlements tenus à cheval « emmi les champs », les impétueux discours prêtés aux pairs de Charlemagne, les longues chevauchées des paladins, les confessions et les communions collectives avant la bataille, les exhortations des chapelains au fort de la mêlée. Toutes les scènes légendaires de notre grande épopée revivent là dans la réalité, plus saisissantes que dans la fiction. La *Conquête de Constantinople* nous peint fidèlement la chevalerie en action : elle est la confirmation éclatante de la sincérité de nos trouvères ; elle est la démonstration de la *Chanson de Roland*. Et malgré ce caractère épique, l'authenticité des récits du chroniqueur est au-dessus de toute contestation ; elle est visible comme l'évidence même, à tel point qu'on a pu dire que Villehardouin avait fondé la probité historique. Il ne l'a point fondée ; mais il a contribué à en affermir chez nous la tradition, et ce mérite peut suffire à la gloire du Xénophon français. Un débat récent s'est cependant engagé sur le degré de bonne foi qu'il avait apporté dans l'histoire de ses relations avec les Vénitiens : on a prétendu que ceux-ci, en modifiant à leur profit le but primitif de la croisade, l'avaient eu pour complice. MM. Riant, Hanoteaux, de Mas-Latrie, de Wailly et quelques savants étrangers ont pris part à la discussion. Il ne paraît point que la réputation de véracité du chroniqueur en soit sortie moins pure.

Les mémoires de Villehardouin ont été continués un an plus loin par un clerc appelé Henri de Valenciennes, qui a substitué à son dialecte champenois le dialecte wallon ou picard, à sa poésie naturelle les fleurs d'une rhétorique recherchée, à sa sobriété des développements romanesques. Les chroniques françaises se multiplient ensuite assez rapidement. C'est le Ménestrel de Reims, dont l'œuvre, longtemps connue sous le nom de *Chronique de Reims*, a été ramenée par M. de Wailly à sa vraie dénomination et à sa juste valeur ; espèce de roman historique, où les médisances accréditées parmi les seigneurs hostiles à la couronne et les flatteries à leur adresse se mêlent aux scènes pathétiques et, suivant l'expression de Victor Le Clerc, aux narrations épiques chères aux historiens de l'antiquité. On a voulu y voir une histoire populaire et authentique : il faut y reconnaître bien plutôt les chants d'un trouvère converti à la prose, et en même temps l'écho des rancunes de la noblesse féodale abaissée par Blanche de Castille et son fils. Puis c'est *Li estore des ducs de Normandie et rois d'Angleterre,* qui raconte les exploits des Normands et l'expédition du prince Louis, fils de Philippe-Auguste, chez les Anglais ; la *Chronique d'outre-mer,* qui reproduit les récits de la croisade depuis l'an 1100 ; la relation de la *Prise d'Acre* et les *Lignages d'outre-mer,* sorte de nobiliaire des grandes familles françaises établies en Palestine. Ce sont des chroniques rimées, comme celles de Philippe Mouske et de Guillaume Guiard, mauvais poëtes, mais historiens instructifs. Toutes ces productions, indépendamment des chroniques traduites du latin, que j'ai déjà signalées, et des écrits hagiographiques, dont je dirai un mot tout à l'heure, s'échelonnent le long du treizième siècle pour relier par une chaine continue les deux grands écrivains nationaux placés l'un au début, l'autre à la fin de cette féconde période, comme pour garder les abords d'un domaine privilégié : Villehardouin et Joinville.

Est-il besoin de parler longuement de ce dernier, après les éditions et les recherches critiques si justement célèbres dont sa *Vie de saint Louis* a été l'objet de nos jours ([1])? Tout le monde, grâce à ces lumineux travaux, a pu reconnaitre dans son texte la sûreté d'information, le sentiment de la responsabilité, la sincérité désintéressée et toutes les qualités qui font le bon historien ; puis le naturel, le pittoresque et les mérites de la forme, y compris je ne sais quelle allure décousue, qui serait un défaut chez d'autres et qui chez lui n'est qu'une grâce de plus. Joinville se trace bien un plan à la première page : il veut rappeler dans une première partie toutes les vertus, tous les renseignements de son héros, puis, dans

---

1. V. notamment la belle édition donnée par M. de Wailly, avec traduction, éclaircissements, glossaire et illustrations, chez Didot, 1874, grand in-8°.

une seconde, les beaux faits d'armes qu'il lui a vu accomplir ; mais ce plan, il l'oublie parfois dans l'entraînement du récit, j'allais dire dans la chaleur de la conversation ; car son livre n'est guère qu'une conversation écrite, confiée au parchemin pour être répétée plus tard devant les nobles châtelaines. Cette destination et cette préoccupation sont surtout visibles dans la page où le brave sénéchal raconte le rôle qu'il a joué dans la fameuse bataille de Mansourah, lorsqu'avec le comte de Soissons et Pierre de Neuville il défendit un petit pont sous une grêle de traits :

« Devant nous, il y avait deux sergents du roi, dont l'un « avait nom Guillaume de Boon et l'autre Jean de Gamaches, « contre qui les Turcs qui s'étaient mis entre le fleuve et le « ruisseau amenèrent tout plein de vilains à pied, qui leur « lançaient des mottes de terre : jamais ils ne les purent faire « reculer sur nous. En dernier lieu, ils amenèrent un vilain à « pied qui leur lança trois fois le feu grégeois. Une fois, Guil- « laume de Boon reçut le pot de feu grégeois avec sa rondelle « (bouclier); car, si le feu eût pris à rien sur lui, il eût été tout « brûlé. Nous étions tout couverts des traits qui n'atteignaient « pas les sergents. Or, il advint que je trouvai une veste « rembourrée d'étoupes à un Sarrazin : je tournai le côté « fendu vers moi, et fis un écu de la veste, qui me rendit « grand service ; car je ne fus blessé de leurs traits *qu'en cinq* « *endroits*, et mon roussin en quinze endroits. Or, il advint « aussi qu'un mien bourgeois de Joinville m'apporta une « bannière à mes armes avec un fer de lance ; et toutes les « fois que nous voyions qu'ils pressaient les sergents, nous « leur courions sus, et ils s'enfuyaient. Le bon comte de « Soissons, au point où nous en étions, plaisantait avec moi

« et me disait : Sénéchal, laissons huer cette canaille ; car,
« par la coiffe Dieu ! (c'était son juron), nous en parlerons
« encore, vous et moi, de cette journée, dans les chambres
« des dames (1). »

Le mot n'est-il pas bien français ? On sent ici, comme en maint autre passage, que Joinville, suivant une expression très moderne, a vécu son livre. Il le vit une seconde fois en le dictant ; de telle sorte que, malgré la date de son achèvement (1305-1306), ce chef-d'œuvre de notre vieille littérature appartient à plus d'un titre au siècle de son héros, qui fut aussi le siècle de son auteur.

Après Joinville, l'école des chroniqueurs épiques, si je puis m'exprimer ainsi, disparaîtra pour toujours. Froissart, Monstrelet, Commines seront plus politiques, plus profonds si l'on veut ; mais ce seront des hommes de parti ou des hommes de cour. Aucun d'eux ne fera vibrer chez ses lecteurs au même degré que Villehardouin et Joinville cette corde sensible qui est au fond du cœur de tous les Français et qui est l'âme même de la patrie.

Il me reste à mentionner un dernier genre qui se rattache directement à l'histoire : c'est l'hagiographie. Les monuments les plus importants qu'il nous a laissés sont également relatifs à la personne de saint Louis ; car les écrits de Geoffroi de Beaulieu, de Guillaume de Chartres, du confesseur de la reine Marguerite contiennent plutôt la vie du saint que celle de l'homme public ; ce sont plutôt des dépositions en faveur de sa canonisation que des récits historiques. Cela n'ôte rien, du reste, à leur autorité. Geoffroi de Beaulieu, dominicain, qui fut pendant vingt ans le confesseur du roi, nous a transmis de

---

1. Joinville, éd. de Wailly, p. 133 (texte rajeuni).

première main mille traits édifiants, et Joinville se rencontre plus d'une fois avec lui. Son livre, composé à la prière du pape Grégoire X, de 1270 à 1276, est ordinairement suivi de celui de Guillaume de Chartres, chapelain du même prince, qui a raconté, en vue de l'enquête ouverte à son sujet par l'Église de France, soixante-cinq de ses miracles. Tous deux ont écrit en latin. Mais le confesseur anonyme de la reine, qui rédigea ses souvenirs un peu plus tard, à la demande de la princesse Blanche, fille de saint Louis, nous les a transmis en français. C'est le meilleur de ces trois hagiographes. Il reproduit un certain nombre d'anecdotes qui se trouvent dans Joinville et dans Geoffroi de Beaulieu ; toutefois il les reproduit avec plus d'ordre, et quelquefois avec l'autorité de la source première.

Mais une des plus belles compositions hagiographiques de ce siècle, si fertile en saints et en vies de saints, c'est sans contredit la célèbre légende de saint François d'Assise par saint Bonaventure, son disciple. Le docteur séraphique semble avoir mis là toute son âme, ou plutôt l'âme si tendre de son héros semble avoir passé dans la sienne. Le début seul de cette œuvre d'amour filial, intéressante comme un roman, sincère comme une déposition, suffirait pour venger les légendaires du dédain trop général professé à leur égard, et pour nous dédommager des platitudes ou des amplifications apocryphes qui déshonorent certains recueils de légendes.

« Il y avait dans la ville d'Assise un homme nommé
« François, dont la mémoire est en bénédiction, parce que
« Dieu, le prévenant avec bonté par des grâces pleines de
« douceur, le préserva par sa clémence des périls de la vie
« présente et le combla abondamment des dons célestes.

« Dans son jeune âge, ayant été élevé dans les vanités parmi
« les enfants des hommes, et, après une instruction telle quelle
« ayant été livré aux opérations lucratives du commerce,
« grâce à l'aide du Très-Haut, il ne succomba point sous l'en-
« traînement de la chair, au milieu d'une jeunesse légère,
« quoiqu'il fût naturellement porté à la joie ; et, dans la société
« de marchands avides, il sut travailler à augmenter son bien
« sans placer son espérance dans l'argent ou les trésors. Il y
« avait, en effet, dans l'âme du jeune François une compas-
« sion libérale à l'égard des pauvres ; don divin, qui croissant
« avec lui depuis l'enfance, avait rempli son cœur d'une telle
« bienveillance, que, déjà fidèle disciple de l'Évangile, il se
« proposa de donner à tout homme qui lui demanderait,
« surtout s'il invoquait l'amour de Dieu. Mais un jour que,
« plus occupé des affaires du commerce, il avait, contre sa
« coutume, renvoyé sans lui rien donner un pauvre qui lui
« demandait l'aumône pour l'amour de Dieu, s'en apercevant
« bientôt par un prompt retour sur lui-même, il courut après
« lui, et, lui faisant l'aumône avec affabilité, il promit au
« Seigneur que désormais, à moins d'impossibilité, il ne refu-
« serait jamais plus à personne. Ayant observé ce vœu jusqu'à
« sa mort avec une piété qui ne se ralentit jamais, il mérita
« auprès de Dieu de grands accroissements d'amour et de
« grâce. Il disait dans la suite, quand déjà il s'était pleine-
« ment revêtu du Christ, que, même dans la vie séculière, il
« ne pouvait pas entendre prononcer sans un tressaillement
« de cœur une voix parlant du divin amour ([1]). »

Le recueil de Jacques de Voragine (la fameuse *Légende dorée*) n'appartient pas à la France, mais à l'Italie. Je ne nie

---

1. *Hist. littér. de la France*, t. XIX, p. 287.

pas que cette œuvre de décadence ait obtenu chez nous une grande vogue; toutefois cette vogue se déclara principalement au quatorzième siècle, et l'époque de saint Louis compte encore assez d'hagiographes comme saint Bonaventure pour qu'on ne les enveloppe pas tous dans une sentence commune.

En somme, l'histoire considérée comme science est assez faiblement représentée à cette époque; nos érudits ont cependant quelques précurseurs, et ils en ont un véritable dans Vincent de Beauvais. Mais il en est tout autrement de l'histoire racontée sous forme de mémoires : si la chronique latine est sur son déclin, la chronique française triomphe par les deux plus beaux chefs-d'œuvre qu'elle ait jamais produits, et c'est à elle qu'appartient l'avenir. Chose curieuse, ce sont des gentilshommes, ce sont de braves chevaliers qui viennent donner à cette forme historique une grandeur et une vie nouvelles; ce sont les fils de ces rudes guerriers de la féodalité primitive, de ces hommes qui ne savaient écrire qu'avec la pointe de leur épée. Le culte des lettres a gagné la noblesse, et, après la poésie, c'est par l'histoire nationale que commence ce partage du sceptre intellectuel, comme si raconter les prouesses guerrières était une prérogative revenant de droit à ceux qui les accomplissent. La littérature est donc en train de se séculariser. Ou plutôt la classe laïque, la nation tout entière est en train de se clériciser (qu'on me passe ce mauvais néologisme) ; car entrer dans le monde littéraire, c'était faire œuvre de clerc, c'est-à-dire de prêtre, en même temps que de savant (il n'y avait qu'un mot pour désigner ces deux états), c'était pour ainsi dire entrer dans l'Église et s'associer à la noble mission de ces moines qui, pendant les siècles de barbarie, avaient seuls gardé le dépôt de la science, pour le transmettre intact ou considérablement augmenté à la société séculière, le jour où elle serait capable de le faire fructifier à son tour.

Chapitre Dixième. — LA BIBLIOPHILIE ET LES COLLECTIONS DE LIVRES.

SOMMAIRE. — Origines des bibliothèques. — Collections des couvents, des églises, des écoles. — Le goût des livres chez les princes et les particuliers. — Plan d'une bibliothèque idéale au treizième siècle. — Devoirs du bibliothécaire. — Installation des livres : local, armoires, pupitres, chaînes, etc. — Communication et prêt des manuscrits. — Ex-libris et marques bibliographiques.

E livre à l'état collectif a été chez toutes les nations l'objet d'un culte aussi fervent qu'à l'état isolé. Partout où les œuvres de l'esprit ont revêtu la forme écrite, il s'est trouvé des amateurs pour les collectionner, des intelligences d'élite pour veiller à leur conservation. Ce sont les manifestations de ce zèle artistique et littéraire qu'il nous faut envisager maintenant, en jetant d'abord un rapide coup d'œil sur les temps antérieurs à la période que nous étudions. Sans remonter au déluge ou plus haut, comme l'a fait certain auteur du siècle dernier (¹), on retrouve la trace de cette sollicitude chez les Chaldéens, les Assyriens, les Perses, les Carthaginois, les Égyptiens. Dans les tombeaux de Giseh, chez ces derniers, on a exhumé un fonctionnaire qui s'appelait « le gouverneur des livres ». L'immense palais de Thèbes, élevé par Osymandias, avait une salle remplie de manuscrits, sur le seuil de laquelle se lisait, en langue égyptienne,

---

1. Maderus, *De bibliothecis atque archivis virorum clarissimorum, cum præfatione de scriptis et bibliothecis antediluvianis*, Helmstadii, 1702, in-4°.

cette inscription caractéristique : *Pharmacie de l'âme*. Cette bibliothèque est la plus ancienne qui soit mentionnée nominativement dans l'histoire. On signale ensuite celle qu'avait formée Pisistrate et qui, après avoir été enlevée par Xersès, fut rendue aux Athéniens par Séleucus Nicator ; celle d'Aristote, léguée à Théophraste, puis à leur disciple Nélée, et plus tard transférée à Rome par l'ordre de Sylla ; celle de Persée, dernier roi de Macédoine, enlevée également par les Romains ; celle des rois de Pergame, qui, sous le triumvirat d'Antoine, vint grossir la plus remarquable et la plus importante des collections antiques, la fameuse bibliothèque d'Alexandrie. Celle-ci, créée avec le Musée, et dans son enceinte, probablement par Ptolémée-Soter, fut détruite une première fois, en partie du moins, par un incendie allumé durant le combat livré à César. A cette époque, elle réunissait déjà sept cent mille volumes d'après Aulu-Gelle, quatre cent mille d'après Tite-Live, deux cent mille seulement suivant Plutarque ; mais il faut songer que ces *volumina* étaient de simples rouleaux, ne renfermant qu'un fragment d'ouvrage et tenant fort peu de place, de sorte que l'ensemble était loin d'égaler en richesse et en étendue nos grands dépôts modernes. Cette perte fut réparée à l'aide des livres conservés par les rois égyptiens dans le Serapeum et de ceux que l'on apporta de Pergame. On sait que la destruction définitive de la bibliothèque d'Alexandrie a fait l'objet d'une controverse plusieurs fois renouvelée, et portée jusqu'à notre tribune politique. Les uns veulent que ce désastre soit l'ouvrage des chrétiens, qui, sous Théodose, et un peu par son ordre, mirent au pillage un palais devenu le dernier centre de la résistance païenne. Les autres l'attribuent à la barbarie des soldats d'Omar, lorsqu'ils s'emparèrent de la ville, au septième siècle. Il est certain que la célèbre bibliothèque, soit que les chrétiens en aient laissé subsister une portion, soit qu'elle ait été reconstituée ensuite, survécut beaucoup plus tard ; elle dut périr de délaissement, sinon de la main des Musulmans ou des Turcs (1). »

Les Romains se montrèrent d'abord moins curieux de livres que les Grecs. Vers la fin de la république, quelques opulents personnages commencèrent à les rechercher ; Lucullus mit à la disposition de tout le monde ceux qu'il avait trouvés dans la dépouille des rois de Pont. Mais Auguste fut le premier à organiser, sous les portiques d'Octavie et du Palatin, de véritables bibliothèques publiques. Tibère, Vespasien et d'autres empereurs imitèrent son exemple. Rome comptait au quatrième siècle vingt-huit établissements de ce genre dont la surintendance constituait une des principales charges de l'empire. Les cités, les villas particulières, les thermes en avaient aussi. Trois mille papyrus grecs et latins ont été découverts à Herculanum dans la maison d'un philosophe ou d'un homme de lettres : tous tenaient dans un *tablinum* large d'environ trois mètres et demi, avantage qu'envieraient certainement bien des collectionneurs d'aujourd'hui. Les chrétiens héritèrent du zèle des bibliophiles païens. Un prêtre qui fut martyrisé, saint Pamphile, ne possédait pas moins de trente mille volumes. Les catalogues dressés par saint Jérôme et Gennadius supposent des dépôts de manuscrits aussi vastes que nombreux. Un des plus considérables fut organisé à Byzance par Constantin et ses successeurs ; il renfermait,

---

1. V. Daremberg et Saglio, *Dict. des antiq.*, au mot BIBLIOTHECA ; *Revue historique*, an. 1876, p. 484.

dit-on, cent vingt mille volumes, qui furent brûlés en 476. L'empereur Zénon reconstitua plus tard cette bibliothèque ; mais les ravages des Iconoclastes en laissèrent à peine subsister de rares débris.

En Gaule, un certain nombre de collections particulières existaient en pleine invasion barbare. Sidoine Apollinaire mentionne celles de Rurice, évêque de Limoges, du professeur Lupus, à Périgueux, du consul Magnus à Narbonne, de Ferréol, propriétaire d'une riche habitation à Prusiane, sur le Gardon. Mais la conservation des manuscrits devint alors, comme leur usage et leur confection, l'apanage à peu près exclusif des monastères. La bibliothèque était une des parties essentielles de l'établissement cénobitique, une de ses premières raisons d'être. Un cloître sans bibliothèque, disait une locution proverbiale, c'est une citadelle sans munitions: *Claustrum sine armario, quasi castrum sine armamentario*. L'armoire avait, en effet, donné son nom aux réunions de livres qu'elle abritait, et leur gardien, un des premiers dignitaires du couvent, s'appelait par la même raison l'*armarius* (quelquefois aussi *librarius*). L'entretien et la surveillance de ces *librairies* avaient fait l'objet de recommandations toutes spéciales de la part des principaux fondateurs d'ordres. Dès le troisième siècle, saint Pacôme imposait à ses disciples, qui n'étaient pourtant que des solitaires, des prescriptions relatives à la distribution et au classement des volumes qu'ils consultaient ; il préposait deux d'entre eux à cette tâche délicate. La règle de saint Isidore voulait que les livres fussent rendus chaque soir par les religieux ; celle de Cîteaux leur défendait de se déplacer sans les remettre dans l'*armarium* ; celle des Chartreux ne leur permettait d'en prendre que deux à la fois, et avec les plus grandes précautions. Partout éclate, chez ces fidèles dépositaires de la science, le sentiment de vénération exprimée par le bibliothécaire de Saint-Riquier à la fin de son catalogue: « Ce sont là nos richesses, ce sont les aliments de la vie céleste, fortifiant l'âme par leur douceur : c'est par eux que notre maison de Centula a vu s'accomplir cette sentence : Aime la science des écritures, et tu détesteras le vice (1). » On pourrait, en effet, mesurer la prospérité intellectuelle et spirituelle des anciennes congrégations religieuses aux soins dont elles entouraient leurs manuscrits ; le jour où elles les négligèrent, où elles les laissèrent attaquer par la poussière et les vers, où elles les vendirent à vil prix, comme cela se vit, d'après Trithème, à l'abbaye d'Hirsauge et ailleurs, la décadence envahit sous toutes ses formes l'institut monastique. Mais ces abus ne se produisirent guère que vers la fin du moyen âge. Jusque-là, nous voyons les moines aussi amoureux de leurs trésors bibliographiques que peut l'être le plus ardent de nos collectionneurs. Au moindre signal d'alarme, à l'approche des Lombards, des Sarrazins, des Normands, leur premier soin est d'emporter en lieu sûr les deux choses qui leur tiennent le plus au cœur : les reliques de leurs patrons et leurs livres.

C'est qu'il n'était pas facile pour eux de recruter les éléments d'une bonne bibliothèque et de les remplacer quand ils se perdaient. Le travail du *scriptorium*, ou de l'atelier d'écriture, ne suffisait point. Il fallait recourir à des achats, à des emprunts, à des missions lointaines, à des contributions spéciales. Dans telle abbaye, chaque novice devait apporter le jour de sa profession, un volume de quelque valeur. Dans

---

1. D'Achery, *Spicileg.*, t. IV ; *Nouveaux Mélanges*, t. IV, p. 52, 59.

telle autre, les tenanciers étaient soumis à une redevance annuelle pour le recrutement des livres, comme ils l'étaient ailleurs pour leur reliure. Un des règlements de Corbie, confirmé par le pape Alexandre III, astreignait à une taxe analogue toutes les maisons de sa dépendance. Un des abbés de Fleury avait pris la même mesure. A Saint-Martin-des-Champs, la bibliothèque avait une dotation de vingt sols par an. Dans une foule de communautés, elle était entretenue par des rentes de diverse nature, par des dons, par des legs pieux. Il ne fallait rien moins que tous ces expédients réunis pour arriver à composer des collections comme en possédaient Cluny, Luxeuil, Fleury, Saint-Martial, Moissac, Mortemer, Savigny, Foucarmont, Saint-Père de Chartres, Saint-Denis, Saint-Maur-des-Fossés, Saint-Corneille de Compiègne, Corbie, Saint-Amand, Saint-Martin de Tournai, où Vincent de Beauvais avait trouvé le plus vaste dépôt de manuscrits qui existât de son temps, et surtout les grandes abbayes parisiennes, Saint-Germain-des-Prés, Saint-Victor, Saint-Martin-des-Champs, dont les précieux fonds sont connus de tous ceux qui ont consulté les catalogues de notre Bibliothèque nationale. Plusieurs établissements qui tenaient dans la capitale une place bien moins importante, ceux des Célestins, des Feuillants, des Jacobins, des Carmes, des Cordeliers, des Blancs-Manteaux, de Sainte-Catherine-du-Val-des-Écoliers, avaient amassé de la même façon de véritables richesses. C'est cette réunion considérable de livres de toute espèce qui rendait Paris si cher aux lettrés et aux travailleurs. Les trésors littéraires de cette cité de l'intelligence arrachaient à ses visiteurs des cris d'enthousiasme plus vifs et plus sincères que tous ceux que peut faire pousser aujourd'hui

son luxe effréné. « O bienheureux Dieu des dieux dans Sion !
« s'exclame Richard de Bury, quel torrent de délices a
« réjoui notre cœur toutes les fois que nous avons eu le loisir
« de nous arrêter à Paris, ce paradis de l'univers ! Là, par
« l'ardeur de notre passion, les jours s'écoulaient trop vite.
« Là se trouvent des bibliothèques cent fois plus agréables
« que des vases remplis de parfums ; là, des vergers abondants
« en toute sorte de livres ; là, des prés académiques, jardin
« des péripatéticiens, sommets du Parnasse, portique des
« stoïciens. Là, on voit Aristote mesurer la science aussi bien
« que l'art. Ptolémée et Genzachar calculer par des figures et
« des nombres les apsides épicycles et excentriques des
« planètes, Paul révéler les mystères, Denis coordonner et
« expliquer sa hiérarchie, la vierge Carmenta représenter
« en lettres latines tout ce que Cadmus et les Phéniciens ont
« rassemblé sur la grammaire ([1]). »

Mais ce n'est pas seulement dans les monastères que le bibliophile trouvait à se délecter ainsi. Les églises séculières lui ouvraient également leurs « librairies ». Notre-Dame de Paris en possédait une déjà fort belle au treizième siècle ; elle était à la disposition de tous les étudiants pauvres. La Sainte-Chapelle, l'Hôtel-Dieu, les principaux collèges de l'Université avaient également la leur. Mais aucune ne valait celle de la maison de Sorbonne, dont les livres furent longtemps la seule richesse. Les docteurs qui faisaient partie de cette célèbre institution prirent dès le principe l'habitude de lui léguer ceux qu'ils avaient rassemblés, de sorte qu'au bout d'un certain nombre d'années elle se trouva comme par enchantement propriétaire de la collection la plus complète

---

1. *Philobiblion*, ch. 8.

et la plus variée, tant en littérature sacrée qu'en ouvrages profanes. La bibliothèque de la Sorbonne était ouverte dès le treizième siècle, non seulement aux maîtres et aux étudiants de la maison, mais même aux lettrés du dehors. Les origines de ce riche dépôt ont été établies avec autant de précision que d'autorité par M. Léopold Delisle, avec celles des divers fonds ecclésiastiques réunis, sous la Révolution, au noyau primitif du grand établissement que l'Europe nous envie (¹). En parcourant les pages pleines d'érudition où il les a reconstituées pièce à pièce, on est saisi d'un double sentiment d'admiration, et pour les persévérants efforts qui sont parvenus à grouper tant de richesses bibliographiques dans un temps où le livre était encore une rareté, et pour la patience du savant qui est venu à bout de démêler leur provenance primitive à travers le chaos des catalogues et des ex-libris.

Enfin, en dehors de Paris, en dehors même des églises et des collèges, l'amateur de lecture trouvait à satisfaire son goût dans les bibliothèques municipales et jusque dans les petites écoles de village. Les premières n'abondaient pas ; elles existaient cependant dès le quinzième siècle, et sans doute auparavant, à Rouen, à Poitiers, à Saint-Lô, et dans beaucoup d'autres villes. Les secondes, bien plus répandues au moyen âge qu'on ne le croit généralement, possédaient au moins un petit nombre de livres usuels, et parfois les bibliophiles y faisaient des trouvailles. « Recherchant l'amitié de chacun, dit encore celui que nous venons de citer, nous ne négligions point l'affection des recteurs des écoles rurales ni celle des pédagogues des enfants grossiers, et, quand le temps nous le permettait, entrant dans leurs jardins ou dans

---

1. *Le Cabinet des manuscrits*, tome II.

leurs petits champs, nous cueillions les fleurs les plus odoriférantes et nous arrachions les racines négligées, propres cependant aux hommes studieux, et qui peuvent, une fois leur goût sauvage et ranci digéré, fortifier par leur vertu les artères pectorales de l'éloquence. Parmi elles, nous découvrions quelquefois des choses dignes d'être remises à neuf, et qui, habilement nettoyées, après avoir perdu la rouille honteuse de la vétusté, méritaient de posséder de nouveau une agréable physionomie (1). » Ce passage, aussi intéressant pour l'histoire de l'instruction publique que pour le sujet spécial qui nous occupe, fut écrit par Richard de Bury, en 1343 au plus tard. Assurément, bien des gens seront surpris de voir, à une époque aussi reculée, fonctionner les bibliothèques scolaires.

Je n'ai encore rien dit des collections particulières des princes et des seigneurs : c'est là cependant que vinrent s'accumuler une quantité de manuscrits précieux, à partir du jour où la science laïque fit une concurrence ouverte à la science ecclésiastique. Nos rois, comme toujours, prirent l'initiative, et leur fameuse librairie, malgré son importance, conserva longtemps le caractère d'une bibliothèque privée. Charlemagne, aidé par Alcuin, en avait réuni les premiers éléments ; c'était pour l'école et l'atelier de calligraphie établis dans son palais une ressource indispensable. Le haut rang du bibliothécaire de la cour carlovingienne indique assez l'importance de ses fonctions : il était pris parmi les chanceliers, les intendants des bâtiments royaux, et remplissait en même temps le rôle d'historiographe. Mais sa charge ne tarda pas à devenir une sinécure : les livres modèles réunis

1. *Philobiblion*, ch. 8.

par le restaurateur de l'empire ou offerts à ses premiers successeurs furent légués en partie aux églises, et le reste disparut dans les bouleversements qui accompagnèrent la chute de leur dynastie. Un sérieux essai fut renouvelé par saint Louis, qui, nous l'avons vu, fit transcrire et placer dans le trésor de sa chapelle une quantité de livres, notamment les traités des docteurs de l'Église, pour les besoins des lettrés et des religieux de son hôtel. Lui-même s'en servait souvent, soit pour faire faire des lectures après son dîner, soit pour contrôler les assertions des prédicateurs, qu'il écoutait avec intérêt, mais avec un judicieux esprit de critique. D'après un chroniqueur de l'ordre de Saint-Dominique, tous les ouvrages à l'aide desquels Vincent de Beauvais rédigea sa vaste encyclopédie (et le nombre en est grand) furent mis à sa disposition par le roi, qu'il avait peut-être aidé à composer sa collection. Celle-ci fut encore léguée, dans une pensée de piété, mais aussi de conservation, à des établissements monastiques : les Dominicains et les Cordeliers de Paris, les moines de Royaumont, les Dominicains de Compiègne se la partagèrent après la mort du propriétaire. Toutefois le véritable fondateur de la bibliothèque royale fut Charles V. Chacun sait combien ce prince aimait les livres, et « bien le démonstroit, dit Christine de Pisan, par la belle assemblée de notables livres et belle librairie qu'il avoit de tous les plus notables volumes qui par souverains auteurs aient esté compilés, soit de la sainte Escripture, théologie, de philosophie et de toutes sciences, moult bien escrips et richement adornez ([1]). » Cette librairie fut installée, en 1367 ou 1368, dans une des tours du château du Louvre et confiée aux soins

---

1. *Faits de Charles V*, III, 12.

de Gilles Malet, valet de chambre ou secrétaire du roi, qui en dressa un catalogue, parvenu heureusement jusqu'à nous. On y voit figurer, avec les Pères et les commentateurs, avec les somptueux évangéliaires et les charmants livres d'heures, au nombre de plus de cinquante, la plupart des classiques latins, des historiens anciens et modernes, des poètes, des fabulistes, des chansons de geste et des romans de chevalerie. Charles V possédait aussi un fonds assez considérable de livres hébreux. Il usait avec libéralité de son trésor bibliographique, car il donna ou prêta plusieurs de ses riches manuscrits, qui furent perdus de cette façon. Toutefois son successeur en conserva la plus grande partie, et dès lors la librairie royale devint un établissement permanent, dilapidé à la mort de Charles VI par suite de l'occupation anglaise, mais reconstitué peu à peu sous les princes qui suivirent. A partir de Louis XII, elle prit le caractère d'un véritable dépôt public, ouvert aux savants et aux travailleurs. Enrichie par l'accession de plusieurs grandes collections, celles des ducs d'Orléans, des ducs de Milan, de Louis de Bruges, elle occupait alors une des magnifiques salles du château de Blois. François Ier forma une nouvelle bibliothèque à Fontainebleau, à l'aide des livres grecs recueillis à grands frais, en France et à l'étranger, par les soins du savant Lascaris. Il avait même en tête des projets beaucoup plus vastes : il ne songeait à rien moins qu'à centraliser dans la capitale les manuscrits de toutes les abbayes du royaume, idée peu pratique, dont la Révolution elle-même ne devait amener que la réalisation partielle. Mais ce n'est qu'à la fin du règne de Charles IX qu'il y eut à Paris un commencement de concentration, par suite de la réunion des différentes collections de la couronne.

Installée d'abord au collège de Clermont, puis dans le couvent des Cordeliers, puis dans un immeuble appartenant aux mêmes religieux, rue de la Harpe, la bibliothèque du roi fut soigneusement inventoriée en 1622 par Nicolas Rigault. Elle était alors divisée en cinq sections: 1° manuscrits hébreux, grecs, arabes et latins anciens; 2° manuscrits latins modernes; 3° manuscrits français, italiens, espagnols; 4° livres imprimés hébreux, grecs et latins; 5° livres imprimés français et italiens. Transférée par Colbert, en 1666, dans une de ses maisons de la rue Vivienne, elle s'accrut avec une rapidité prodigieuse par une série de donations, de legs, d'acquisitions de toute nature, telles que celles des huit mille volumes que ce ministre avait accaparés pour sa collection particulière, des manuscrits de Gaston d'Orléans, du comte de Béthune, du cardinal Mazarin. Le palais élevé par ce dernier la reçut enfin dans ses vastes galeries, qu'elle occupe depuis 1721. Trente ans auparavant, un règlement sage et libéral, dont l'honneur revient à Louvois, l'avait ouverte à tous les lecteurs deux fois par semaine. La suppression des établissements religieux et les confiscations sans nombre opérées par le régime révolutionnaire achevèrent, comme l'on sait, de faire de ce dépôt un véritable trésor national. C'est ainsi que la petite librairie de nos souverains est devenue peu à peu la plus grande bibliothèque publique de l'Europe [1].

A l'instar des rois de France, beaucoup de princes de leur maison se firent collectionneurs de livres. Tous ceux que l'on cite pour leur amour des belles miniatures étaient

---

1. Ses développements successifs ont été exposés avec les plus grands détails par le savant auteur du *Cabinet des manuscrits*, tomes I et II.

naturellement des bibliophiles passionnés. Les frères de Charles V rivalisaient avec lui, et le duc de Berry surtout avait amassé des richesses littéraires dont l'importance a été plus d'une fois signalée par l'érudition moderne. Les ducs d'Anjou, de Bourgogne, d'Orléans, de Bourbon, de Nemours, Charles, duc de Guyenne, frère cadet de Louis XI, eurent dans leurs châteaux de fort belles librairies. Il y a bien peu d'inventaires princiers, du treizième au quinzième siècle, qui ne contiennent, parmi les descriptions de joyaux et d'effets précieux, un intéressant catalogue de livres, jetant un jour inattendu sur les goûts et les occupations du châtelain. Les uns, comme Charles d'Orléans, rassemblaient plus volontiers les œuvres des poètes. Les autres, comme René d'Anjou, avaient un faible pour l'histoire naturelle ou la littérature étrangère. Les princesses lettrées, comme Marie de Hongrie, Charlotte de Savoie, Marguerite de Flandre, duchesse de Bourgogne, gardaient dans un coin de leur appartement privé leurs auteurs favoris, hagiographes, romanciers, légendaires. Chez les prélats, comme le cardinal de Foix, le cardinal d'Amboise, dominaient la théologie et le droit canon, mais sans exclusion des classiques païens. L'antiquité latine était largement représentée aussi dans les livres des papes d'Avignon [1]. A l'étranger, les ducs de Milan, les rois aragonais de Sicile recueillaient avec avidité les monuments de la littérature ancienne : au milieu des horreurs du siège de Naples, en 1442, Alphonse le Magnanime recevait de l'Arétin la traduction d'un ouvrage grec et s'absorbait dans sa lecture.

Les simples particuliers commencèrent de bonne heure à marcher sur les traces des princes : deux exemples remar-

---

1. V. *Le Livre*, an. 1883, p. 196.

quables nous sont offerts, en des régions opposées, par le sire de la Gruthuyse, dont la collection est célèbre, et par le poète Pétrarque, dont on a récemment publié quelques pages éloquentes sur l'amour des livres et la bonne composition d'une bibliothèque. Mais, sur ce dernier sujet, nous possédons un traité spécial d'un intérêt supérieur : c'est la *Biblionomie* de Richard de Fournival, chancelier de l'église d'Amiens au treizième siècle. Ce docte personnage rêvait une librairie parfaite, idéale, et ne pouvait se la procurer. Que fit-il ? Il la composa simplement sur le papier, la classa, en décrivit l'installation telle qu'il la comprenait et en dessina même le plan. Il en résulta un manuel tout à fait technique, dont le contenu nous en apprend plus long que ne saurait le faire l'étude comparée des catalogues des princes. L'auteur se représente sa bibliothèque comme un agréable jardin et le divise en trois parterres, dont chacun se compose de plusieurs planches, subdivisées elles-mêmes en un certain nombre de tablettes. Sur ces tablettes, en forme de pupitres, les livres sont posés à plat, les grands sur une seule ligne, les petits sur deux rangs, l'un au-dessus de l'autre. Chaque volume est marqué d'une lettre répétée en face de lui sur la tablette ; ces lettres, pour offrir une variété suffisante, sont de plusieurs espèces, en capitale, en onciale, en minuscule, etc., et de couleurs différentes. Voici maintenant la distribution des matières et des auteurs. Le premier parterre, consacré à la philosophie, comprend onze tablettes.

1° *Grammaire :* Donat ; Priscien, ses abréviateurs et commentateurs ; Cicéron, *De judiciis et figuris ;* Alexandre de Villedieu ; Evrard de Béthune ; Jean de Garlande ; Bède ; Horace, *Poetica*, avec ses commentateurs ; Guillaume de

BIBLIOPHILIE ET COLLECTIONS DE LIVRES. 271

Witam, *Poetica ;* Alexandre Nequam, *Phaletholum ;* Mathieu de Vendôme, *De arte versificandi.*

2° *Dialectique :* Aristote, traductions de Boëce, de Porphyre, de Gérard de Crémone, et commentateurs divers ; Algazelin ; Abunazer ; Avicenne ; Gundissalinus ; Boëce ; Porphyre et commentaires ; Cicéron, *Topica ;* Jean Damascène ; saint Augustin, *Prædicamenta,* etc. ; Apulée de Madaure, *Periermenias ;* Adam du Petit-Pont, *De arte disserendi.*

3° *Rhétorique :* Quintilien ; Cicéron, discours, traités, et commentateurs divers ; Sénèque ; Salluste, *Contre Catilina.*

4° *Géométrie et arithmétique :* Euclide ; Abinaphar Amet ; Théodose, *De sphæris ;* Jacques Alkind ; Archiménide, *De quadratura circuli ;* Jourdain de Nemours ; Gérard de Bruxelles ; Boëce, *De arithmeticâ, De agrimensurâ,* etc. ; Junius Moderatus ; Alkoharythim, maître indien, *De numerorum ratione ;* Herman Second ; Pierre Abailard ; Almageste Ptolémée ; anonymes divers.

5° *Musique et astronomie :* Boëce ; saint Augustin, *De arte musicâ ;* saint Bernard, *Ars psallendi ;* Gui d'Ange ; Milon, *Liber consonantiarum ;* Mercure Trismégiste ; Almageste Ptolémée ; Mahomet Albateigny *(sic) ;* Geber d'Espagne ; Amet Alphragan ; Avenal Petraugy ; Abraham ; Claude Ptolémée ; Walzagoras ; Jean d'Espagne ; Alzerkel de Tolède ; Herman Second ; Raoul de Bruges ; Jourdain de Nemours ; anonymes.

6° *Physique et métaphysique :* Aristote ; Avicenne ; Gonzalve ; Jacques Alkind ; Almed ; Alpharabius ; Mamert Claudien ; saint Jérôme ; Cassiodore ; Boëce ; Algazel ; Alexandre, *De tempore, De sensu,* etc.

7° *Morale :* Cicéron, *De natura deorum, De senectute,* etc. ;

Aristote ; Sénèque ; Censorinus, extraits de divers moralistes.

8° et 9° *Mélanges philosophiques :* Hermès ou Mercure Trismégiste ; Platon ; Apulée de Madaure ; Macrobe ; Agellius ; Valère Maxime ; Solinus ; Pline ; Vitruve ; Vegecius Renatus ; Palladius, *De agriculturâ ;* Hygin l'astrologue ; Martianus Capella ; Sidoine Apollinaire ; Boëce ; Hildebert du Mans ; Bède ; Gilbert de la Porrée ; Nicolas d'Amiens ; Alain de Lille ; Bernard Silvestre ; Jean de Hautville ; anonymes.

10° et 11° *Poésie :* Virgile ; Homère ; Darès de Phrygie ; Stace ; Lucain ; Gautier de Lille ou de Châtillon ; Richard de Gerborrède ; Tibulle ; Properce ; Ovide ; Martial ; Claudien ; Perse ; Juvénal ; Horace ; Censorinus et Théodore ; Avien ; Esope ; Maximien, *Pamphile et Geta ;* Baudouin l'Aveugle ; Proba, *Centons virgiliens ;* Prudence ; Sénèque le tragique ; Térence ; Arator ; Mathieu de Vendôme ; Pierre de Troyes.

Les parterres suivants ont moins d'importance et sont décrits avec moins de détail. Le second est affecté à la médecine et au droit ; le troisième, à l'Écriture-Sainte, aux Pères et aux théologiens. Un compartiment spécial est réservé aux *livres secrets*, qui ne doivent pas être lus de tout le monde [1].

On voit quelle variété de matières devait embrasser, pour être complète, la bibliothèque d'un « clerc » du treizième siècle. Que d'ouvrages inconnus aujourd'hui même pour nos érudits ! Il est vrai que les romans, que la littérature légère

---

1. Le texte de la *Biblionomie* a été publié par M. Delisle, *Cabinet des manuscrits,* II, 518 et suiv.

sont à peine représentés sur ce catalogue imaginaire : ils l'étaient plus largement dans les librairies des grands personnages de l'ordre laïque. Mais, en revanche, quel luxe de classiques, de traités scientifiques, d'œuvres abstraites, latines, grecques, françaises, arabes! On peut mesurer par là l'énorme différence qui sépare le genre de culture des intelligences d'alors et celui de la plupart des esprits de notre époque.

Avec quel soin des bibliophiles aussi fervents ne devaient-ils pas préserver leurs trésors de toute détérioration ? Il n'est pas étonnant que les prélats vigilants, comme Eudes Rigaud, archevêque de Rouen, se soient préoccupés, dans leurs tournées épiscopales, des précautions à prendre pour la conservation des livres. Mais les constitutions de l'abbaye de Saint-Victor de Paris nous donnent encore mieux l'idée de la sollicitude qui les entourait. Elles tracent minutieusement les devoirs de l'*armarius*. Ce fonctionnaire « garde tous les livres de la communauté ; il doit en avoir un inventaire détaillé ; chaque année, il en fait le récolement, au moins deux ou trois fois; il veille à ce qu'ils ne soient pas dévorés par la vermine ou la pourriture. Les murs de la bibliothèque doivent être revêtus de bois pour éviter l'humidité. Les volumes seront rangés de manière à rendre les recherches promptes et faciles. Aucun ouvrage ne peut être prêté sans que l'emprunteur laisse un gage : quand on traite avec un inconnu, on lui demande un gage d'une valeur au moins égale à celle de l'ouvrage emprunté ; dans tous les cas, il faut prendre par écrit le nom de l'emprunteur, le titre du livre prêté et la nature du gage. Les ouvrages les plus considérables et les plus précieux ne peuvent être prêtés sans la permission de l'abbé. Les livres d'un usage journalier sont placés à part : on les laisse à la portée des clercs qui en ont besoin ; le bibliothécaire les maintient en bon état, et doit les connaître assez bien pour y trouver instantanément les passages qui sont à chanter ou à réciter. Lui seul peut y faire des retranchements, des additions ou des changements. Il faut mettre à la disposition des frères, non seulement les livres nécessaires à la célébration de l'office, mais encore ceux qui sont les plus propres à les instruire ou à les édifier, tels que les bibles, les principales gloses, les vies des saints et les homélies. Si un religieux veut consulter à loisir un des volumes de la bibliothèque proprement dite, il l'emportera, mais non sans que le bibliothécaire en ait pris note (1). » La Sorbonne avait des règlements encore plus sévères, frappant d'une amende ceux qui négligeaient de fermer les volumes après s'en être servi, ceux qui laissaient un étranger seul dans la salle de lecture ou ne prenaient pas soin d'en clore les portes. Il est permis de croire que ces sages mesures étaient en vigueur dans beaucoup de librairies ecclésiastiques et séculières. La plupart sont restées traditionnelles jusqu'à notre époque. Il n'est pas jusqu'à cette séparation des livres usuels et des ouvrages réservés aux travailleurs qu'on ne retrouve établie dans le plus grand de nos dépôts publics. Mais où le bibliothécaire du moyen âge avait un avantage marqué sur ses successeurs, c'est quand il savait, pour ainsi dire, par cœur, comme le voulait la règle de Saint-Victor, le contenu des volumes confiés à sa garde. Bien peu, sans doute, arrivaient à ce parfait accomplissement du devoir professionnel, et pas un seul ne pourrait y prétendre aujourd'hui.

Au point de vue de l'installation matérielle, les précautions prises n'étaient pas moins bien entendues. Les livres,

---

1 Delisle, *ibid.*, II, 225.

nous l'avons vu, étaient généralement rangés dans des armoires, qui étaient solidement fixées aux murs. Dès le temps des Romains, qui décoraient luxueusement les salles de leurs bibliothèques, les meublaient de statues et de portraits, en couvraient les plafonds de peintures ou de mosaïques, ces armoires étaient construites en bois de prix ; quelques opulents personnages en faisaient faire en cèdre, et même en ivoire. Mais elles étaient alors étroites et basses, car les rouleaux de papyrus n'avaient pas besoin d'un réceptacle bien vaste, et les *codices* eux-mêmes étaient trop peu nombreux pour tenir beaucoup de place. Elles se fermaient au moyen de volets battants, comme on le voit d'après une peinture du Bas-Empire reproduite par MM. Daremberg et Saglio ([1]). Quand la collection était plus importante, des rayons étaient établis tout autour de la pièce, à peu près à hauteur d'homme ; c'est ainsi qu'était disposée la petite bibliothèque découverte à Herculanum, et où se trouvaient réunis 1756 manuscrits. Les livres carrés s'y posaient d'ordinaire à plat. Au moyen âge, ce système fut encore employé ; mais on plaça aussi les volumes verticalement sur les tablettes de l'armoire, et quelquefois le dos tourné contre la muraille, lorsque le titre était inscrit sur la tranche au lieu de l'être sur la reliure. Dans les églises, le précieux meuble était fixé à proximité du chœur, ou à l'intérieur de la salle du trésor, dont il faisait partie avec son contenu. Dans les monastères, il s'ouvrait quelquefois sur une des galeries du cloître; mais il faut croire qu'il ne renfermait dans ce cas que les livres usuels laissés à la disposition des frères, comme le voulait le règlement de Saint-Victor. Richard de Bury recommandait que les *armaria*

---

1. *Dict. des Antiq.*, au mot BIBLIOTHECA.

fussent bien fabriqués, de manière à ce que nulle cause de détérioration ne pût y pénétrer ; il proposait comme modèle l'antique arche d'alliance, faite du bois de l'impérissable Setim et recouverte d'or de tous côtés (¹). Son conseil n'était pas très pratique; mais il nous permet de supposer que les bois précieux abritaient encore les richesses de certains collectionneurs. Il devait en être ainsi dans la librairie de Charles V, où les murailles elles-mêmes étaient revêtues de bois d'Irlande et la voûte garnie de cyprès.

Cette bibliothèque du Louvre, protégée par des portes de trois doigts d'épaisseur et par des treillis en fil d'archal à toutes les fenêtres, pourvue d'une grande lampe d'argent et de trente chandeliers qui permettaient d'y travailler le soir, était aussi meublée de bancs, de roues et de lutrins. En effet, les manuscrits étaient assez souvent conservés sur de simples pupitres, qui garnissaient les murailles au lieu et place des armoires ou concurremment avec elles. Cet usage remonterait très haut, s'il fallait s'en rapporter à la tradition d'après laquelle on aurait conservé un de ces meubles ayant appartenu à sainte Clotilde. Leur nom de lutrins ou *lettrins* provient même, comme l'on sait, des lectures qu'ils servaient à faciliter, particulièrement dans les églises. On les faisait, soit en fer, soit en bois, et on les décorait avec une certaine recherche, comme on en peut juger par les élégants spécimens donnés par Viollet-le-Duc (²); mais il ne faut pas confondre ceux qui formaient de petites bibliothèques avec le *scriptionale* à l'usage des copistes. Ils tournaient quelquefois sur eux-mêmes, et c'est dans ce cas qu'ils s'appelaient des

---

1. *Philobiblion*, ch. 17.
2. *Dict. du Mobilier*, I, 155 et suiv.

roues. Chacun d'eux supportait un ou plusieurs manuscrits, avec des étiquettes désignant les numéros ou le titre de ceux-ci. Et pour que les volumes ainsi placés en dehors de tout abri et de toute clôture ne fussent point dérangés ni perdus, ils étaient « enchaînés ». La chaîne joue un rôle important dans les anciens catalogues. Un livre était-il considéré comme ayant quelque valeur, aussitôt on le mettait aux fers : *Cathenetur!* Préservatif sûr contre les vols, mais beaucoup moins efficace contre les dégradations. Cette chaîne était attachée par une boucle à la couverture du volume et se détachait au moyen d'une serrure, dont la clef était gardée en lieu sûr. Elle était toujours assez longue pour ne pas empêcher le travail du lecteur ; néanmoins elle devait beaucoup le gêner. Le clergé avait appliqué ce traitement aux bréviaires publics exposés à l'intérieur des églises, et aux vies des saints que la foule des pèlerins venait feuilleter dans les sanctuaires érigés en leur honneur. Les docteurs de Sorbonne en avaient fait autant pour la plupart des manuscrits de leur bibliothèque, sans doute en raison de sa publicité et du nombre de ses clients. Dans l'édifice qui la renfermait, reconstruit en 1481, et tout le long de la vaste galerie, éclairée par trente-huit fenêtres, qui en faisait la pièce principale, étaient disposés vingt-huit lettrins de cinq pieds de haut, séparés par un espace convenable et portant chacun plusieurs ouvrages enchaînés. Le cardinal de Foix, en fondant le collège qui reçut son nom, stipula que ses livres y seraient rangés sur des pupitres suivant l'ordre des matières et fixés à leur place par des liens de fer. Cette coutume se perpétua dans certains établissements jusqu'aux temps modernes ; car, en 1770, on voyait encore à la Faculté de Médecine de

Paris des chaînes destinées à retenir les volumes sur les tables.

Enfin il existait pour certaines catégories de livres des modes de conservation plus rudimentaires. A l'instar des Romains, qui les enfermaient dans des boîtes plus ou moins précieuses, les bibliothécaires du moyen âge les empilaient dans des coffres en bois. La reine Isabeau avait elle-même dans ses appartements « un coffre moien couvert de cuir noir, ferré et fermant à clef, pour mettre certains livres ». Et plus tard elle en fit faire d'autres semblables pour loger ses manuscrits, ses joyaux et ses couvre-chefs [1]. Louis XI et René d'Anjou, qui, dans leurs voyages, se faisaient suivre d'une partie de leur bibliothèque, se servaient en pareil cas de grands coffres, ou même de tonneaux appropriés à cette destination. Quelques comptes font aussi mention de sacs de peau ou de parchemin contenant des livres, système usité fort longtemps, comme l'on sait, pour les dossiers de procédure et les pièces d'archives. Il est probable, toutefois, que ce dernier genre de réceptacle, et même les caisses de bois, n'abritaient ordinairement que les volumes de peu de prix.

Les bibliophiles avaient beau multiplier les précautions : il en était d'eux comme de ces avares dont verroux et grilles sont impuissants à défendre les trésors. Les vols étaient assez fréquents dans les librairies les mieux gardées ; leur contenu valait des sommes si considérables, qu'il attirait les malfaiteurs tout comme l'or et les joyaux. Mais, plus encore peut-être que les déprédations, la négligence de certains gardiens et surtout l'usage du prêt contribuaient à les appauvrir. Livre prêté, livre perdu ; c'est un dicton qui a toujours sa

---

1. *Archives nationales*, reg. KK 41, 43.

raison d'être. Il l'avait particulièrement dans le temps où les distances, la difficulté des relations empêchaient quelquefois de faire rentrer à volonté les volumes sortis ou d'en retrouver la trace. Et pourtant que de garanties n'exigeait-on pas du particulier auquel on les remettait ? On a vu tout-à-l'heure les obligations que la règle de Saint-Victor imposait à l'emprunteur comme au bibliothécaire. Richard de Bury voulait aussi que les étudiants d'Oxford, héritiers de ses collections, ne livrassent le moindre manuscrit que contre une forte caution, dépassant même sa valeur ; il fallait, de plus, qu'il existât en double, qu'il ne fût pas emporté hors de la ville ou de ses faubourgs, enfin que les circonstances du prêt, les noms, les dates, fussent inscrits avec la plus grande exactitude [1]. La Sorbonne, comme l'a fait remarquer M. Cocheris, avait établi la première, dans son règlement de 1321, le principe rigoureux du cautionnement ; mais elle se contentait d'un gage de valeur égale, et, pour en déterminer plus facilement le montant, elle faisait estimer tous ses livres à mesure qu'elle les acquérait ; la plupart même portent même encore le chiffre de cette estimation. Ses membres tenaient très soigneusement le registre des prêts, et de longues listes d'ouvrages ainsi communiqués à l'extérieur se rencontrent de temps en temps sur les manuscrits qui leur appartenaient. Quelques docteurs en gardaient chez eux toute leur vie, car la durée de l'emprunt était illimitée ; et de là, sans doute, plus d'une perte regrettable. De hauts personnages abusaient parfois de leur puissance pour faire pis, et soumettaient à des contributions forcées les dépôts dont ils n'avaient point la propriété ; cela s'est vu, à la vérité, dans des temps beaucoup

---

1. *Philobiblion*, ch. 19.

plus rapprochés de nous. Cependant les rois eux-mêmes étaient astreints à la caution. Cette obligation faillit, un jour, brouiller l'impérieux Louis XI avec la Faculté de Médecine malgré les sentiments que le souci continuel de sa santé devait lui inspirer pour ce corps vénérable. Il voulait avoir dans sa bibliothèque les œuvres médicales de Rhasès. La Faculté seule les possédait, en deux petits volumes. Il députa donc vers son doyen le président de la Chambre des comptes, Jean de la Driesche, avec mission de lui demander le prêt de cet exemplaire, seulement le temps nécessaire pour le faire copier. La Faculté prit peur : s'il lui était difficile de refuser, il lui semblait encore plus malaisé de contraindre un pareil emprunteur à la restitution, et elle se défiait de sa bonne volonté. Après de nombreuses et longues délibérations, les docteurs se résignèrent à se dessaisir des deux volumes, mais à la condition que le roi leur remettrait douze marcs de vaisselle d'argent et un billet de cent écus d'or souscrit par un des principaux bourgeois de Paris ; ils le priaient, en outre, de s'intéresser à l'agrandissement de leurs bâtiments et de les y aider par une subvention. Louis XI avait une telle envie du Rhasès, qu'il livra les gages demandés ; mais il garda le livre fort longtemps, et, quant à la subvention, il fit la sourde oreille (1). Malgré ces déboires et ces déperditions, ou plutôt en raison même des accidents qui étaient à redouter, il faut rendre hommage à la pensée libérale qui, de tous côtés, poussait les dépositaires de nos richesses littéraires à les confier aux travailleurs sérieux ; car ce n'est pas seulement à Saint-Victor et dans le grand établissement scientifique fondé par Robert de Sorbon que cette générosité s'exerçait, au péril même

1. V. Franklin, *Les anciennes bibliothèques de Paris*, II, 22.

des plus précieuses collections. Elle était en pratique à Saint-Germain-des-Prés, à Corbie, dans toutes les grandes abbayes de France, dans celles d'Espagne, dans la plupart des églises cathédrales, et jusque dans certains châteaux, tels que celui de la Ferté en Ponthieu, dont le bibliothécaire prêtait certains volumes contre reconnaissance (1). Le chapitre de Notre-Dame de Paris en avait donné l'exemple dès 1271, et, bien plus tôt encore, en 1212, un concile tenu dans cette ville avait rappelé aux religieux que le prêt des livres était une œuvre de miséricorde (2).

C'est encore la crainte des voleurs et des emprunteurs négligents qui a dicté aux propriétaires d'une foule de manuscrits les *ex-libris* infiniment variés dont ils sont revêtus. La plupart se sont bornés à inscrire sur le premier ou le dernier feuillet leurs noms et qualités; nous devons à cet usage une série de signatures ou d'autographes des plus précieux, émanés, entre autres, du roi Jean, de Charles V, de son frère le duc de Berry, du duc Charles d'Orléans, de Charles VIII, de Raymond Lull, de Tristan l'Ermite. Cependant un assez grand nombre ont donné à leur marque de propriété plus de développement, et l'ont accompagnée de menaces plus ou moins terribles contre le malfaiteur assez hardi pour détourner le volume. Sur les livres provenant des anciens monastères sont fulminés les anathèmes les plus sévères : « *Quisquis eum inde aliquo ingenio non redditurus abstulerit, cum Juda proditore, Annâ et Caiphâ atque Pilato, damnationem accipiat* (3). » Et ce qu'il y a de plus curieux, c'est que parfois ces malédictions

---

1. V. *Bibl. de l'École des Chartes*, an. 1752, p. 559.
2. V. Delisle, *op. cit.*, II, 195.
3. Ms. 95 du fonds de la reine de Suède, au Vatican.

arrêtaient réellement la main des déprédateurs : encore au commencement de ce siècle, les vers contre les voleurs, tracés en tête du psautier de Saint-Gall, empêchèrent, dit-on, le pillage de l'abbaye envahie par les Français. A la fin d'une bible du British Museum, écrite vers l'an 1200, les châtiments les plus divers sont accumulés avec une sorte d'acharnement sur la tête du téméraire : « *Quem si quis abstulerit, morte moriatur, in satagine coquatur ; caducus morbus instet eum, et febres ; et rotetur, et suspendatur. Amen* (1) ! » Le dernier mot de cette sentence féroce rappelle étrangement certain quatrain macaronique dont les écoliers de nos jours aiment à orner la couverture de leurs livres :

> *Aspice* Pierrot pendu
> *Quod librum* n'a pas rendu, etc.

Évidemment la pensée, sinon la forme, de cet *ex-libris* classique remonte à une époque très ancienne ; il fait partie de la littérature populaire au même titre qu'une quantité de dictons ou de proverbes, qui sont de tous les temps et de tous les pays.

A côté des formules menaçantes ou plaisantes, on en trouve de touchantes et de plaintives ; celle-ci, par exemple : « Ce livre appartient à honnoré escuyer Yonnet d'Oraille, maistre d'ostel de monseigneur le gouverneur, lequel, à l'ayde de Dieu, me puisse délivrer de mes douleurs et moy faire changier air (2). » D'autres fois, le propriétaire, non content d'affirmer ses droits, rappelle dans quelles circonstances il a acquis le volume : « *Hunc librum à magistro Donato, de ordine Fratrum Minorum, emi ego dux Aurelianensis, Mediolani* », etc. (3).

---

1. V. Curmer, *Évangiles*, appendice.
2. Bibl. nat., ms. français 1611.
3. *Ibid.*, ms. lat. 1917.

« Ce livre fist frère Jaques le Grant, de l'ordre des hermites saint Augustin, et le donna à Jehan, filz de roy de France, duc de Berry et d'Auvergne, conte de Poitou, d'Estampes, de Bouloigne et d'Auvergne. J. FLAMEL (1). » L'*ex-libris* de la Sorbonne est accompagné, comme on vient de le voir, de l'énoncé de la valeur matérielle du manuscrit. Très souvent ces inscriptions finales se confondent avec les *explicit* ou sont tracées par la même main. Elles formeraient, comme ces derniers, une collection d'un piquant intérêt, si l'on voulait prendre la peine de les rapprocher et de les étudier.

Vers la fin du moyen âge, l'*ex-libris* céda généralement la place aux devises, aux emblèmes, aux armoiries, aux marques bibliographiques de toute espèce. Ces différents signes fournissent les plus utiles indices pour reconnître l'origine des manuscrits. Mais souvent ils ont été effacés, puis recouverts ou remplacés par ceux d'un nouveau propriétaire, et dans ce cas leur restitution devient une tâche très délicate. Voici les marques apposées par les principaux bibliophiles du temps sur les volumes qui leur appartenaient indépendamment de leurs chiffres et de leurs armes.

Jean, duc de Berry : LE TEMPS VENRA ; un ours et un cygne un V et un E entrelacés.

Philippe le Bon, duc de Bourgogne : AULTRE N'AURAY.

Jacques d'Armagnac, duc de Nemours : douze lettres ne formant aucun mot et combinées de différentes façons.

Charles, duc d'Orléans : XL ou 40.

Marie de Clèves, sa femme : RIENS NE M'EST PLUS, avec une chantepleure, des larmes ou des pensées.

---

1. Bibl. nat., ms. français 1023.

Pierre de Beaujeu, duc de Bourbon : ESPÉRANCE.

Le roi René : ARDENT DÉSIR, avec des chaufferettes enflammées ; ARCO PER LENTARE, PIAGA NON SANA, avec des arcs brisés.

Charles VIII : A MON ATANTE ; PLUS QU'AUTRE ; ORLEND DE CHARLES.

Louis XII : un loup ou un porc-épic.

Les ducs de Milan : HIC VERGES NIT (je n'oublie pas) ; MIT ZAIT (avec le temps) ; MERITO ET TEMPORE ; A BON DROIT, avec des tourterelles et des levrettes.

Louis de Bruges, sire de la Gruthuyse : PLUS EST EN VOUS, ou en flamand MEER ES IN U, avec des bombardes sur leurs affûts.

Catherine de Médicis : ARDOREM EXTINCTA TESTANTUR VIVERE FLAMMA, autour d'un monceau de pierres calcinées.

Alphonse d'Aragon, roi de Naples : ANTE SIEMPRE ARAGORA, autour d'une rosace.

Ferdinand, son fils : SUSTINERE ; POR BIEN FINIR ; DECORUM.

Le cardinal d'Amboise : NON CONFUNDAS ME, DOMINE, AB EXPECTATIONE MEA.

On a cru longtemps que la bande tricolore (bleu, blanc et orange, ou orange, blanc et bleu) qui sert d'encadrement à certaines miniatures désignait les manuscrits appartenant à Charles V ou au moins à son époque. M. Delisle l'a retrouvée dans plusieurs volumes étrangers à l'un comme à l'autre, et en a conclu avec raison qu'il ne fallait y voir qu'un système de décoration fort en vogue dans la seconde moitié du quatorzième siècle, principalement à Paris (1).

A partir de l'avènement de l'imprimerie, les marques bibliographiques, surtout les chiffres et les monogrammes, se multiplièrent et ornèrent de préférence les couvertures des volumes de luxe. Les belles reliures de la Renaissance et des temps modernes en offrent une série véritablement artistique.

Ainsi donc, et pour conclure, si, d'un côté, les embellissements de toute espèce ont été prodigués depuis le treizième siècle, et même avant, tant à l'intérieur qu'à l'extérieur des livres, d'autre part, il n'y a sorte de précautions qui n'ait été prise pour assurer la conservation de ces joyaux précieux et pour en garantir contre toute atteinte la légitime propriété. Les générations les plus reculées ont rendu ce double honneur aux ouvrages de l'esprit, et celles qui passent pour avoir été le plus étrangères à la culture intellectuelle leur ont peut-être témoigné plus de vénération que les autres. Rien d'étonnant : en raison de sa rareté même, le manuscrit était à leurs yeux un objet sacré ; l'écriture exerçait sur elles quelque chose de ce mystérieux prestige que produit à présent sur les paysans illettrés l'aspect des caractères imprimés. Familiarisés plus tard avec elle, les hommes de goût et de bon sens firent du livre leur ami le plus cher ; ils le choyèrent comme un consolateur, ils le parèrent comme une châsse. On peut même trouver qu'ils déployèrent pour lui un luxe parfois exagéré. Mais cet excès n'en atteste que mieux l'empire d'un sentiment digne entre tous d'éloge et d'imitation. Il appartenait bien aux siècles spiritualistes par excellence d'exalter les produits de

1. *Cabinet des manuscrits*, t. I, *passim*.

l'intelligence humaine ; il appartient au nôtre, si éclectique, si jaloux de faire justice à chacun, de reconnaître que l'éclosion des chefs-d'œuvre du génie moderne a été facilitée et préparée par la dévotion scrupuleuse de nos pères envers toutes les manifestations écrites de la pensée.

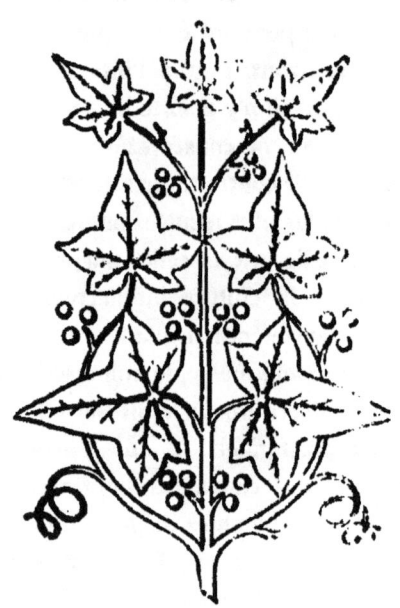

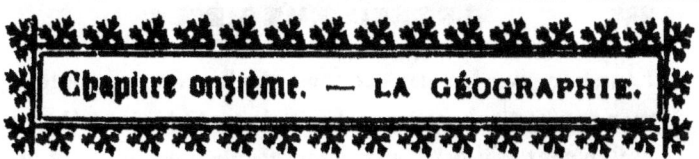

Chapitre onzième. — LA GÉOGRAPHIE.

SOMMAIRE. — L'idée de la science géographique. — Récits de voyages et itinéraires. — La sphéricité de la terre connue et expliquée. — Mappemondes et cartes. — Notions des contemporains sur les différentes contrées de l'Europe et de l'Asie ; explorations du frère Brocard, de Marco-Polo, etc. — L'Afrique traversée dans sa région centrale. — L'Amérique abordée par les missionnaires bien avant le XVIᵉ siècle.

C'EST une des premières appartenances de l'histoire de l'homme que l'étude ou la description du domaine terrestre assigné à sa race par la Providence *(terram dedit filiis hominum)*; car telle est la définition contenue dans le nom même de cette branche des connaissances humaines, la géographie. Mais les enfants d'Adam n'ont connu que peu à peu leur domaine. L'antiquité n'a eu sur sa configuration, sur ses divisions, sur sa forme, que des notions vagues, plutôt des instincts que des notions, plutôt des théories que des certitudes basées sur le témoignage des yeux et de l'expérience. Le moyen âge a possédé des éléments de vérité beaucoup plus considérables ; toutefois l'héritage des anciens et la légende se sont mêlés chez lui aux connaissances nouvelles dans une telle proportion, que sa géographie nous paraît encore très arriérée. Enfin les temps modernes, parvenus à la possession complète du globe, sont cependant encore dépourvus de renseignements précis sur quelques-unes de ses parties : l'intérieur de l'Afrique, les parages des pôles sont loin d'avoir livré tous leurs secrets.

Et même pour les pays connus, quelle n'est pas notre ignorance au sortir du collège, et parfois toute la vie ? On a assez amèrement reproché aux Français de nos jours, et ils ont eux-mêmes assez vivement senti depuis, qu'ils avaient négligé de se tenir au courant des progrès de la science géographique. Aussi seraient-ils mal venus à accuser sur ce point l'impéritie de leurs pères, et je dirais volontiers au plus grand nombre d'entre eux : Vous qui connaissez si mal la sphère terrestre, et qui cependant possédez la vapeur, et les chemins de fer, et l'électricité, et les cartes les plus exactes, et les voyages autour du monde en quatre-vingts jours, soyez un peu indulgents pour ceux qui n'ont eu rien de tout cela, et qui néanmoins ont étudié, voyagé, qui ont frayé les chemins, qui ont cherché, qui ont découvert ! Christophe Colomb, pour trouver le nouveau continent, ne s'est inspiré que d'un seul livre, et ce livre est celui d'un géographe du treizième siècle : c'est la relation des voyages aventureux du célèbre Marco-Polo.

Nous nous trouvons donc, à cette époque, en face d'une ignorance plus grande que la nôtre, quoique bien plus explicable, et cependant moins profonde que celle des anciens. C'est, du reste, la condition générale du moyen âge dans l'ordre scientifique proprement dit, dans tout ce qui est science de la nature ou de la matière. Jusqu'où était-elle poussée, cette ignorance ? On l'a fait aller quelquefois bien loin. En entrant dans les détails, nous verrons au juste ce qu'il faut en penser.

La géographie n'a point alors de place à part dans le programme des écoles. Mais elle est confondue avec les mathématiques, ou du moins avec une branche des mathématiques qui n'embrassait d'abord que la mesure de la terre, la géométrie. Or, la géométrie fait partie intégrante du *quadrivium*. Les savants et les encyclopédistes ne manquent pas, dans leurs traités, de donner à la science géographique le rang et l'importance qui lui appartiennent. Vincent de Beauvais en traite dans son *Speculum naturale*, Brunetto Latini dans son *Trésor*, Gervais de Tilbéry dans son *De otiis imperialibus*, Honoré d'Autun, ou son traducteur, dans son *Image du monde*, sans compter quelques écrivains spéciaux, sans compter les voyageurs, les pèlerins, qui tous, dans leurs récits, se préoccupent de décrire et de faire connaître les contrées qu'ils ont traversées, leur aspect physique, leurs ressources, leurs populations, leurs mœurs.

Les itinéraires des pèlerins d'Orient forment tout un genre, toute une littérature à part, que l'on fait rentrer à bon droit dans la série des traités géographiques, et qui a contribué plus que toutes les études des savants renfermés dans leur cabinet au développement de cet ordre de connaissances. Lorsque leur collection, qui commence à peine à voir le jour, sera entièrement publiée, on pourra certainement juger et comprendre bien des progrès dont la source nous échappe encore. Et à côté des pèlerins, à côté des croisés, il faut nommer les missionnaires, les Plan-Carpin, les Rubruquis, et tant d'autres moines intrépides (Dieu seul sait leurs noms), qui s'en allaient avec une imperturbable assurance porter aux peuplades barbares les bienfaits de la foi, pour rapporter à leurs compatriotes les bienfaits de la science. Échange heureux, par lequel les humbles colporteurs de l'Évangile, les envoyés du pape et de saint Louis ont doublement servi la cause de la civilisation.

On cherchait donc avec une avide curiosité à acquérir les

notions géographiques dont on manquait encore, mais dont on sentait le besoin. Le génie des grandes découvertes travaillait déjà cette société chrétienne, qui allait bientôt se lancer à corps perdu dans le vaste inconnu des mers. Les croisades avaient donné le branle; le prosélytisme catholique, qui ne voulait pas laisser un seul coin du monde sans croix et sans autel, allait achever l'œuvre commencée par les défenseurs du tombeau du Christ. Jusqu'aux temps modernes, tous les explorateurs, tous les trouveurs d'îles et de continents furent des apôtres. Ce ne sont donc pas, comme l'avance Daunou, les écrivains arabes qui ont été les premiers et uniques maîtres des Européens en fait de géographie. Qu'Abulféda, qu'Edrisi, que Nassir-Eddim, que vingt autres Orientaux aient composé, vers le treizième siècle, des traités fort savants sur la matière, ils n'ont pu avoir qu'une influence bornée sur la marche de la science chez les peuples de l'Occident, qui ne les lisaient guère, en dehors d'un groupe d'érudits très restreint. Tout au plus leur ont-ils communiqué la notion des systèmes grecs, du système de Ptolémée en particulier. Mais les véritables initiateurs, les véritables promoteurs du progrès éclatant qui allait s'accomplir, ce ne furent point ceux-là, ce furent ces religieux et ces fidèles enthousiastes, qui s'en revenaient par milliers des contrées de l'Orient, la mémoire et la bouche pleine de merveilles, qui les décrivaient sur le vélin, qui les racontaient de vive voix, et qui, par là, excitaient autour d'eux cette noble et insatiable passion de l'inconnu, mère de toutes les tentatives généreuses, de toutes les conquêtes utiles. Loin d'être dû aux enfants de Mahomet, ce mouvement fécond, qui devait aboutir à la rénovation de la face du globe, sortit précisément des entreprises dirigées contre eux. Ainsi donc, rendons à César ce qui est à César et à Dieu ce qui est à Dieu. Ce n'est point au Croissant que la science doit ici l'hommage de la reconnaissance ; c'est à ses adversaires, c'est à l'apostolat chrétien, c'est à ce feu sacré que le Sauveur était venu allumer sur la terre, et que ses disciples ont voulu, suivant ses désirs, répandre partout. Il faut résister à cette tendance trop commune qui nous fait faire, dans nos origines scientifiques, une large part aux Arabes. La religion musulmane est, au fond, la mère de l'immobilité ; ses croyants sont assis à l'ombre de la mort. La nôtre est la mère de l'activité et du progrès ; les nations chrétiennes sont seules en pleine possession de la vie.

Après nous être demandé où en était l'idée de la science géographique, cherchons où en était cette science elle-même.

Et d'abord, comment le globe terrestre se présente-t-il à l'esprit des contemporains ? Est-ce sous la forme d'un globe ou d'une assiette gigantesque ? Grande question, qui fit jadis beaucoup de bruit.

> Dames Mitis disaient à leurs petits enfants :
> Il fut un temps où la terre était plate.

« La sphéricité de la terre, nous dit encore le grave Daunou dans ce *Discours sur l'état des lettres au treizième siècle*, qui passe aux yeux de bien des gens pour la loi et les prophètes, et qui devrait l'être, en effet, à raison de la place qu'il occupe, la sphéricité de la terre était ignorée du vulgaire, et méconnue même par la plupart des hommes instruits[1]. » Mais les hommes instruits qui traitaient alors de la géographie, ce sont ceux que j'ai nommés tout à l'heure :

---

1. *Hist. litt. de la France*, t. XVI.

c'est Gervais de Tilbéry, c'est Honoré d'Autun, quelques autres encore ; le compte en serait bientôt fait. Or, que nous disent-ils sur ce point capital ? On trouve dans Gervais un singulier passage, sur lequel Daunou ne manque pas de s'appuyer, et qui est ainsi conçu : « *Nos tamen assignantes orbis divisionem distributioni filiorum Noë, orbem totius terræ Oceani limbo circumseptum et quadratum statuimus, ejusque tres partes Asiam, Europam et Africam nominamus.* » Il y a déjà une certaine contradiction entre les mots *orbis* et *quadratus*, si l'on veut prêter à ce dernier le sens de carré. Cette contradiction a été remarquée dans un autre article de l'*Histoire littéraire* par Petit-Radel. Comment un globe, un *orbe* pourrait-il être carré ? On m'objectera que les anciens, qui ne croyaient pas à la forme sphérique de la terre, se servaient nonobstant de ce terme : *orbis terrarum*. Je l'accorde ; l'auteur du moyen âge a pu l'employer, lui aussi, dans la même acception définie. Mais *quadratus* veut-il bien désigner ici la forme carrée ? Daunou le croit fermement et traduit sans hésiter : « Nous plaçons le monde carré au milieu des mers. »

Je ferai observer d'abord que, dans ce cas, il s'agirait tout au plus de la forme des terres ou des continents enfermés par la mer (*Oceani limbo circumseptum*) et non de celle de l'ensemble de l'univers, terre et mer comprises. Toutefois la structure de la phrase semble indiquer un sens différent. *Orbem totius terræ Oceani limbo circumseptum et quadratum statuimus*, signifierait mot à mot, en adoptant le sens de carré : « Nous plaçons toute la masse de la terre entourée de la ceinture de l'Océan et carrée » ; ce qui serait à tout le moins une construction fort vicieuse. N'est-il pas plus naturel de traduire, en suivant le texte littéralement : « Nous calculons, nous pensons que le monde terrestre est entouré et encadré (*quadratum*) par une ceinture de mers? »

Du Cange ne mentionne pas cette acception du mot *quadratum*; mais il cite *quadrum* avec le sens d'entourage ou d'environs. Le dérivé devait donc se dire dans le même sens, pour environné. L'autorité du savant linguiste et les lois de la construction grammaticale, en voilà plus qu'il n'en faut pour appuyer notre interprétation. Mais ce qui achève de la justifier, c'est que le même auteur, le même Gervais de Tilbéry, dans un autre passage, absolument clair celui-là, professe de la façon la plus affirmative l'opinion de la sphéricité : « *Forma ejus (terræ) rotunda est ad modum pilæ.* » Pila, d'après du Cange, désigne un globe, en particulier le globe placé par les sculpteurs ou les peintres dans la main des rois et des empereurs comme un emblème de leur souveraineté. *Rotunda* ne laisse d'ailleurs aucun doute : c'est notre mot français, c'est notre mot *rond* lui-même, avant sa contraction. A moins donc de supposer que le grave physicien qui écrivait pour l'empereur Othon, disait tantôt blanc, tantôt noir, ou qu'il ne savait ce qu'il disait, il faut admettre que, dans le premier passage de son livre, il n'a nullement voulu parler de cet orbe carré qui équivaudrait à peu près à la quadrature du cercle.

Quant aux autres géographes, évidemment Daunou ne s'est pas donné la peine de les interroger. Honoré d'Autun, l'auteur de l'*Imago mundi*, et le poète français qui l'a traduit au treizième siècle, lui auraient répondu : La terre est ronde; la terre a l'apparence d'un œuf (comparaison très en vogue au moyen âge et renfermant peut-être une allusion à l'aplatissement des pôles). Ils lui auraient même fourni une démonstration de cette rondeur :

> Or poés, se il vous plaist,
> Comment la terre reonde est.
> Qui tant poroit en haut monter
> En l'air, qu'il poist regarder
> La terre par vaus et par plaignes,
> La hautèche des grans montaignes
> Et les grans valées profondes,
> Les flots de mer et les grans ondes,
> Si sembleraient tout de voir
> Enver la terre aucunt valoir
> Comme il feroit d'un chevel d'ome
> Sor un doit ou sor une pome ; etc.

Allain de Lille, le Docteur universel, lui aurait répondu à son tour : Mais j'ai déclaré, dès le siècle précédent, dans mon *Anti-Claudianus*, que le monde avait une forme arrondie (*teretem formam*)! Tous les maîtres du temps se seraient écriés en chœur : Mais nous enseignons cela journellement dans nos chaires, dans nos écoles! Où donc sont les autorités du critique de l'*Histoire littéraire*? Quels témoignages oppose-t-il à cet accord significatif, en dehors de celui de Gervais, qui ne dit nullement le contraire? Aucun. Ce n'est vraiment pas assez. Ainsi, lors même que la théorie du monde carré aurait eu antérieurement des partisans, nous ne pouvons admettre qu'au treizième siècle nos pères l'aient professée ni qu'ils aient méconnu la sphéricité.

L'*Image du monde* nous parle aussi des antipodes, des aspérités inappréciables perdues dans la masse du globe, représentées par les hautes montagnes, du vaste Océan qui enveloppe les terres, de la main de Dieu qui soutient le monde au milieu de l'air, des cinq zones qui le partagent, du mouvement des fleuves et des marées. Les théories modernes du neptunisme et du plutonisme lui sont connues. Toutes ces notions générales se lient, sans doute, à des systèmes étranges, à des explications risquées, que nous retrouverons plus loin en examinant l'état de la cosmographie et de la physique. Mais voilà déjà bien des vérités acquises, bien des pas de faits dans la voie de l'exactitude et du bon sens.

La description de la terre ne se fait pas uniquement par l'écriture : on commence à tracer des cartes moins informes que celles des anciens ; on a de véritables mappemondes, embrassant toutes les contrées connues. La justesse des proportions y fait encore défaut ; mais les indications de toute sorte s'y multiplient. « Le moine qui achevait, en 1303, les Annales des Dominicains de Colmar, nous apprend qu'en 1265, il avait tracé une mappemonde (*mappam mundi descripsi*) sur douze peaux de parchemin. Ces cartes générales vont bientôt devenir très nombreuses. Plusieurs manuscrits de l'*Image du monde*, soit dans l'ancien texte latin, soit dans le poëme français, sont accompagnés de planisphères. » Et si l'on veut descendre jusqu'au siècle suivant, ces exemples abondent : « Deux mappemondes, datées de l'an 1346, avec enluminures, avec lettres d'or, attestent les encouragements que recevait ce genre d'études. Les annotations ou légendes, qui commencent à se multiplier sur les grandes cartes, indiquent souvent des traditions fort douteuses, ou même tout à fait mensongères. Il y en a cependant où sont notés quelques événements historiques. La mappemonde du musée de Borgia rappelle ainsi la bataille de Poitiers et la captivité du roi. Au nord de la ville de Bordeaux, désignée par son nom français, on lit : *Joannes, rex Francie, hic capitur per principem Walie in bello.* Charles V, déjà possesseur d'un dessin très informe du globe terrestre, placé, vers 1364, à la suite de la copie des Chroniques de Saint-Denis, où il a écrit son nom, avait, de plus, la grande carte catalane rédigée en 1375, aujourd'hui publiée et commentée : *Quarte de mer en tabliaux, faicte par manière de unes tables painte et ystoriée, figurée et escripte, et fermant à III fermoers.* Cette carte, qui n'est pas un simple portulan, et qui comprend un grand nombre de positions fort éloignées de la mer, se recommande, comme d'autres du même temps, malgré des erreurs grossières, par une dimension moins étroite que celle qui était alors en usage, par une nomenclature plus riche, et par des légendes qui ne sont pas toujours fabuleuses ([1]). » Cette appréciation, que j'ai voulu transcrire textuellement, émane de la plume d'un des successeurs de Daunou, plus équitable que lui en dépit de ses préventions, le savant Victor Le Clerc.

Après l'ensemble du globe, descendons à l'examen de ses différentes fractions. Nous avons vu tout à l'heure que Gervais de Tilbéry divisait le monde en trois parties, l'Europe, l'Asie et l'Afrique. C'est la division généralement adoptée de son temps. Ces trois parties sont très inégalement connues. Nous allons les parcourir à vol d'oiseau, en nous plaçant au point de vue des contemporains de saint Louis, pour savoir ce qu'ils pensaient de chacune d'elles ; et nous pousserons même une reconnaissance jusque dans la quatrième partie, qui n'était pas tout à fait aussi ignorée que cette nomenclature peut le faire supposer. Partons du point où nous sommes. Nous traversons d'abord la France. Une description sommaire de la France nous est donnée, par Robert Abolant,

---

1. *Hist. littér. de la France,* XXVI, 480.

moine de Saint-Marien d'Auxerre, en tête de sa chronique. Mais, chose curieuse, il ne la divise pas en duchés, en comtés, en fiefs, ni même en sénéchaussées ou en provinces royales, comme elle l'était matériellement au treizième siècle. Il s'en tient à l'ancienne répartition par métropoles et par cités, remontant à l'administration romaine. C'est que cette dernière division a été conservée par l'Église : chaque métropole est devenue un archevêché, chaque cité est devenue un évêché. Un bon clerc considère avant tout l'ordre de choses ecclésiastique, et ne tient pas compte du reste. Cependant Abolant parle des rois de France et de leurs agrandissements jusqu'au règne de Philippe-Auguste, et, comme tous les érudits de l'époque, il mêle l'histoire à la géographie. C'est ce que fait aussi Gervais de Tilbéry, qui répète à ce propos la fabuleuse légende de l'origine troyenne des Francs, si profondément enracinée au moyen âge [1]. En passant par la Provence, le même écrivain s'arrête à nous décrire la consistance de l'ancien royaume d'Arles, sur laquelle ont régné tant d'incertitudes, et à nous faire un curieux portrait des Provençaux, qu'il avait vu de près en exerçant les fonctions de sénéchal d'Arles. Il continue ensuite son tour d'Europe. Son itinéraire est assez bien raisonné : il commence par le nord, pour redescendre par l'est jusqu'à la Grèce et l'Italie. Presque tous les détails qu'il nous donne, chemin faisant, sont exacts. Il les complète dans un autre chapitre en traitant à part, suivant l'usage de son siècle, des îles de l'Océan, notamment de la Grande-Bretagne et de l'Hibernie ou de l'Irlande. Abolant, qui parle aussi de cette dernière, s'aventure davantage : il la place entre la Bretagne et

1. *Hist. litt. de la France*, XXVII, 96.

l'Espagne, ce qu'on ne peut admettre qu'avec une forte dose de bonne volonté, et il termine l'Europe au nord par une grande île appelée *Scanzia* (peut-être l'Islande). Au reste, toute la région septentrionale est ce que les géographes connaissent le moins bien dans l'Europe, et cela se conçoit. Ainsi Vincent de Beauvais, qui subdivise avec méthode les différentes contrées européennes, asiatiques et africaines, sans toutefois préciser les positions et les distances, Vincent de Beauvais suppose que l'Océan termine l'Europe vers le 60e degré de latitude, ou du moins n'en sépare que des fractions insulaires ; il ne se fait pas une idée juste de la mer Baltique. Albert le Grand est plus instruit : il représente cette mer comme un grand golfe ou sinus que le continent environne, ce qui est l'exacte vérité (1). Il paraît, d'après Æneas Sylvius, que cet illustre docteur a été le premier à bien connaître ce golfe et les pays bornés par lui.

Pénétrons dans l'Asie. Ce berceau du genre humain est encore pour nous la région des mystères et des merveilles. Combien son aspect ne devait-il pas frapper l'imagination naïve de nos pères ! C'est de là que les pèlerins et les missionnaires ont rapporté toutes ces descriptions étonnantes, toutes ces légendes curieuses, tous ces contes mêlés de vérités, qui fourmillent dans la littérature de l'époque. C'est là qu'ont voyagé Marco-Polo, Rubruquis, Plan-Carpin et tous les prédicateurs envoyés par saint Louis chez les Tartares. Aussi les détails abondent-ils sur les populations asiatiques, leurs mœurs, leurs pays ; et l'on est tout surpris de trouver, au milieu d'un dédale de fables, des observations concordant admirablement avec les récits des voyageurs modernes. Il va

1. *Hist. littér. de la France*, XVI, 122.

sans dire que c'est avant tout la Terre-Sainte qui est l'objet d'une étude approfondie de la part de ces fidèles croyants ; car, dans toutes leurs occupations, dans tous leurs travaux, ils restent les serviteurs zélés de JÉSUS-CHRIST et les défenseurs de sa cause. Parmi les descriptions relatives à cette glorieuse contrée, parmi la foule des itinéraires et des relations, il faut distinguer les produits de l'esprit chevaleresque et ceux de l'esprit apostolique. Les impressions de voyage des laïques, des chevaliers, sont représentées notamment par le plus fameux livre du siècle ; car l'*Histoire de saint Louis* par le sire de Joinville n'est en grande partie qu'un résumé de ce que l'auteur a observé ou appris sur la Palestine et l'Égypte. On voit par l'étude détaillée de ses intéressants récits, combien de traits d'histoire et de géographie locale pouvait fournir aux croisés un seul voyage en Orient. Mais nous ne nous y arrêterons pas ici, afin de réserver notre attention pour des œuvres moins connues.

Dans la classe des relations composées par des clercs, les plus remarquables sont peut-être celles de Jacques de Vitry, l'évêque de Saint-Jean d'Acre, qui prit part à la croisade de Jean de Brienne, en 1218, et celle du frère Brocard, dominicain, qui séjourna longtemps en Palestine dans le dernier tiers du même siècle. Mais la seconde seule a un caractère essentiellement géographique ; l'autre est une *Histoire d'Orient*, comme son auteur l'a intitulée, et, tout en la recommandant à l'intelligente curiosité du lecteur, je ne dois pas m'y arrêter non plus. Elle est, d'ailleurs, moins riche en indications topographiques précises qu'en légendes sur Mahomet et ses sectateurs, sur l'histoire naturelle du pays, sur le Paradis terrestre, etc. L'ouvrage de Brocard, au contraire, répond à son titre (*Description de la Terre-Sainte*) par un luxe d'observations et de recherches qui en fait un véritable traité scientifique, comme on pouvait en rédiger alors. Si l'auteur rapporte aussi de vieilles traditions, ce n'est pas sans une certaine critique. Ainsi, quand les moines grecs de Samarie lui disent que leur chapelle a été sanctifiée par l'emprisonnement de saint Jean-Baptiste, il refuse de les croire sur parole : *Quod ego frivolum puto*; et il nous en explique la raison. Quand il visite la montagne de Gelboé, il réfute ceux qui croyaient que l'imprécation lancée par David, après la mort de Jonathas, s'était accomplie à la lettre : « Il n'est pas vrai, dit-il, qu'il ne tombe sur cette montagne ni rosée ni pluie ; car j'y étais le jour de la Saint-Martin, l'an du Seigneur 1283, et il tomba une telle pluie, que je fus bel et bien mouillé jusqu'à la peau (*ita quod usque ad carnem fui madefactus*). Je dirai même que la vallée est remplie d'eau qui vient des pluies de la montagne, tout en reconnaissant que plusieurs parties sont pierreuses, sèches, stériles, comme les autres montagnes d'Israël. » Enfin, contrairement à la plupart de ses devanciers et de ses confrères, notre dominicain prend soin, dans ses descriptions, de marquer les distances. Il le fait souvent avec justesse ; en tout cas, il ne s'éloigne jamais de la vraisemblance, et par ses propres vérifications, il arrive à retrouver les rapports entre l'état ancien et l'état moderne du pays, ce que beaucoup de voyageurs de notre siècle n'ont même pas tenté. Dans ce but, il avait consciencieusement parcouru la Palestine à pied, à différentes reprises, en suivant un plan méthodique et raisonné, qu'il a exposé dans son intéressante préface (1). Nous ne sommes donc

---

1. *Hist. littér. de la France*, XXI, 183.

pas ici en face d'un récit de voyage ordinaire. C'est une œuvre de savant, une œuvre de géographe. Elle se termine, après les constatations de détail, par une récapitulation digne d'un statisticien, donnant à la Terre-Sainte 16 lieues en largeur, 86 en longueur, puis par deux chapitres d'un intérêt particulier, l'un sur les productions du sol, l'autre sur les populations qui l'habitent. Tous les renseignements donnés par l'auteur sont d'un prix inestimable pour celui qui veut se rendre compte de l'état moral et matériel de la Palestine à la fin du treizième siècle. Aussi le livre du frère Brocard, trop peu connu et trop peu utilisé, a-t-il arraché à la critique le plus difficile des témoignages d'admiration. Victor Le Clerc, par exemple, l'appelle un des ouvrages les plus instructifs qui nous soient parvenus; et c'est à peine s'il ajoute quelques réserves à cet éloge si bien mérité.

Au delà de l'ancienne Judée et de ses environs, la vieille Asie commence aussi à livrer ses secrets aux voyageurs européens. Gervais de Tilbéry, qui toutefois ne parle pas *de visu* de cette partie du monde, donne l'énumération complète des villes cathédrales qu'elle renferme, comme il l'a fait pour l'Europe. Il décrit les merveilles de l'Inde, qu'il divise en trois régions: *India superior, India inferior, India meridiana*. Il parle, comme Jacques de Vitry, de races étranges remarquées dans ces contrées, de géants, de pygmées, de cyclopes, de dragons, de griffons, puis de montagnes d'or, puis du paradis, situé à l'entrée de l'Orient: *Locus inadibilis hominibus, quia igneo muro usque ad cœlum cinctus*; ce qu'il faut peut-être entendre de la zone torride, comme on l'a conjecturé avant nous. Après le paradis, il place une région déserte, impraticable, remplie de serpents et de bêtes féroces. Tout cela est de la fable, mais de la fable issue bien souvent d'une altération, d'une interprétation de faits réels, comme dans la mythologie antique, et l'on ne saurait rejeter en bloc toutes ces vieilles traditions, dont plus d'une se trouve expliquée, sinon justifiée, par les derniers progrès de la science. Une bonne partie, d'ailleurs, vient des écrivains anciens. Brunetto Latini, qui en reproduit beaucoup du même genre, ne fait que répéter les bruits rapportés jadis par Pomponius Mela, par Pline, et principalement par Solin, l'auteur du *Polyhistor*, qui écrivait au troisième siècle. Nous ne trouvons donc pas ici une supériorité bien marquée sur la géographie antique.

Mais laissons ces rapporteurs de seconde main, et consultons ceux qui décrivent uniquement ce qu'ils ont vu et entendu. Laissons même les récits recueillis par Joinville de la bouche des missionnaires de la Tartarie; ils tiennent aussi de la légende, en partie du moins, puisque, d'après elles, la distance de la Palestine à la résidence du grand Khan aurait été d'un an de marche, à raison de 10 lieues par jour, ce qui ferait un total de 3650 lieues. Laissons également la relation si attachante du frère mineur Guillaume de Rubruquis, envoyé par saint Louis chez les Tartares, quoiqu'elle renferme des trésors de curiosité; nous ne pouvons malheureusement tout analyser. Tenons-nous-en au fameux voyage de ce Marco-Polo, qui était vénitien, mais qui écrivit en français, et dont les descriptions empruntent une importance exceptionnelle au séjour prolongé fait par lui dans la plus mystérieuse de toutes les contrées de l'Orient, dans la Chine. Ici nous ne sommes plus dans la fable, nous ne sommes plus dans la fantaisie; nous sommes dans la vérité historique et géographique, et nous allons constater tout de suite un pas immense. Le livre de Marco-Polo est une série de révélations pour nous-mêmes, qui savons encore si peu de chose sur l'extrême Orient. Pour ses contemporains, c'était un recueil d'inventions tellement audacieuses, que beaucoup refusaient d'y croire. « Rétractez-vous toutes les divagations que vous avez rapportées? demanda-t-on à l'auteur au moment de sa mort. — Je jure, répondit-il, que je n'ai pas écrit la moitié des choses que j'ai vues et touchées. » Quel dommage que cette seconde moitié n'ait pas été, comme la première, confiée au parchemin! On en jugera par ce simple détail: si elle l'eût été, l'imprimerie se fût répandue en Europe deux cents ans plus tôt qu'elle ne l'a fait. Effectivement, Marco-Polo l'avait vu pratiquer aux Chinois; il avait rapporté de leur pays des bois à imprimer, et ces bois, au lieu d'en expliquer l'usage dans son livre, il se borna à les communiquer à quelques amis! « Il paraît, dit un savant anglais, analysant les travaux de la société des *Philobiblion* de Londres, qu'un certain Pamfilo Castaldi, de Feltre, aurait connu l'imprimerie xylographique et l'aurait employée, vers la fin du quatorzième siècle, d'après l'idée que lui en avaient donnée des bois que Marco-Polo rapporta de Chine à Venise, et qui avaient servi à l'impression de livres chinois. La tradition nous apprend que Gutenberg, qui épousa une personne appartenant à la famille vénitienne des Contarini, avait vu ces bois à imprimer, et que, développant cette idée, il arriva à l'invention de l'imprimerie, qui ainsi se relierait directement, par l'intermédiaire de Marco-Polo, à la pratique de cet art en Chine [1]. » Ainsi, voilà une double révélation qui atteste à la fois l'antiquité des premières presses et l'authenticité des explorations de notre voyageur.

1. V *Le livre de Marc-Pol*, éd. Pauthier, introduction.

Ce dernier point est, du reste, acquis par une quantité de preuves de toute espèce, que l'éditeur de son texte français, M. Pauthier, a accumulées dans l'intéressant commentaire dont il l'accompagne. En voici une des plus curieuses, empruntée aux récentes découvertes de la science. Marco-Polo parle, dans un de ses chapitres, de *tables de commandement* que le grand Khan donnait aux personnages élevés remplissant des fonctions à sa cour, et dit à ce propos : « Celui qui a seigneurie de « cent hommes (qui commande à cent hommes) a table d'ar-« gent ; et qui a seigneurie de mille, si a table d'or ou d'argent « doré. Celui qui a seigneurie de dix mille a table d'or à tête « de lyons... Et en toutes les tables y a escript un commande-« ment qui dist : Par la force du grant dieu et de la grant grâce « qu'il a donnée à notre empire, le nom du kaan soit beneoit, « et tuit cil qui ne l'obéiront soient mort et destruit. » C'était là un de ces détails étranges que le scepticisme des Européens s'empressait de révoquer en doute. Or, il y a peu d'années, au fond de la Russie méridionale, on a découvert une de ces tablettes de commandement, en argent, portant une inscription mongole dont les savants ont donné la traduction suivante : « Par la force et la puissance du ciel, que le nom de Mong-Ké-Khan soit honoré, béni ; qui ne le respectera pas périra. » La similitude est frappante, et ce fait doit nous mettre singulièrement en garde, lorsque nous sommes tentés de rejeter *à priori* les narrations des anciens voyageurs.

Marco-Polo passa dix-sept ans au service du souverain mongol; il avait été conduit auprès de lui par son père et son oncle, qui faillirent convertir à la foi chrétienne ce potentat et son peuple, dans une de ces entreprises aventureuses par lesquelles se signalaient déjà les riches négociants de Venise ou de Gênes. Il remplit pour lui des missions importantes dans les différentes contrées de l'Asie, et même plus loin; il se rendit en ambassadeur auprès de plusieurs princes barbares; il gouverna trois ans plus de vingt villes chinoises conquises par son maître; en un mot, il était devenu un vrai Tartare lorsqu'il revint, en 1295, se présenter à ses concitoyens; si bien que ceux-ci, le voyant habillé et rasé à la mongole, l'entendant parler avec un accent exotique fort prononcé, eurent toutes les peines du monde à le reconnaître. Il n'avait donc rien négligé pour acquérir une connaissance approfondie des populations asiatiques. Qu'on juge tout ce qu'il devait avoir appris et de quelle autorité pouvaient être ses dépositions ! L'Arménie, la Turquie d'Asie, la Perse, l'Inde, la Mongolie, la Chine, la Cochinchine, le Japon, les îles de Java, de Ceylan, et d'autres pays moins importants sont décrits dans son livre, avec un luxe de traits de mœurs, d'histoire, de traditions qui charme le lecteur. Pour avoir une idée de sa manière, il faut lire notamment ce qu'il dit d'une des provinces les plus curieuses de l'Inde, celle de Malabar (1). On ne peut apprendre sans étonnement qu'il existait alors, dans ces parages reculés, une chrétienté et un pèlerinage au tombeau de l'apôtre saint Thomas : mais on aurait bien des surprises de ce genre si l'on feuilletait l'ouvrage entier. De telles révélations, étendues à tout le vaste continent asiatique, devaient forcément renouveler la face de la science géographique, en attendant qu'elles renouvelassent, par leurs conséquences, la face de l'univers. Aussi un des juges les plus compétents, le savant Walckenaer, a-t-il rendu au célèbre explorateur du

1. V. *Le livre de Marc-Pol*, II, 600, 618, etc.

treizième siècle cet hommage mérité, qui résume en quelques mots les immenses résultats de son œuvre, plus grands, à coup sûr, qu'il ne pouvait les prévoir lui-même :

« Comme chaque jour les notions sur les pays décrits par Marco-Polo confirmaient de plus en plus ce qu'il en avait dit, les cosmographes les plus instruits s'en emparèrent. *Ils dessinèrent d'après elles sur leurs cartes, comme d'après les seules sources authentiques toutes les contrées de l'Asie à l'orient du golfe Persique et au nord du Caucase et des monts Himalaya, ainsi que les côtes orientales d'Afrique.* De cette manière, les idées erronées des anciens sur la mer des Indes furent corrigées, et leurs noms, depuis longtemps hors d'usage, reparurent. La science se trouva régénérée; et, quoique encore imparfaite et grossière, elle fut en harmonie avec les progrès des découvertes et les langues usitées à cette époque. On vit paraître *pour la première fois* sur une carte du monde la Tartarie, la Chine, le Japon, les îles de l'Orient et l'extrémité de l'Afrique, que les navigateurs s'efforcèrent dès lors de doubler. Le Cathay, en prolongeant considérablement l'Asie vers l'est, fit naître la pensée d'en atteindre les côtes et de parvenir dans les riches contrées de l'Inde, en cinglant directement vers l'occident. C'est ainsi que Marco-Polo et les savants cosmographes qui, les premiers, donnèrent du crédit à sa relation, ont préparé les deux plus grandes découvertes géographiques des temps modernes: celle du cap de Bonne-Espérance et celle du Nouveau-Monde. Les lumières acquises successivement pendant plusieurs siècles ont de plus en plus confirmé la véracité du voyageur vénitien : et lorsque enfin la géographie eut atteint, au milieu du dix-huitième siècle, un haut degré de perfection, la relation de Marco-Polo servit encore à d'Anville pour tracer quelques détails du centre de l'Asie (1). »

Je me suis étendu particulièrement sur les notions relatives à cette deuxième partie du monde parce qu'elle fut alors le théâtre des efforts les plus actifs de la curiosité européenne et du prosélytisme chrétien, ligués ensemble pour conquérir la terre : il me reste maintenant à parler de la troisième. La région septentrionale de l'Afrique n'avait pas cessé d'être connue et fréquentée depuis l'antiquité. Les côtes barbaresques furent même, au moyen âge, le théâtre d'un commerce actif entre les populations du bassin de la Méditerranée, et l'on sait assez jusqu'à quel point les croisades développèrent les relations des Européens avec l'Égypte, avec Tunis et leurs rivages. Mais, jusqu'au XIIIe siècle, on ne se figurait pas la profondeur du vaste continent africain : on le faisait généralement finir, avec Édrisi, aux environs de l'équateur. La ligne équatoriale n'avait pas été franchie. Elle devait l'être bientôt, et ce progrès découla non seulement des découvertes de Marco-Polo, mais de celles qui furent faites, vers le même temps, par les courageux disciples de saint François. Le célèbre vénitien mentionne déjà certains parages de la mer des Indes d'où l'on n'aperçoit plus l'étoile du nord ; et, un peu plus tard, les quatre étoiles de la Croix du sud, qu'on trouve marquées, dès 1225, sur un globe arabe, sont désignées par Dante comme la constellation de l'autre pôle *(all' altro polo)*. Mais le premier donne surtout des notions précises sur la région équatoriale de l'Afrique, sur l'Abyssinie, sur la côte de Zanguebar et l'île de Madagascar ; le chapitre spécial qu'il consacre à cette

---

1. Walkenaër, *Vie de plusieurs personnages célèbres*, art. MARCO-POLO.

dernière, d'après ce qu'il avait appris de témoins oculaires, durant son séjour en Asie, en révéla pour la première fois le nom et l'existence. Quant aux missionnaires franciscains, ils attaquèrent l'Afrique par d'autres côtés. Répandus sur toute la côte septentrionale, où ils avaient fondé ou ressuscité une quantité d'églises, depuis Damiette jusqu'à Tanger, ils furent naturellement tentés d'aller à la recherche des anciennes chrétientés berbères qui, devant le flot des Vandales, puis des Musulmans, s'étaient retirées au fond des déserts, et dont il subsistait encore des débris méconnaissables. Les uns s'enfoncèrent dans le Sahara par les États barbaresques, comme le vénérable Conrad d'Aschi, parti de Tripoli en 1289, et revenu trois ans après, seul de tous ses confrères. Les autres suivirent le littoral africain vers l'ouest, depuis le Maroc jusqu'au Dahomey ou jusqu'au Sénégal, et pénétrèrent par là dans cette mystérieuse contrée centrale, qui n'a été abordée, de nos jours, que par les Livingstone et les Stanley. Ce qu'essayent de faire les apôtres de la science au dix-neuvième siècle, les apôtres de la foi catholique, il faut le redire bien haut, l'ont fait dès le treizième et le quatorzième, avec mille fois moins de ressources et mille fois plus de difficultés. On en cite un (c'est un des compagnons de Jean de Bétencourt, dans le fameux voyage de découvertes fait par ce capitaine aux îles Canaries, qui nous a rapporté ce trait d'audace), qui, vers 1320, s'avança des bords du Sénégal dans l'intérieur du Soudan, le traversa tout entier, atteignit la ville de Dungola, située sur le Nil supérieur, redescendit la vallée du Nil en visitant les établissements franciscains échelonnés sur ses rives, et revint s'embarquer à Damiette pour l'Europe. Il paraît que le mémoire laissé par l'auteur de ce tour de force incroyable a été récemment retrouvé. On peut lui prédire autant de succès qu'en obtint, au treizième siècle, celui de Marco-Polo ; car nous n'en savons pas plus, à notre époque de lumières, sur le cœur de l'Afrique que les contemporains de saint Louis n'en savaient sur l'Asie centrale. Enfin, des hommes plus hardis encore, s'il est possible, entreprirent, dès 1285, de longer la côte occidentale jusqu'au bout, dans l'espoir de frayer ainsi la route maritime de l'Inde. C'était trois Génois, dont les noms méritent bien d'être cités : Thédisio d'Oria, Ugolin de Vivaldo et Guy, son frère. Avec eux se trouvaient encore deux missionnaires franciscains. S'ils avaient réussi, Vasco de Gama était devancé de deux cents ans ! Malheureusement ils firent naufrage dans le golfe de Guinée. Leur tentative, en tout cas, dénote une notion déjà fort avancée de la pointe méridionale de l'Afrique et de sa situation par rapport à celle de l'Asie.

Voilà donc où en était la science géographique du temps relativement aux trois parties du monde connues des anciens : et certes, quoique très rudimentaire, cette science était bien supérieure à celle des âges précédents. Mais la quatrième partie, faut-il croire qu'on l'ignorât tout à fait ? Faut-il croire que Colomb ait découvert tout d'un coup et pour la première fois l'Amérique ? Non ; les grands événements de cette espèce se sont, comme l'invention de l'imprimerie, dont je parlais plus haut, produits peu à peu et par une série de transformations, d'évolutions, de progrès qui ont demandé des siècles. Dès le commencement du moyen âge, certains rivages du nouveau continent paraissent avoir été abordés par des moines irlandais. On en oublia le chemin ; mais une tradition vivace se perpétua chez les Européens, suivant laquelle de vastes îles, séjour du bonheur et de l'abondance, auraient existé bien loin, à l'ouest de l'Afrique, auraient même été connues et fréquentées, puis perdues et recherchées en vain. Cette tradition, nous la voyons reproduite, au treizième siècle, dans l'ouvrage de Gervais de Tilbéry. Mais l'auteur de l'*Image du monde* est bien plus précis. On peut douter, en pesant les paroles de Gervais, qu'elles fassent allusion à l'Amérique ; mais comment ne pas reconnaître qu'il s'agit bien réellement d'elle, quand nous entendons Honoré d'Autun nous parler de *la grande île, plus grande que l'Afrique et l'Europe, qui passait pour un lieu de délices, et qui a été entièrement submergée ?* Elle n'avait pas été submergée ; seulement, un jour, on avait essayé inutilement d'y retourner ; une tempête, un courant contraire avait dérouté les marins ; on avait navigué longtemps, longtemps, sans retrouver la terre, et on était revenu en disant que la grande île avait disparu.

Pourtant elle n'avait pas disparu pour tout le monde. Les Normands, depuis l'an 1000, n'avaient pas cessé de visiter l'Amérique du Nord. Ils y avaient pénétré par l'Islande et le Groënland ; ils en occupaient la côte orientale. Ils la colonisèrent de nouveau aux quatorzième et quinzième siècles, et leurs possessions ne furent pas ignorées en Europe. On peut lire à ce sujet un intéressant travail de M. Gravier, intitulé bravement par son auteur : *Découverte de l'Amérique par les Normands au Xe siècle* [1]. Il renferme de bien curieuses nouveautés. Des sagas scandinaves, des inscriptions récemment retrouvées, des monuments de diverse nature apprennent au lecteur qu'Érik le Rouge, ses compagnons ou ses successeurs descendirent des terres glacées

---

[1]. Paris et Rouen, 1874, in-8°.

du nord jusqu'aux régions brûlées du soleil, jusqu'aux environs de l'isthme de Panama ; qu'avec eux, sinon avant eux, la croix fut plantée sur ces lointains rivages ; qu'on y baptisait, qu'on y récitait le *Pater*, qu'on y voyait des hommes vêtus de blanc faisant des processions, que les habitants payaient la dîme et le denier de Saint-Pierre ! On a la liste des évêques de Gardar, en Groënland, depuis 1121 jusqu'en 1448. On sait qu'il y avait dans ce pays un monastère placé sous le vocable de saint Thomas, fondé vers 1244, et qu'à la même époque des prêtres groënlandais, islandais, norwégiens reculèrent considérablement au sud les limites du règne de l'Évangile.

Faut-il s'étonner, après cela, que les explorateurs modernes aient découvert des figures de croix dans les habitations des sauvages, et, sur leurs lèvres, des restes défigurés de prières chrétiennes ? Certainement un tel ensemble de faits ne pouvait être demeuré étranger à toute l'Europe. Rome surtout, Rome, à qui ces chrétientés perdues au delà des mers envoyaient des pèlerins et de l'argent, ne devait pas les ignorer ; car, ainsi que le dit M. Gravier, « elle était très attentive aux découvertes géographiques, elle collectionnait avec soin les cartes et les récits qui lui parvenaient ; toute découverte semblait un agrandissement du domaine papal, un champ nouveau pour la prédication évangélique. » Donc, en réalité, l'Amérique n'était pas inconnue. Les bruits lointains qui arrivaient de l'autre bord de l'Atlantique étaient devenus plus vagues et plus confus au moment où Christophe Colomb mit à la voile ; mais lui-même avait pu les recueillir encore, et il est positif qu'ils ne furent pas sans influence sur sa détermination, sur la direction qu'il prit, sur la conquête merveilleuse qu'il procura à l'Église. Car lui aussi était un apôtre, on le sait, puisqu'il est question aujourd'hui de canoniser ce fidèle serviteur de Dieu. Mais ce n'est pas lui seul qui sera honoré par cet hommage suprême. Sa gloire rejaillira du même coup sur tous les obscurs pionniers de la civilisation chrétienne qui, dans le cours du moyen âge, et particulièrement sous saint Louis, ont donné des âmes nouvelles à Dieu et des terres nouvelles à la science.

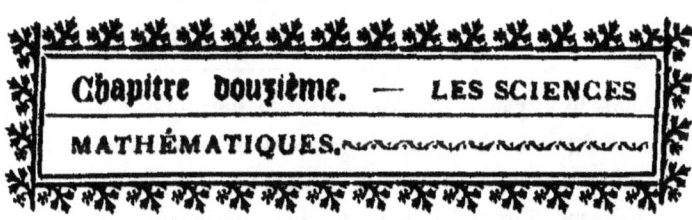

Chapitre douzième. — LES SCIENCES MATHÉMATIQUES.

SOMMAIRE. — La cosmographie. — L'astronomie et l'astrologie ; guerre faite à cette dernière. — La géométrie. — L'arithmétique et la numération décimale ; singulier abus de l'art de compter. — Rareté des connaissances algébriques.

EN abordant l'examen des connaissances scientifiques du moyen âge, en particulier du treizième siècle, on doit naturellement s'attendre à le trouver beaucoup plus en retard sur les temps modernes qu'en fait d'art, de littérature ou de philosophie. L'étude de la matière semble, en effet, n'avoir été pour lui qu'un accessoire ; l'étude des choses de l'esprit absorbait la meilleure part de sa vigueur intellectuelle. Il n'entrevoyait même les vérités scientifiques qu'à travers le prisme des idées théologiques ou philosophiques : il mélait par principe aux sèches leçons de l'expérience le symbolisme et la légende. Mais on ne saurait disconvenir que sa théorie repose sur une base rationnelle, et qu'en ne séparant point, dans son étude, la matière de l'esprit, l'âme humaine du corps où elle réside, il ne comprenne la science d'une façon plus haute, plus logique, plus complète que l'école purement matérialiste, qui ne veut observer que la partie tangible de la nature et des êtres.

Ce double caractère, d'une part l'infériorité dans les résultats acquis, de l'autre la supériorité dans la conception même de la science, se reconnaît à la fois dans les mathématiques, dans la physique et dans l'histoire naturelle. Et l'on y reconnaît également un troisième caractère, où gît peut-être l'explication de la lenteur des progrès accomplis jusque-là : c'est l'absence des spécialistes et des spécialités. Presque tous les savants, encore au treizième siècle, sont à la fois mathématiciens, astronomes, physiciens, naturalistes : Albert le Grand, Vincent de Beauvais, Roger Bacon, Gervais de Tilbéry et autres s'occupent simultanément ou successivement de ces diverses branches des connaissances humaines, dont une seule suffit aujourd'hui à remplir le cerveau le plus vaste. La spécialisation offre bien ses inconvénients ; mais elle a cet avantage incontestable de favoriser les études approfondies et les découvertes fécondes. L'homme, en son particulier, ne gagne rien à localiser les efforts de son intelligence : néanmoins il enrichit davantage, par là, le fonds commun de l'humanité, et pendant que l'esprit du savant se rétrécit, la science s'élargit. Consultons donc ces philosophes, ces génies universels qui ont touché d'une manière générale à toutes les questions scientifiques, et demandons-leur les opinions, les systèmes accrédités de leur temps, ainsi que les progrès dont ils ont vu ou préparé l'éclosion.

En tête des mathématiques, le moyen âge plaçait la cosmographie, basée à la fois sur le calcul et sur l'observation du monde créé. Une des vérités fondamentales de cette science, la sphéricité de la terre, était acquise déjà au treizième siècle ; des textes formels nous en ont donné la preuve. La terre, suivant la théorie exposée dans l'*Image du monde* et dans bien d'autres écrits de l'époque, est suspendue au milieu de l'espace comme le germe de l'œuf est suspendu au milieu de l'albumine, sans tenir à rien :

> Tot ensi come on voit de l'uef
> Qui l'albums enclot le moief,
> Et enmi le moief s'abaisse
> Une gotte ensi come graisse
> Qui de nulle part ne se tient,
> Et la graisse qui le soutient
> Ne l'aproche de nulle part,
> Ensi est, par itel esgart,
> La terre enmi le ciel assise
> Et si également enmi mise.

Ce qu'Honoré d'Autun a exprimé dans un latin plus scientifique, pouvant se traduire ainsi : « L'œuf est entouré de toute part de sa coquille ; dans la coquille est enfermé l'albumine, dans l'albumine le jaune, et dans le jaune le germe. Ainsi, dans les cieux nage le monde, dans le pur éther nage l'atmosphère, et dans l'atmosphère la terre, qui est la substance solide placée au centre. » Il y a dans cette ingénieuse comparaison une erreur et une vérité : la vérité, c'est que la terre nage dans l'atmosphère, laquelle nage dans le ciel ; l'erreur, c'est qu'elle occupe le centre du monde. Mais nous sommes encore loin de Copernic.

Les mêmes auteurs nous parlent de la pureté de ce firmament ou de cet éther, qui fournit, disent-ils, aux anges leur corps et leurs ailes (simple figure de rhétorique probablement), puis des quatre éléments qui nous environnent, le feu, l'air, la terre et l'eau, et de la rapidité des mouvements célestes, prouvée par la révolution diurne du soleil. On suppose donc que le soleil tourne autour de la terre ; c'est une conséquence du système de la centralité de notre planète. Cependant on ne partage pas la grossière méprise de ceux qui ont cru le globe terrestre plus gros que le soleil : celui-ci, d'après

Gervais de Tilbéry, a huit fois plus de volume que la terre ; c'est une vérité relative, et notre cosmographie n'a qu'un tort, c'est d'associer la lune à ce privilège du roi des astres, en la faisant elle-même plus grande que le séjour des hommes. L'*Image du monde* prête à la terre 4400 lieues de circuit et la partage en cinq zones. Longtemps la difficulté d'approcher de l'équateur et la notion vague qu'on avait sur les régions intertropicales avaient fait croire que ces régions, que cette zone centrale était inhabitée. On s'appuyait sur Virgile, sur Ovide, sur Cicéron pour enseigner l'existence de deux zones tempérées et peuplées, l'une au-dessus, l'autre au-dessous de l'équateur, mais séparées par une zone torride, inhabitable et infranchissable. Dans cette hypothèse, il devait y avoir, au delà du tropique du Capricorne, une race d'hommes différente de la nôtre et n'ayant aucun moyen de communiquer avec elle. Cette absurdité, combattue déjà par les Pères de l'Église, comme contraire à l'unité du genre humain et à la promesse divine de la prédication universelle du christianisme, est abandonnée par tous les savants au treizième siècle. C'est alors que se répand la conviction que la région équatoriale est habitée, et les voyages dont j'ai parlé, viennent lui donner une éclatante confirmation. Ainsi Strabon, qui faisait concorder les bornes du monde habitable avec celles du monde habité, les limites de l'*Écumène* avec celles des pays connus des Grecs (système fort commode), ainsi Macrobe qui avait soutenu l'opinion que je viens de rapporter sur la nature inviable et déserte de la zone centrale, sont déjà bien dépassés, et l'on se rapproche plutôt de la théorie de Ptolémée, qui admettait en principe que toute la terre était habitable, sauf certaines exceptions à déterminer.

La cosmographie tient de fort près à l'astronomie. Or, cette dernière a une place officielle dans l'enseignement des écoles; elle occupe le troisième rang dans le *quadrivium*, après l'arithmétique et la géométrie. Les savants qui la cultivent sont assez nombreux ; mais ils s'en tiennent généralement aux données fournies par Ptolémée ou par ses interprètes arabes, et l'observation des astres eux-mêmes est à peu près stérile pour la science, en raison du défaut d'instruments. Un Anglais, Jean de Holywood, qui étudia et professa à Paris, circonstance qui a fait traduire son nom en latin (Jean *de Sacro-Bosco*), nous a laissé un traité sur la *Sphère*, où sont rassemblées avec méthode les notions empruntées à l'Almageste. Il comprend quatre chapitres : sur le globe terrestre, sur les cercles grands et petits, sur le lever et le coucher des astres, sur les orbites et les mouvements des planètes. Ce livre a servi à l'enseignement pendant quatre cents ans ; c'est un résumé utile, mais dans lequel l'auteur n'a presque rien ajouté en fait d'observations personnelles. Certains théologiens, comme Robert Grosse-Tête, ont aussi traité méthodiquement de ces matières ; et d'autres les ont effleurées incidemment avec assez de bonheur. C'est ainsi qu'un sermonnaire normand, anonyme, qui affirme, lui aussi, la rotondité du globe comme une vérité banale, donne, en outre, des explications fort justes sur le cours et les phases de la lune, et qu'un abbé de Cluny nous enseigne à son tour, en comparant cet astre à l'âme humaine, qu'il reçoit sa lumière du soleil sans avoir par lui-même aucun éclat. L'auteur de l'*Image du monde*, qui s'occupe plus spécialement de l'étude de la nature, essaie, en vingt-deux chapitres et neuf figures, de résoudre les questions suivantes: d'où viennent le jour et la nuit ; pourquoi les étoiles ne sont pas visibles le jour ; quelles sont les diverses phases de la lune ; comment s'opèrent les éclipses de lune et de soleil. Il emprunte à Ptolémée, qu'il prend pour un roi d'Égypte, ses idées sur la grandeur respective des planètes, et lui attribue, en passant, l'invention des horloges, ce dont il profite pour adresser un petit sermon à ceux qui font un mauvais emploi des heures. Il vante ensuite comme le plus grand des astronomes (qui le croirait ?) Virgile ! Non pas le Virgile de l'histoire, mais le Virgile de la légende, celui que l'admiration de ses compatriotes avait peu à peu transformé en magicien, voire même en thaumaturge, et qu'il prend pour argent comptant. Tout cela ne l'empêche cependant pas de terminer par un tableau grandiose de l'immensité du firmament, où éclate la magnificence divine, et du ciel empyrée ou troisième ciel (le premier est le ciel bleu que nous apercevons, le second est le ciel cristallin), ainsi que du paradis qu'il contient et des récompenses célestes ; car la morale ne perd jamais ses droits chez les savants de ce temps, et les astronomes notamment, répètent sous toutes les formes la parole de l'Écriture : « *Cœli enarrant gloriam Dei.* » « La beauté, la stabilité, l'immensité du ciel, dit Bernard de Verdun dans le préambule d'un ouvrage spécial, nous inspirent un profond mépris pour toutes les choses terrestres. Si toute la terre, dont à peine la sixième partie est habitée, est dix-huit fois plus petite que la moindre des étoiles fixes attachées à la huitième sphère, dont chacune n'est qu'une portion insensible, quelle n'est pas la grandeur de cette sphère, et combien plus encore est inexplicable celle de la dixième ou du ciel empyrée ! Ainsi, grande est la maison de Dieu, et vaste le lieu de sa possession : *Magna est igitur domus Dei, et ingens locus possessionis ejus.* »

Malheureusement les explications vraies ou fausses des astronomes contemporains et leurs considérations morales sont presque toujours entremêlées de rêveries astrologiques. L'astrologie et les superstitions qui en dérivent, voilà le vice héréditaire dont les siècles modernes auront eux-mêmes toutes les peines du monde à purger la science. Cette idée singulière que les astres ont une influence directe sur la destinée de l'homme, et qu'on peut, en les consultant, tirer l'horoscope de chacun, se rencontre dans la plus haute antiquité et subsiste encore après la Renaissance. Babylone avait ses devins, qui observaient les étoiles, et Catherine de Médicis avait son astrologue, dont elle ne se séparait guère. Il fallait que cette croyance fût bien populaire et bien générale, puisqu'elle a laissé dans notre langue des traces ineffaçables ; on disait, au moyen âge, *astreux* pour dire heureux ; on disait, et nous disons encore *désastreux* pour exprimer le contraire. Nous disons aussi au figuré, au lieu de le dire au propre comme autrefois : « Né sous une heureuse étoile. » Au treizième siècle, comme aux âges précédents, non seulement on mêle l'astrologie à l'astronomie, mais on confond souvent ensemble ces deux sciences. Ainsi l'auteur anonyme d'un grand traité portant le titre d'*Introductoire d'astronomie*, nous donnera dans le même livre, dans le même chapitre, des notions exactes sur les éclipses, sur le zodiaque ou sur les planètes, et, à côté de cela, la manière de s'en servir pour expliquer l'avenir, sans se douter que ce sont là deux objets différents. Dans son prologue, après avoir fait valoir l'importance et la grandeur de la science astronomique, mise au nombre des arts litéraux, il expose tout au long les vieux fondements de l'astrologie, et d'une manière assez spécieuse (¹).

1. V. *Hist. littér. de la France*, XXI, 430.

Tel est le mélange de vérités et de superstitions, de progrès et de routine qui compose trop souvent tout le bagage des astronomes du temps. Rien ne saurait mieux en donner l'idée que ce traité spécial, dont les encyclopédistes n'ont guère fait que résumer les théories. Il y a toutefois d'honorables exceptions ; il y a même toute une école qui sépare intelligemment les vanités astrologiques de la science véritable, et dans ses rangs se trouvent les plus hautes autorités de l'érudition. Cette distinction existe déjà au siècle précédent, quoi qu'en dise Henri Martin dans son *Histoire de France* : les écrits d'Hugues et de Richard de Saint-Victor pourraient en fournir la preuve. Mais, au treizième, elle s'accentue peut-être davantage. Vincent de Beauvais, un savant de race, l'établit formellement : l'auteur des trois *Specula* fait fort peu de cas des prétentions des astrologues, et, sans nier absolument l'action commune des corps célestes sur l'univers, il refuse à chaque planète prise à part toute influence sur l'origine ou sur la marche des choses humaines. Roger Bacon, le grand physicien, recherche dans les mouvements des astres la mesure exacte des temps ; c'est lui qui s'est aperçu le premier des imperfections du calendrier Julien et de l'écart de plus en plus grand qui séparait l'année civile de l'année tropique, observation à la suite de laquelle il proposa en 1266 la réforme grégorienne, accomplie seulement en 1582. Mais c'est là sa seule manière de conformer l'avenir à la marche du ciel, manière éminemment progressiste, comme l'on voit, et il rejette, comme Vincent de Beauvais, toutes les prédictions particulières. Le traité de Bernard de Verdun, que je citais tout à l'heure, est strictement astronomique et n'offre aucun mélange de superstition. Il roule sur l'obliquité du zodiaque, sur les cercles dont la sphère matérielle est composée, sur les déclinaisons et les ascensions, sur la longueur de l'année et les irrégularités qui apparaissent dans le mouvement du soleil, sur la lune et ses phases, sur les étoiles fixes, les planètes, leur marche et leur latitude, sur la démonstration des mouvements du ciel à l'aide des instruments, etc., toutes matières très profondes et ne laissant aucune place aux fantaisies connues sous le nom d'astrologie judiciaire. Albert le Grand ne paraît pas non plus avoir donné dans ce travers, car le *Speculum astronomicum* qui lui a été longtemps attribué, et dont l'astrologie forme la matière principale, est aujourd'hui rejeté par les meilleurs critiques, même par ceux de l'*Histoire littéraire*, au nombre de ses œuvres apocryphes.

Je ne sais sur quoi Victor Le Clerc se fonde pour nous montrer, dans le même recueil, saint Thomas d'Aquin consacrant par son autorité les chimères astrologiques (à moins que ce ne soit sur un traité spécial que lui attribuait Nicolas Triveth et que Daunou lui-même avoue n'avoir pas retrouvé) et pour ranger sous la même bannière « une partie du haut clergé ». Mais, à coup sûr, les plus éminents prélats de l'époque ne sauraient figurer dans cette fraction rétrograde, à l'existence problématique. Voici Jacques de Vitry, le célèbre cardinal, qui se prononce énergiquement dans le sens opposé : « Certains esprits, dit-il, en sont venus à ce degré d'insanité que, dans la source de la chaleur, c'est-à-dire dans le soleil, ils nient l'existence de la chaleur. D'autres prétendent faussement que les constellations enchaînent le libre arbitre et avancent une foule de témérités semblables, pour avoir l'air d'enseigner quelque grand système. Il faut fuir ces docteurs dépourvus de raison qui repaissent de nouveautés et d'extravagances leurs veilles curieuses (¹). » Et plus loin le même auteur s'élève encore, avec non moins de force, contre la manie des horoscopes. Voici Guillaume d'Auvergne, le savant évêque de Paris, qui, dans plusieurs de ses œuvres, ne cesse de combattre la magie et les superstitions, et qui témoigne à l'égard des astrologues une sévérité intraitable. Un peu plus tard, Nicole Oresme, Philippe de Maizières, Henri de Hesse, Gerson continueront cette guerre entreprise au nom de la raison, et leur époque sera déjà fertile en bons astronomes. Il y a donc bien, comme je le disais, une lutte engagée entre la routine et la science véritable ; il existe une école de progrès, et cette école aura gain de cause le jour où Copernic et Galilée viendront démontrer que la terre n'est pas le centre du monde, et qu'on ne saurait logiquement rapporter à elle tous les mouvements célestes. Copernic et Galilée seront les continuateurs de ces savants du treizième et du quatorzième siècle ; ce qui n'empêchera pas les historiens modernes d'opposer, par une confusion plus ou moins volontaire, la doctrine du moyen âge à la doctrine de Galilée, comme si la science du moyen âge n'avait pas préparé et directement engendré la science moderne! Victor Le Clerc s'est montré vraiment trop dédaigneux, dans l'*Histoire littéraire* pour ces laborieux défricheurs qui ont déblayé le terrain aux Delambre et aux Leverrier ; et l'on peut lui répondre avec un de ses collaborateurs beaucoup plus impartial, Paulin Paris : « Ne sourions pas de pitié en voyant les anciens chroniqueurs tenir compte de l'apparition de tous les météores. Les siècles étrangers aux connaissances

---

1. Bibl. nat., ms. lat. 17509.

solides n'ont pas seuls tenu compte des influences astrologiques et cabalistiques ; on pourrait démontrer que le moyen âge n'a pas porté la crédulité superstitieuse plus loin que l'Asie, l'Égypte, Rome, la Grèce elle-même. » Il l'a même portée moins loin, puisqu'il compte toute une lignée d'adversaires décidés de l'astrologie ; et, en définitive, on ne saurait dire s'il l'a plus étudiée qu'il ne l'a combattue.

En dehors de l'astronomie, deux branches importantes des sciences mathématiques figurent dans le programme des études scolaires : la géométrie et l'arithmétique. La géométrie est surtout comprise alors dans le sens étroit de son nom : elle est la mesure de la terre et, par extension, de toute chose mesurable. La planimétrie, la stéréométrie sont représentées par des traités spéciaux sur le catalogue des livres de la Sorbonne dressé en 1290, et l'on y voit même figurer une pratique de géométrie en français (*Practica geometria in gallico*). Plus anciennement, Gerbert s'était déjà occupé de l'arpentage et en avait tracé les préceptes à l'aide de l'astrolabe. Hugues de Saint-Victor avait également parlé de planimétrie et d'altimétrie. Mais, au treizième siècle, ce genre de connaissances se développe, se propage, et les travaux des géomètres commencent aussi à embrasser un domaine moins restreint. Alain de Lille, dans son *Anti-Claudianus*, donne les définitions de la ligne droite, de la courbe et de la circonflexe, du triangle, du tétragone, etc. Vincent de Beauvais suit son exemple et ajoute même quelques éléments de perspective. Deux traités manuscrits de la bibliothèque Sainte-Geneviève exposent les principes généraux de la géométrie avec un luxe de carrés, de cercles, de triangles figurés tout en or. Mais Roger Bacon poussa cette science abstraite beaucoup plus loin. Ne se bornant pas aux propositions d'Euclide, qui formaient la base de l'enseignement des écoles, il étudia les livres de Diophante et ceux de plusieurs autres mathématiciens grecs ou arabes. Il appliqua les notions qu'il avait ainsi amassées à l'optique, à l'astronomie, à la mécanique : on sait, par exemple, sans cependant que cela soit parfaitement démontré, qu'il fabriqua des miroirs ardents, un pigeon volant et des statues parlantes, comme Albert le Grand avait inventé, de son côté, un automate à figure humaine. Il comprit enfin, comme l'a dit Condillac, « la possibilité de quantité de choses qui paraissaient de son temps des mystères impénétrables et dont plusieurs ont été découvertes depuis. » Enfin les merveilles et les tours de force accomplis au treizième siècle par les architectes auraient été tout à fait impossibles, si une connaissance suffisante de la science géométrique n'eût été répandue partout : aussi quelques auteurs de l'époque la confondent-ils avec l'architecture, dont elle peut être, après tout, considérée comme une dépendance.

L'arithmétique était enseignée généralement d'après le traité de Boëce, traité dont Albert le Grand a laissé un commentaire et que les Frères Prêcheurs expliquaient dans leurs écoles. Il n'était plus, le temps où les grands mathématiciens, les grands calculateurs se voyaient confondus avec les magiciens et proscrits comme tels. Cette confusion avait commencé sous l'empire romain, par suite de l'abus que les charlatans faisaient de la science ou de l'appareil de la science. Mais, sous saint Louis, si le nom du mathématicien n'était pas remis en honneur, son art l'était depuis longtemps déjà. Il venait précisément de recevoir un perfectionnement d'une importance capitale, par l'introduction des chiffres arabes dans la numération ordinaire des Européens. Employés par les savants depuis un certain temps déjà, ces fameux chiffres devinrent, au treizième siècle, d'un usage général : ils servirent dès lors dans la plupart des ouvrages d'arithmétique, notamment dans le traité sur la *Sphère* composé à Paris par l'anglais *de Sacro-Bosco* (Holywood). Mais il ne faut pas croire que les signes précieux qui furent la source de notre numération décimale soient réellement d'origine étrangère : les chiffres arabes ne sont point arabes. Ils ont passé longtemps et ils passent toujours pour tels aux yeux de bien des gens. Il faut encore enlever cette illusion aux partisans de l'influence orientale : les savantes recherches de M. Chasles ont récemment démontré que les neuf premiers signes de notre numération sont l'invention personnelle du célèbre Gerbert, et que le chiffre *zéro* leur fut adjoint un peu plus tard, dans le courant du douzième siècle. Au treizième, l'*abacus* et la numération décimale sont en pleine notoriété, et Vincent de Beauvais en explique nettement le principe dans un passage qui serait digne de figurer en tête de nos traités élémentaires d'arithmétique (1); mais il faut se rappeler que ce système était alors nouveau, et, pour apprécier l'importance de la révolution accomplie, il faut songer aux difficultés multiples des opérations de calcul avec les chiffres romains et la numération ancienne. La face de la science devait être renouvelée

---

1. « *Inventæ sunt novem figuræ tales : 1,2,3,4,5,6,7,8,9. Quælibet in primo loco ad dextram posita significat unitatem vel unitates ; in secundo, denarium vel denarios ; in tertio, centenarium vel centenarios ; in quarto, millenarium seu millenarios ; et, ut brevius loquar, quælibet figura posita in secundo loco significat decies magis quam si esset in primo, et decies magis in tertio quam in secundo, et sic in infinitum...... Inventa est decima figura talis, scilicet o ; nihilque repræsentat, sed facit aliam figuram decuplum significare;* etc. » (Speculum doctrinale.) Cf. *Hist. litt. de la France,* XVI, 114.

par cette transformation si simple en apparence, et au fond si radicale.

Pour mêler une note plaisante à cette étude quelque peu austère, je montrerai par un exemple curieux à quel point la connaissance de l'arithmétique était répandue, même parmi les gens du peuple. L'art de compter s'élevait déjà, chez les marchands, à la hauteur du génie. Mais, chez les sergents ou garçons de l'Université de Paris, au service des professeurs ou des étudiants, les règles de proportion et la multiplication (il vaudrait mieux dire la soustraction) étaient appliquées bien plus savamment encore. Cette importante corporation, nous raconte Jacques de Vitry, avait établi à sa tête un chef, passé maître dans l'art de détourner les fonds d'autrui, et chargé de développer les dispositions naturelles de chacun des membres. Ce professeur d'un nouveau genre ne trouva rien de mieux que d'ouvrir entre ses confrères une sorte de concours de vol. Il les rassembla et les obligea, l'un après l'autre, à exposer leurs théories, en promettant le prix au plus habile calculateur. « Maître, dit le premier, je sais gagner sur un denier une poitevine (la poitevine ou pogeoise était le quart du denier ; il volait donc vingt-cinq pour cent sur l'argent de ceux qui l'employaient). — C'est peu, fit le maître. — Moi, dit le second, je sais retirer d'un denier une obole (un demi-denier, soit cinquante pour cent). — Moi, reprit un troisième, sur un denier, je me fais trois poitevines » (soixante-quinze pour cent). Enfin, après d'autres révélations de ce genre, un des garçons se leva et dit : « Je fais bien mieux que tout cela ; sur une poitevine, je sais me faire un denier de profit » (soit quatre cents pour cent). Pour le coup, la chose parut forte, et le chef l'invita à expliquer son procédé. « Voici, répondit-il, comment je m'y prends. Je vais chez un revendeur, et je lui achète en quatre fois, pour mon maître, la valeur d'une pictée (ou d'une poitevine) de moutarde ou de toute autre denrée ; je ne le paye que la quatrième fois (puisque la poitevine est la plus petite monnaie et qu'on ne peut la diviser), mais, pour la même raison, je compte à mon maître une poitevine chaque fois : cela me fait déjà trois poitevines de bénéfice sur une seule. J'en gagne une quatrième en me faisant donner gratis par le revendeur, à titre de remise, une cinquième pictée de moutarde ; et je me trouve ainsi avoir un denier de profit sur une poitevine, comme je vous le disais. » Le chef émerveillé fit asseoir auprès de lui cet ingénieux arithméticien et le félicita publiquement d'avoir poussé aussi loin la perfection de leur art [1]. Voilà le sou pour livre de nos cuisinières dépassé de cent coudées !

Sous le voile d'une satire mordante contre la rapacité des domestiques, cette anecdote cache un enseignement plus utile pour nous. L'abus que l'on faisait ou que l'on pouvait faire des règles du calcul dans la plus basse classe de la société, nous apprend que ces règles étaient connues de tout le monde. Et une autre historiette va nous faire voir qu'elles entraient spécialement dans l'instruction des filles. Plusieurs hommes mariés, ayant à payer un écot, convinrent de le laisser à la charge de celui d'entre eux qui ne pourrait faire compter sa femme jusqu'à quatre. La condition semble étrange. Un d'eux cependant perdit ; mais voici comment. Lorsqu'il eut fait dire à son épouse : un, deux, trois, celle-ci en eut assez, et se refusa obstinément à continuer. « Pour

---

1. *Anecdotes historiques d'Étienne de Bourbon*, p. 372 ; Jacques de Vitry, ms. cité ; Wright, *Latin stories*, p. 113.

qui me prenez-vous ? dit-elle. *Je ne suis mie petite enfant, pour apprendre à compter* (1). »

Redevenons sérieux, car nous avons à parler de l'algèbre. Nous n'en dirons pourtant qu'un mot : c'est que cette reine des sciences mathématiques (comme l'appellent ses adeptes) était beaucoup moins avancée que ses sœurs. L'italien Fibonaci était à peu près le seul Européen qui la cultivât sérieusement, d'après l'*Histoire littéraire*. « L'exactitude de cette science, ajoute Daunou, la sévérité de sa méthode, la concision de son langage la rendaient fort peu attrayante aux yeux des scolastiques (2). » C'est là une bien mauvaise raison, car la méthode exacte et sévère, sèche même, était précisément un des caractères de la scolastique et de ses produits. Quoi qu'il en soit, il faut reconnaître que les algébristes étaient encore excessivement clair-semés. Mais ils comptaient au moins un représentant sur le sol de France : c'est l'illustre Roger Bacon, qui avait étudié les livres de Diophante et des autres mathématiciens grecs. Nous retrouverons tout à l'heure sur notre chemin cet homme universel ; car il n'a laissé aucune branche de la science en dehors de la surprenante capacité de son génie.

1. *Le Ménagier de Paris*; *Hist. littér. de la France*, XXIV, 475.
2. *Hist. littér. de la France*, XVI, 114.

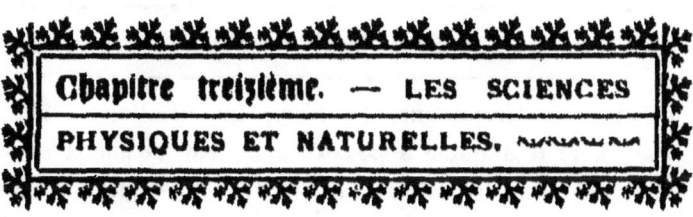

Chapitre treizième. — LES SCIENCES PHYSIQUES ET NATURELLES.

SOMMAIRE. — L'observation introduite dans les sciences physiques par Albert le Grand. — La boussole. — Les verres convexes et les lunettes. — La poudre à canon ; découvertes prédites par Roger Bacon. — La chimie et l'alchimie. — La zoologie et les bestiaires. — La physiologie ; l'étude de l'âme unie à celle du corps ; théorie du vitalisme.

L'HISTORIEN du treizième siècle aurait beaucoup plus à dire sur les sciences physiques que sur les mathématiques. La faveur accordée aux livres d'Aristote avait ramené les esprits vers l'étude de la nature et de ses phénomènes. Toutefois l'observation n'était pas encore la base principale de cette étude ; c'était plutôt le raisonnement, l'argumentation. Les savants qui s'en occupaient le plus étaient des théologiens : aussi considéraient-ils surtout la matière dans ses rapports avec le monde spirituel, et faisaient-ils plutôt de la métaphysique que de la physique. Saint Thomas, dans son traité *De occultis operibus naturæ*, envisage les principes de la nature, les caractères de la matière, le mélange des éléments, le mouvement du cœur, et il rapporte le tout à l'influence des formes et des vertus célestes. Saint Bonaventure examine le rôle des éléments dans la composition des corps et d'autres questions semblables. Il règne dans leurs explications une obscurité ou une indécision qui tient en grande partie aux idées du philosophe de Stagyre, dont ils se font l'écho. L'enseignement d'Albert le Grand offre la même imperfection; mais ce travailleur infatigable a poussé plus loin qu'aucun de ses contemporains la culture des sciences physiques : on peut dire qu'il en a été l'apôtre et qu'il leur a ouvert toutes grandes les portes des écoles. L'étude approfondie qu'il en a faite lui a valu cette renommée populaire, à peine éteinte, aujourd'hui que d'immenses progrès ont rendu ses travaux inutiles : elle l'a même fait passer pour sorcier, pour magicien; et plusieurs critiques, tels que Trithème et Naudé, se sont donné la peine de le disculper de cette imputation ridicule. Ses prétendus ouvrages sur les sciences occultes, *De occultis naturæ*, *De proprietatibus rerum*, *De virtutibus herbarum, lapidum et animalium*, etc., sont aussi apocryphes que son traité d'astrologie. Mais il lui reste encore assez d'écrits authentiques pour justifier sa réputation de physicien. Les tomes II, IV et VI de la grande édition de ses œuvres sont remplis par des commentaires ou des compositions originales sur les sciences physiques : sur le Ciel et le Monde, sur les Animaux, sur les Minéraux, etc. Il n'emprunte pas seulement ses notions à Aristote; il se sert de divers écrivains orientaux ou grecs, d'Hermès, de Théophraste, d'Avicenne, d'Alfarabe, de Galien, et déploie, en cette matière, une érudition tout à fait supérieure. Dans son travail sur la minéralogie, il fait mieux encore : il expose les résultats des recherches et des expériences faites par lui-même. Ainsi, voilà l'observation introduite dans la science par la main du premier maître de l'époque. Elle s'allie chez lui aux défauts résultant de la tendance universelle à tout expliquer par des causes surnaturelles ou merveilleuses; néanmoins un grand pas est fait : on commence à s'apercevoir que toutes les vérités ne sont pas contenues dans Aristote, et que le meilleur de tous les guides est le grand livre de la nature.

A côté de ce progrès d'un caractère général, des progrès particuliers, mais d'une importance capitale, signalent l'histoire de la science au treizième siècle. Trois grandes découvertes se rapportent à cette période par leur origine directe ou indirecte : celles de la boussole, des verres convexes et de la poudre à canon. La boussole, dont l'emploi devait ouvrir une ère si féconde aux explorations maritimes, passe pour avoir été connue en Chine deux mille ans avant JÉSUS-CHRIST. On a cru d'abord qu'elle avait été apportée de ce pays en Europe par Marco-Polo. Mais le célèbre vénitien ne revint de ses voyages qu'en 1295, et des textes formels nous montrent que les Européens se servaient bien auparavant de l'aiguille aimantée. Albert le Grand en signale ainsi les propriétés et l'usage : « Il existe une pointe d'aimant dont la vertu est de faire tourner le fer vers le nord, et les marins savent s'en servir ([1]). » Il n'a qu'un tort, c'est de donner ce passage comme extrait d'Aristote, lorsqu'il est bien certain que les anciens n'ont pas connu la boussole. Mais un fragment de la *Bible de Guiot de Provins*, en vers français, nous édifie encore mieux sur ce point. Après avoir parlé de l'étoile polaire, l'auteur ajoute :

> Mes cele étoile ne se muet.
> Un art font qui mentir ne puet,
> Par la vertu de la magniète (l'aimont) :
> Une pierre laide et brunète,

---

1. « *Angulus magnetis cujusdam est, cujus virtus convertendi ferrum ad zorum, et hoc utuntur nautæ.* » (Albert le Grand, *De Mineral.*)

Où il fers volentiers se joint,
Ont ; si esgardent le droit point ;
Puis c'une aguille l ont touchié
Et en un festu l'ont couchié,
En l'eve la mettent sans plus,
Et li festuz la tient dessus ;
Puis se torne sa pointe toute
Contre l'estoile, si sanz doute.
Que jà nus hom n'en doutera
Ne jà por rien ne faussera.
Quant la mer est obscure et brune,
C'on ne voit estoile ne lune,
Dont font à l'aiguille allumer ;
Puis n'ont il garde d'esgarer (¹).

La *Bible Guiot* remonte aux premières années du treizième siècle ou même à la fin du douzième. Ce ne sont donc pas les Chinois qui nous ont communiqué la boussole, et c'est encore moins à Flavio Gioja d'Amalfi ou à Pierre Pèlerin que nous en sommes redevables : ces deux personnages vivaient cent ans plus tard et n'ont fait que perfectionner le précieux instrument, qui consistait d'abord en un simple morceau de fer allongé et placé sur l'eau dans une petite nacelle de liège. Il est vrai que la ville d'Amalfi appuie ses prétentions sur la boussole qui figure dans ses armes ; mais on peut, avec plus de raison encore, invoquer la fleur de lys, que toutes les nations mettent sur la rose au point du nord, pour attribuer l'invention aux Français. Une troisième version en fait honneur aux Arabes, sous prétexte que les auteurs du treizième siècle qui décrivent la boussole emploient des mots arabes (*zoron, aphron, zibar*). Cependant Vincent de Beauvais,

1. Méon, *Fabliaux*, t. II, p. 328.

Jacques de Vitry, Brunetto Latini se servent d'autres expressions, et, si la date de la découverte ne peut plus être contestée, la question d'origine demeure encore incertaine : *Adhuc sub judice lis est.*

Il n'en est pas ainsi, heureusement, des verres convexes et des lunettes ou télescopes dont ils amenèrent l'usage. L'idée d'appliquer leurs propriétés est due très probablement à Roger Bacon. Ce savant avait étudié l'optique de Ptolémée, ouvrage perdu aujourd'hui ; il avait observé personnellement les effets de la lumière réfléchie sur une surface polie, plane, concave ou convexe. Il fut amené par là à concevoir que l'interposition d'un milieu dense et sphérique agrandirait les images, et à proposer l'application d'un verre de cette forme sur les objets qu'on voulait mieux voir. Sans doute, ce n'était pas encore tout à fait la lunette d'approche : aussi l'invention de cette dernière lui a-t-elle été contestée par un de ses compatriotes, nommé Smith, contrairement à l'opinion des autres Anglais, et les Italiens l'ont-ils revendiquée pour un des leurs, Alessandro da Spina, ou plutôt Sabino degli Armati, mort en 1317. Toutefois cet instrument existe en germe dans les explications de Roger Bacon. On lui doit aussi la première idée de la chambre obscure, et dans toute cette science de la lumière, particulièrement dans la dioptrique, il a répandu une clarté à laquelle d'illustres savants ont rendu hommage : Alexandre de Humbolt a vanté son expérience, et Descartes en a profité. Ne quittons pas ce sujet sans signaler un passage de Vincent de Beauvais très important pour l'histoire de l'optique. Ce savant indique comme les meilleurs miroirs ceux de verre et de plomb, « parce que le verre, en raison de sa transparence, reçoit mieux les rayons, et que le plomb, versé sur le verre chaud, y adhère et devient lui-même très rayonnant (¹) ». Il résulte évidemment de là qu'on possédait, de son temps, des miroirs semblables aux nôtres, ou du moins qu'on en avait la notion.

Enfin la poudre à canon, cette substance meurtrière qui devait transformer absolument l'art de la guerre et dont on ne sait vraiment s'il faut approuver l'introduction, ne remonte pas, comme on l'a cru longtemps, au quatorzième siècle seulement. On citait autrefois, pour fixer la date de sa première apparition en Europe, un compte rendu en 1338 par Barthélemi de Drach, trésorier des guerres, un récit de Pierre Messie sur un siège soutenu par les Maures contre le roi de Castille en 1343, puis la prétendue découverte faite par un moine allemand, Berthold Schwartz, vers 1380. Mais les savants s'accordent aujourd'hui à penser que cette trop fameuse poudre, si elle n'est pas un des éléments de l'ancien feu grégeois employé contre les croisés par les Sarrazins, a été connue des Indiens, des Chinois, des Arabes bien avant le siècle de saint Louis, et qu'elle a commencé à cette dernière époque à être connue des Européens. En effet, Roger Bacon explique, dans son traité *De nullitate magiæ*, que, pour imiter les éclairs et le tonnerre, il suffit de prendre du souffre, du nitre et du charbon, qui, séparés ne produiraient aucun effet, mais qui, mêlés ensemble, se dégageront, dès qu'on les enflammera, de la machine creuse où on les aura enfermés, et par leur explosion égaleront le bruit et l'éclat de la foudre. Bacon avait-il puisé cette notion dans quelque livre arabe, comme le présume

---

1. « *Inter omnia melius est speculum ex vitro et plumbo, quia vitrum propter transparentiam melius recipit radios ; plumbum non habet humidum solubile ab ipso : unde, quando superfunditur plumbum vitro calido, siccitas vitri calidi abstrahit ipsum, et efficitur in alterâ parte terminatum valde radiosum.* » (Speculum doctrinale.)

après Koch, l'*Histoire littéraire*, ou bien dans un auteur grec fort peu connu, nommé Marcus, comme d'autres l'ont avancé, ou bien enfin dans ses propres expériences ? Toujours est-il qu'il nous donne ici la recette de la poudre une centaine d'années avant Berthold Schwartz. On aurait bien d'autres surprises en parcourant ses œuvres. On y verrait qu'avec un merveilleux talent de déduction ou de divination, il parle des *ponts suspendus*, des *voitures qui marcheront sans chevaux*, des *moyens par lesquels l'homme se dirigera dans les airs* (nous n'en sommes pas encore là aujourd'hui) ; il se laisse même entraîner par la fougue de son imagination au delà des limites de la science. Il faut lire surtout, au sujet de ses vastes travaux, la thèse de M. Charles, composée d'après des textes inédits (1), et les rectifications faites à sa biographie par M. Jourdain, dans une communication lue à l'Académie en 1873. On aura par là une idée de ce que pouvait entrevoir, par le seul effort de son génie, un de ces audacieux chercheurs du moyen âge, qui tentaient tous les chemins pour arriver à la possession des lumières scientifiques dont nous jouissons aujourd'hui en satisfaits.

La composition de la poudre touche à la chimie ; et l'on sait que la chimie, dans ses origines, n'a guère été que la recherche de l'or caché dans les divers métaux et de la pierre philosophale propre à l'en dégager, en d'autres termes l'alchimie. Les pratiques des alchimistes remontent à une haute antiquité : on les trouve décrites, d'après Giber, Albert le Grand et d'autres, dans un ouvrage spécial de M. Hœfel sur l'*Histoire de la chimie*. Elles reposaient sur un singulier mélange d'erreurs et

1. Em. Charles, *Roger Bacon*, Paris, 1861, in-8°. Cf. Wallon, *Saint Louis et son temps*, t. II, p. 197.

de vérités, de superstitions et de découvertes : mais, comme elles n'avaient qu'un but intéressé, comme la soif de l'or les inspirait seule, ce motif, joint au caractère quasi occulte des opérations, fit interdire la chimie, c'est-à-dire l'alchimie, aux religieux de Saint-Dominique, et regarder comme suspecte une science ainsi détournée de son objectif réel. Néanmoins des savants très orthodoxes, des théologiens renommés, comme Albert, comme Bacon, comme Raimond Lulle, comme Arnauld de Villeneuve, ne craignirent pas de s'en occuper ; et, s'ils entraînèrent leurs imitateurs dans la sphère des rêveries mystiques ou panthéistes, il faut reconnaître, à leur décharge, que leurs recherches persévérantes engendrèrent vingt découvertes étrangères à la pierre philosophale, dont la science moderne devait profiter avec bonheur. Albert, qui connaissait également la recette de la poudre, trouva ainsi pour la première fois la composition du cinabre, du vif argent, la préparation de la potasse, les propriétés de l'acide nitrique, etc. En somme, l'alchimie ne pouvait être absolument inutile : elle agitait, au fond, la grande question de la composition des métaux, et cette question, nos savants modernes en poursuivent encore la solution.

Je ne reviendrai point ici sur l'étude physique du globe. Bien que l'*Image du monde* puisse nous fournir des explications curieuses sur la formation des nuages, de la pluie, des orages, des vents, des marées, des étoiles filantes, de l'arc-en-ciel, des tremblements de terre, cet examen nous entraînerait quelque peu hors de notre sujet actuel. La géologie, au reste, était encore à peu près inconnue, et la météorologie, comme la minéralogie, comme la botanique, était dans l'enfance. Nous parlerons plus loin de la zoologie, de l'anatomie et de la médecine, qui en est une dépendance. En dehors de ces dernières branches et de celles dont nous venons de nous occuper, la science du moyen âge peut être considérée comme nulle.

En résumé, si les contemporains de saint Louis ne savent pas encore tout ce que nous avons appris en physique et en mathématiques, ils cherchent avidement la vérité sur tous les points ; ils la poursuivent, ils la traquent dans toutes ses retraites ; ils la soupçonnent, ils la devinent, ils la découvrent souvent. Si leurs mathématiciens et leurs physiciens ne sont pas de très grands savants, on ne peut leur refuser le mérite d'être de grands chercheurs et de grands trouveurs. Malgré le rôle effacé, malgré la place restreinte que l'esprit du temps accorde à la science de la matière, cette science devient partout le théâtre d'une admirable activité intellectuelle, et cette activité enfante progrès sur progrès. Cela nous paraît peu de chose, à nous, enfants gâtés, que les résultats obtenus par les travaux de cette époque lointaine. Mais tout est relatif, et je ne sais si la solution du fameux problème de la direction des aérostats égalera jamais les immenses services rendus par la découverte de la boussole, par exemple. La route de l'air n'est pas absolument nécessaire à l'homme : la voie de la mer lui était indispensable, et pour sa prospérité matérielle et pour la diffusion des lumières. L'invention de la boussole nous a donné le Nouveau-Monde. Que la science moderne, si fière de sa supériorité, en fasse autant ; qu'elle nous ouvre un autre univers, et, ce jour-là, nous la déclarerons recevable dans son dédain pour la science d'autrefois. Mais, jusque-là, il faut qu'elle s'incline devant ceux qui lui ont frayé le chemin ; au lieu de se séparer du passé, elle doit avouer hautement que ces âges prétendus barbares ont préparé son propre règne, l'ont hâté, l'ont rendu possible. L'origine de tous nos progrès scientifiques est dans le moyen âge, et non dans l'antiquité. Beaucoup plus que notre littérature, qui tient son existence de tous les deux à la fois, notre cosmographie, nos mathématiques, notre physique, notre chimie sont les filles de la civilisation chrétienne, qui seule a pu donner à l'esprit humain l'activité, la curiosité, la largeur et l'élévation nécessaires pour s'approprier les immensités mystérieuses du monde créé, pour pénétrer l'impénétrable, pour concevoir et sonder l'infini.

Pour compléter l'examen des connaissances scientifiques du treizième siècle, il nous reste à rechercher ce qu'il pensait ou ce qu'il savait sur la nature vivante, c'est-à-dire en fait de zoologie et de physiologie, puis en fait de médecine, science complexe, qui se rattache, au moins par l'anatomie, à l'histoire naturelle et qui représente la pratique venant après la théorie ; mais je réserverai la médecine et les médecins pour un chapitre à part.

La zoologie exerçait un attrait particulier sur les esprits du moyen âge. On aimait beaucoup les animaux ; on en élevait de toutes les sortes dans les jardins des riches. Est-ce à dire qu'on étudiait avec fruit leur nature et leurs espèces? Ce serait sans doute aller trop loin. Mais on s'occupait, du moins, de leurs instincts, de leurs singularités, de leurs mœurs réelles ou supposées, le tout pour en tirer des leçons utiles à l'adresse des humains, en vertu de ce principe constant qui tendait à ramener toutes les sciences à un objectif spirituel ou moral. Aussi les fables, rajeunies par l'éloquence des orateurs populaires ou par le talent poétique de Marie de France, jouissaient-elles d'une faveur universelle. Aussi les *bestiaires*, ces compilations si curieuses et néanmoins si peu scientifiques, se répandaient-ils de tous côtés, presque à l'égal des manuels de dévotion. Les bestiaires ne contiennent généralement que des énumérations ou des descriptions fastidieuses d'animaux indigènes, et surtout d'animaux *estranges*, destinées à frapper l'imagination du lecteur et à lui présenter les emblèmes du vice ou de la vertu. C'est du symbolisme ; ce n'est pas de l'histoire naturelle. Les auteurs plus sérieux ne font guère autre chose. Ainsi Jacques de Vitry, ainsi Honoré d'Autun ou son traducteur s'en vont chercher, pour les décrire, les monstres plus ou moins fabuleux de l'extrême Orient, et leurs peintures tiennent elles-mêmes de la légende plus que de l'observation : c'est une réédition des invraisemblables traditions antiques sur l'unicorne ou la licorne, sur les sirènes, etc., et sur d'autres êtres moins imaginaires, mais dont le portrait n'est pas moins fantaisiste, tels que la panthère, le castor, l'aspic, le *cocodrile*. Tous ces contes, mêlés cependant de traits véridiques, dont la science moderne a confirmé l'existence, avaient été rapportés des croisades ou puisés par les auteurs du moyen âge dans les récits anciens de Callisthène, d'Alexandre, d'Isidore de Séville, empruntés eux-mêmes en partie à Pline et à Solin. Brunetto Latini a inséré dans son vaste *Thesaurus* un bestiaire fort développé, dont les éléments sont pris dans Aristote, dans Pline, dans l'ouvrage de l'empereur Frédéric II sur la fauconnerie, et dans quelques autres traités antérieurs. Cependant il ne faut pas nous laisser aller à la tentation de rejeter *à priori* tous les phénomènes extraordinaires relatés dans sa compilation. Plusieurs d'entre eux, après avoir longtemps passé pour des impossibilités, sont récemment entrés dans le domaine des faits, de par l'autorité de l'expérience : tel est, par exemple, l'instinct qui porte les cétacés à donner un refuge à leurs petits au moment du danger. Combien d'absurdités apparentes peuvent passer ainsi, d'un jour à l'autre, au rang des vérités reconnues ! La science de nos pères est un peu comme les remèdes de bonne femme : on en rit, jusqu'à l'heure où quelque découverte inattendue vient faire dire aux savants : « Il y avait tout de même quelque chose là-dessous. »

Brunetto Latini a encore un autre mérite, une autre supériorité sur ses émules : c'est qu'il commence à joindre aux notions puisées dans les livres le résultat de ses observations personnelles. On a déjà fait remarquer celles qu'il enregistre au sujet des différentes variétés du chien de chambre ou petit chien, désignées sous le nom générique de *goussons*, diminutif du mot *gous*, employé encore dans ce sens en beaucoup de pays du midi. Ce progrès important, consistant à tirer parti de l'expérience, se dénote aussi dans les œuvres d'Albert le Grand qui part de l'étude de l'homme pour aborder celle des animaux et qui arrive à reconnaître la grande loi de la stabilité des espèces, se montrant plus avancé sur ce point que certains naturalistes de nos jours, dont le transformisme a fait dévoyer les idées. Pour arriver à ces résultats, Albert ne se sert pas seulement d'Aristote et d'Avicenne : il observe, il compare, il interroge la nature. Et dans Vincent de Beauvais le caractère ou la tendance scientifique est peut-être encore plus accusé. Le célèbre encyclopédiste consacre à la zoologie sept livres entiers de son *Speculum naturale*, et il y étudie successivement toutes les races animales, en suivant l'ordre de la création (1). L'intérêt de ses recherches est, du reste, assez indiqué par l'usage qu'en a fait l'illustre Cuvier: inutile de chercher un autre témoignage. Cet intérêt augmente encore lorsqu'il envisage l'étude de l'homme, ce roi des animaux. Sa théorie, qui est l'idée dominante des physiologistes du temps, c'est l'intime union de l'âme et du corps. Il ne sépare pas l'un de l'autre ; il étudie l'homme tout entier, et non la brute humaine telle que la présente la science matérialiste. Quoi de plus rationnel, au fond ? Et n'avais-je pas raison de dire que la science du moyen âge, si elle était inférieure à la nôtre dans ses résultats, lui était souvent supérieure par le principe, par le point de départ ? Qu'un vrai savant de nos jours nous donne une étude complète sur l'homme, embrassant l'âme aussi bien que le corps, les facultés intellectuelles comme les facultés physiques; qu'il joigne à cette largeur de vues, à cette belle conception des anciens naturalistes, la supériorité de méthode et d'analyse de leurs successeurs actuels et tout le fruit de cinq cents ans de progrès ; qu'il réunisse, en un mot, les bonnes idées d'autrefois et la bonne pratique d'aujourd'hui ; et nous aurons enfin une œuvre qui touchera de bien près à la perfection du genre.

Un autre maître en physiologie, l'auteur de la *Philosophia mundi*, traite à peu près comme Vincent de Beauvais des différentes parties du corps humain, de ses organes, de ses fonctions. Mais il exagère la tendance du docte dominicain à tout rapporter à l'influence de l'âme. Cela le conduit à expliquer la formation même du corps par des *vertus*, absolument comme Molière, dans une de ses comédies,

---

1. V. *Hist. littér. de la France*, XVIII, 489.

explique le sommeil par une certaine *virtus dormitiva*. C'est là un de ces résultats bizarres, un de ces excès inévitables auxquels arrivent, tout en partant d'un bon principe, les naturalistes qui se bornent à raisonner au lieu d'observer. Et ce n'est pas la seule singularité que nous offre l'ouvrage de ce physiologue, qui est plutôt un philosophe, comme il s'intitule lui-même. Il expose avec des détails étranges le phénomène de la digestion, et, quand il en vient à la barbe, il se croit obligé d'expliquer pourquoi la femme n'en a pas : c'est parce qu'elle a le sang froid, dit-il. A côté de cela, nous trouvons chez lui la notion des cellules cérébrales, nous trouvons la distinction des tempéraments, nous trouvons des remarques utiles faites sur certaines blessures. Ainsi, même chez les auteurs les plus arriérés, les plus superstitieux, la vérité commence à se produire et l'expérimentation à pénétrer.

C'est là, je le répète, c'est dans ce dernier fait qu'on aime à saluer l'aurore de la science moderne, et c'est là le meilleur côté de celle du treizième siècle ; car tout ce qu'elle emprunte aux Arabes ou aux anciens ne sert souvent qu'à l'égarer, et l'on ne sait vraiment si leur commerce n'a pas retardé son développement plutôt qu'il ne l'a favorisé. Voici un exemple qui tendrait à le prouver. L'auteur anonyme d'un traité *De motu cordis*, après avoir étudié Aristote et Galien, ou du moins leurs commentateurs (car le texte même d'Aristote et de Galien ne dit pas tout à fait la même chose), entreprend d'expliquer le phénomène de la vie, et il est amené d'un seul bond par les maîtres dont il se fait l'écho à la doctrine du vitalisme. Or, qu'est-ce que le vitalisme ? C'est tout simplement un voisin du matérialisme. D'après notre auteur, le cœur est le siège de l'âme (*cor domicilium est animæ*). Il précise même davantage : l'âme réside dans l'alvéole gauche du cœur (*thalamus cordis sinister est animæ domicilium*); c'est de là qu'elle préside à toutes les fonctions du corps, lui communiquant d'abord la vie, ensuite le mouvement et la sensibilité. Avec elle, dans le cœur, est l'intelligence. Dans ce système, l'âme et la vie arrivent à se confondre; elles ne sont plus qu'une même chose appelée de noms différents. Et de là découle une conclusion fatale, c'est que l'âme et la vie finissent en même temps : « *Quolibet relatorum non ente, reliquus perit* (¹). » On ne saurait s'étonner, après cela, que l'étude de la *Physique* d'Aristote, invoquée par ce disciple trop fervent, qui dépasse même la pensée du maître, ait été interdite par l'Église, et que, de 1210 à 1231, il ait été défendu de la lire, soit publiquement, soit en particulier. C'est, en effet, sous l'influence de sa lecture qu'on vit éclore, vers ce temps, les idées panthéistes auxquelles les conciles firent une guerre impuissante, et sourdre ce petit ruisseau qui devait peu à peu se changer en torrent et miner par la base le spiritualisme chrétien. La doctrine vitaliste a été, du reste, énergiquement combattue par plusieurs ecclésiastiques. Saint Thomas, par exemple, un disciple d'Aristote pourtant, mais qui avait su se servir de ses livres sans céder au vertige, saint Thomas, dans un traité intitulé également *De motu cordis*, nie que le cœur soit le siège de l'âme : l'essence vraiment spirituelle de l'âme, dit-il, n'a pris domicile dans aucun lieu du corps. Si les mouvements du cœur précèdent et semblent déterminer les mouvements de la substance animée, n'est-ce pas l'âme elle-même qui détermine les mouvements du cœur ? — Et

---

1. V. à ce sujet une étude de M. Hauréau, dans les *Mém. de l'Acad. des Inscriptions*, t. XXVIII, 2ᵉ partie, p. 317 et suiv.

pourquoi donc, répond de son côté Guillaume d'Auvergne, placer l'âme dans le cœur ? Est-ce plus raisonnable que de la placer dans la cervelle ou dans le pied ?

Ces objections empêchèrent sans doute le vitalisme de se répandre ; car il fit peu de conquêtes au treizième siècle. Mais on voit, par ce seul fait, quelle révolution amenait dans la physiologie l'admiration exclusive des philosophes antiques et l'on découvre en même temps à quelle hauteur se trouvaient transportées toutes ces délicates questions relatives à l'organisme humain, à l'époque où la psychologie n'était point séparée de l'histoire naturelle, ni la métaphysique de la physique, ni l'étude de l'âme de l'étude du corps.

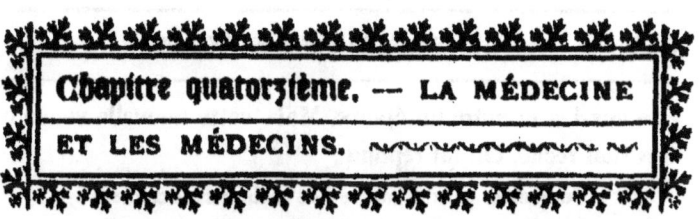

Chapitre quatorzième. — LA MÉDECINE ET LES MÉDECINS.

SOMMAIRE. — Défiance de quelques esprits à l'égard de la science médicale. — La médecine exercée et spiritualisée par les clercs. — Curieux manuel professionnel : rôle moral et matériel du médecin ; qualités requises chez lui ; ses procédés ; ses honoraires. — Renommée des docteurs de Paris. — Satires contre leur classe en général. — École de Montpellier. — La thérapeutique ; recettes singulières. — La diagnostique ; l'uroscopie. — L'anatomie et la chirurgie. — Les femmes médecins. — La charité dans la médecine.

L'HEUREUSE alliance dont je viens de parler présidait aussi à l'exercice de la médecine. En théorie, l'art du médecin n'était pas en faveur, parce qu'il avait pour premier objet le soin du corps, et non la culture de l'intelligence. C'est la raison textuelle qu'invoque l'auteur de *l'Image du monde* pour le rayer du nombre des arts libéraux, et rien ne confirme mieux ce caractère si frappant de la doctrine du moyen âge, qui consistait à reléguer au second plan, de propos délibéré, l'étude de la matière et tout ce qui s'y rattache, pour donner la place la plus large aux choses de l'esprit. Dans le *Mariage des sept arts et des sept vertus*, petit poème allégorique de la famille des Débats et Disputes, la Grammaire, après avoir marié ses filles, Dialectique, Géométrie, Arithmétique, Musique, Rhétorique, Théologie, et s'être mariée elle-même à Clergie, voit se présenter à elle dame Physique (c'était le nom donné autrefois à la médecine, comme le nom de physicien était celui des médecins), qui demande, elle aussi, à prendre un époux. Mais cette nouvelle venue est très mal reçue. On lui répond :

> Vos n'estes pas des nostres, ce sachiez sans cuidier ;
> Por ce ne vos volons de riens à consellier.
> La dame fu hontouse ; si s'en ala arrier.

Pour la même raison, la médecine était mal vue dans les cloîtres. On blâmait les religieux qui mettaient leur confiance en elle plutôt que dans les remèdes spirituels, et on tâchait de les en détourner par des exemples plus ou moins probants, comme celui dont un compagnon de saint Dominique avait transmis le récit à Étienne de Bourbon. « Un individu versé dans la médecine étant entré en religion, rapporte ce dernier dans son recueil d'anecdotes, voulut continuer à vivre *physiquement (phisicè vivere)*, c'est-à-dire conformément aux préceptes des physiciens. Il se mit donc à s'abstenir des fèves et des mets les plus grossiers du couvent, alléguant qu'ils ne convenaient point à sa complexion. Qu'advint-il ? C'est que, tandis que ses frères travaillaient aux œuvres du Seigneur, lui, toujours malade, demeurait couché à l'infirmerie, affaiblissant son corps par une infinité de remèdes et allant de mal en pis. Une fois, étant venu manger au réfectoire, il vit la sainte Vierge, accompagnée d'une jeune fille d'une grande beauté, faire le tour des tables en tenant à la main un vase rempli d'un électuaire précieux, dont elle versait une cuillerée à tous les frères qui mangeaient la nourriture commune, et les mets devenaient aussitôt pour ceux-là sains et savoureux. Quand la Vierge arriva devant le moine médecin, il voulut comme les autres avoir sa part de cette merveilleuse substance ; mais elle retira sa main et lui dit : Puisque vous suivez votre régime, vous n'avez pas besoin du mien. Le frère alors se repentit, et se nourrit comme la communauté ; aussi devint-il fort bien portant et trouva-t-il de la saveur aux plats les plus insipides (1). »

Si les religieux ne devaient pas se montrer trop rigoureux observateurs des lois d'Hippocrate, ils ne devaient pas davantage, en principe, exercer sa profession. Quelques conciles, craignant qu'en passant du soin des malades à l'étude de la médecine les clercs ne se détournassent de leur vocation véritable, leur interdirent de s'adonner à un art qui pouvait, d'ailleurs, en certains cas, les faire manquer aux devoirs de leur état, par exemple aux règles de la pudeur. Mais cette interdiction ne devint pas absolue et demeura même sans effet ; car on trouve, au treizième siècle, des médecins distingués parmi les clercs : Gilles de Corbeil, chanoine de Paris, Rigord, moine de Saint-Denis, Odon, abbé de Sainte-Geneviève, Jean de Saint-Amand, chanoine de Tournai, Jean de Saint-Gilles, frère prêcheur, Roger de Provins, qui fut à la fois le chapelain et le médecin de saint Louis, et ce Dudon, sur lequel on racontait un trait charmant. Il avait soigné le même prince dans sa dernière maladie et, naturellement, n'avait pu le guérir. A son retour de Tunis, il tomba malade à son tour et vint prier sur le tombeau du saint roi : celui-ci, comme pour lui donner une leçon, le guérit aussitôt. Le pape Jean XXI, avant de monter sur le trône pontifical, avait composé, dans un but de charité, un manuel de l'art de guérir, appelé le trésor des pauvres. On peut donc dire que la médecine, bien qu'elle ne fût pas tenue pour un art libéral, était un art en partie clérical. Il y avait, d'ailleurs, un moyen bien simple d'effacer la tache que cette science présentait aux yeux des

1. *Anecdotes historiques tirées d'Étienne de Bourbon*, p. 349.

spiritualistes, c'était de la spiritualiser elle-même, c'était d'associer au soin du corps le soin de l'âme, et de donner à la profession du médecin cette noble et salutaire extension, si naturelle et pourtant si rare aujourd'hui. C'est ce que l'on fit, non sans succès. Humbert de Romans, entre autres, recommande aux médecins de s'occuper du moral de leurs malades, de ne pas les laisser mourir sans les consolations d'usage. Leur ministère revêtait ainsi un caractère grave et religieux ; il devenait presque un sacerdoce, et c'est là, sans doute, ce qui fit que, jusqu'en 1398, la Faculté de Paris ne voulut pas admettre les hommes mariés et que, jusqu'en 1452, elle refusa de leur conférer le bonnet de docteur régent.

Veut-on savoir au juste comment procédaient les médecins jaloux de remplir consciencieusement leurs fonctions en partie double ? Écoutons un auteur anonyme, un de leurs confrères évidemment, qui avait entrepris de rédiger un petit manuel du métier. Rien de plus instructif et de plus naïf à la fois.

« Quand vous serez appelé auprès d'un malade quelconque,
« traitez convenablement le messager, et informez-vous si le
« malade auprès duquel il veut vous conduire souffre depuis
« peu ou depuis longtemps, et comment la maladie l'a pris.
« Enquérez-vous aussi des symptômes auprès du messager ;
« et quand vous serez arrivé, lors même qu'il ne vous aurait
« rien appris, tirez de l'examen de l'urine et du pouls l'indi-
« cation de certains symptômes. Alors il suffira d'exposer
« avec précaution ceux que vous aurez reconnus, afin que le
« malade puisse, sur ces paroles, se confier à vous comme au
« guide de sa santé. Demandez en entrant si le malade s'est
« confessé, et s'il a reçu le corps du Christ, première cause de
« salut. Voici en quels termes il faut parler : L'âme est plus

« digne que le corps ; ainsi son salut est préférable à tout.
« Qu'on avertisse le patient de chercher le salut de l'âme. S'il
« ne l'a pas fait, qu'il le fasse ou promette de le faire ; car
« souvent les maladies naissent des péchés. Si l'on attend, pour
« l'avertir, que le médecin ait examiné les signes ordinaires,
« le malade concevra des craintes ; s'imaginant que le
« médecin désespère, il désespérera, et le désespoir aggravera
« le mal. Arrivé auprès de lui, vous prendrez un visage calme,
« et vous éviterez tout geste de cupidité et d'orgueil. Saluez
« d'une voix humble ceux qui vous saluent ; asseyez-vous
« quand ils s'asseoient. Puis reprenez haleine, parlant d'un ton
« modéré. Dans vos paroles, vous mêlerez la mention du pays
« où vous vous trouvez et la louange du peuple qui l'habite.
« Enfin, vous tournant vers le malade, demandez-lui comment
« il va. Lorsqu'il tendra le bras pour que vous lui tâtiez le
« pouls, vous le sentirez mieux du côté gauche, comme le
« témoigne Egidius. Examinez ensuite l'urine, quelle en est la
« couleur, la densité, quelles substances y sont contenues. Les
« variations en ce genre donnent souvent la connaissance de
« diverses espèces de maladies. Le changement du pouls
« indique, à la vérité, que le sujet est malade ; mais l'urine
« révèle plus sûrement le genre de la maladie, et le malade est
« persuadé que vous distinguez celle-ci non pas seulement
« par le pouls, mais encore par l'urine : aussi cette inspection
« lui donne plus de confiance en vous. Au malade inquiet
« vous promettrez la guérison : mais, en vous retirant, vous
« pourrez avouer à ses proches que la maladie est grave.
« Vous n'y perdrez rien, car, si vous le guérissez, votre mérite
« paraîtra plus grand, et vous semblerez plus digne de faveur
« et de louange ; s'il succombe, on dira que vous avez déses-

« péré dès le début. Vous donnerez une grande attention aux
« signes généraux et particuliers, si vous voulez garder le nom
« de prophète. Quand ceux qui président à la maison vous
« mèneront à table, ne soyez importun en rien, mais condui-
« sez-vous avec convenance. Refusez alors de vous mettre à
« la première place ; ne rebutez ni les mets qu'on vous sert, ni
« les boissons qu'on vous offre. De la sorte, on se reposera sur
« vous ; chacun éclatera en louanges et en témoignages de
« faveur. Chaque fois qu'on apportera de nouveaux plats, ne
« manquez pas de vous informer de l'état du malade ; cela lui
« donnera une pleine confiance en vous, voyant que, malgré
« la variété du repas, vous ne l'oubliez point. Sorti de table et
« revenu auprès de lui, vous lui direz que vous avez très bien
« dîné, et que ce qu'on vous a servi a parfaitement suffi. Le
« malade, qui était préoccupé de ce soin, se réjouira de vos
« paroles. »

Les qualités requises du médecin sont ainsi retracées dans ce curieux manuel : « On choisira pour médecin celui dont la
« vie apparaîtra pure et fidèle. Il sera pleinement instruit dans
« les arts ; il aura étudié longuement en médecine, résidé en
« différents pays; il sera riche d'amis, connu de beaucoup,
« disert, noble d'origine ou d'éducation, convenable dans ses
« gestes, son aspect et sa démarche, agréable dans ses habits,
« orné de toutes les bonnes façons (1). »

1. Un extérieur élégant était également recommandé au médecin par l'école de Salerne :

Clemens accedat medicus cum veste politâ ;
Luceat in digitis splendida gemma suis...
Ornatu nitido conabere carior esse :
Splendidus ornatus plurimus dona dabit.

(De Renzi, *Flos medicinæ scholæ Salerni*, part. x, c. 5.) Il faut peut-être chercher dans ce conseil intéressé l'origine de la pompe déployée par le corps médical dans son costume et ses cérémonies jusqu'au temps de Molière.

Puis vient la délicate question du paiement des honoraires. Notre auteur est ici plus pratique que jamais. « Quand par
« ces moyens vous avez amené le malade à l'état de paix, il
« reste à demander congé, de peur que plus attendre ne cause
« de la honte. Il convient de parler ainsi à l'intendant de la
« maison ou à ceux que vous saurez être les plus proches
« parents du malade : Le Seigneur tout-puissant a dirigé
« nos actions et a daigné rendre la santé à votre parent par
« notre ministère. Nous souhaitons qu'il le conserve ultérieu-
« rement en santé, et qu'un congé honorable nous soit donné.
« S'il arrive que l'un de vous soit grevé de maladie, et veuille
« nous appeler, nous laisserons de côté tout le reste pour
« courir à son secours. La rémunération convenable du passé
« sera le gage de l'avenir. — C'est alors qu'il vous servira
« de vous être conduit, dès les premiers moments, de manière
« à mériter la faveur de ces personnes ; en effet, le malade
« soucieux les consultera là-dessus. Cependant il est plus sûr
« (nous le savons tous) de recevoir quand le malade souffre
« encore : autrement on court le risque de ne pas être payé,
« car la main prête à donner s'est plus d'une fois retirée
« après la guérison. Une fois vos honoraires reçus, rendez
« de grandes grâces, dites adieu à tous, et retirez-vous en
« paix [1]. »

Quelle jolie scène de mœurs nous offre ce petit tableau pris sur le vif! Les médecins, comme on le voit, étaient accueillis et hébergés dans la maison de leurs clients : ils ne quittaient leur chevet qu'à la fin de la maladie ; et, en effet, venant souvent de loin, il était naturel qu'ils demeurassent. La délicatesse qu'ils témoignaient ne les empêchait cependant

---

1. *Hist. littér. de la France*, XXII, 106 et suiv.

pas de se faire payer séance tenante, et on leur reconnaissait ce droit. Grâce à cette sage précaution, quelques-uns arrivaient à une jolie fortune. Jean de Saint-Gilles s'enrichit tellement par l'exercice de sa profession, qu'il eut le moyen d'acheter dans Paris l'hospice de Saint-Jacques, lequel tombait en ruines, et de le rebâtir pour le donner aux Jacobins. Il est vrai qu'il avait été premier médecin de Philippe-Auguste et qu'il avait dû être généreusement récompensé par ce prince. Ses confrères ne parvenaient pas seulement à l'aisance : ils obtenaient le respect et l'estime publique. Leurs clients les regardaient volontiers comme des pères, précisément par suite des attributions morales qu'ils cumulaient avec le soin du physique. Voici ce que l'on pensait d'eux à Paris, s'il faut s'en rapporter à un admirateur de la capitale qui écrivait un peu après la fin du treizième siècle :

« Dans cette ville, où ne manque aucune sorte de conso-
« lation ni de secours, les médecins, préposés à la garde de
« notre santé, à la guérison de nos maladies, et que le Sage
« nous ordonne d'honorer comme créés par le Très-Haut
« pour nos besoins, sont en si grand nombre que, lorsqu'ils
« s'en vont par les rues accomplir les devoirs de leur état, avec
« leurs riches habits, leur bonnet doctoral, ceux qui recourent
« à leur art n'ont pas de peine à les rencontrer. Oh ! qu'il
« faut les aimer, ces bons médecins, qui se conforment philo-
« sophiquement, dans la pratique de leur profession, aux
« règles d'une savante physique et d'une longue expé-
« rience ([1]). »

Longue, pas toujours ; car Gilles de Corbeil reprochait précisément à quelques-uns leur trop grande jeunesse. Mais des

[1]. *De laudibus Parisiorum*, traité anonyme.

correctifs d'un autre genre viennent atténuer aussi la portée de cet éloge. Ce sont ces vieilles épigrammes, ces historiettes malignes, qui ont poursuivi de tout temps les médecins et qui semblent avoir été imaginées, comme une innocente vengeance, par les malades rebelles à leur traitement. Le treizième siècle ne les a pas inventées ; mais il les a bien des fois répétées. L'anecdote du *Médecin malgré lui*, par exemple, se retrouve dans beaucoup de recueils de nature différente, et avec des variantes plus ou moins satiriques. Quelques physiciens excitaient eux-mêmes la médisance, soit par leurs querelles avec leurs confrères, soit par d'imprudents aveux. Arnaud de Villeneuve, entre autres, ne craignait pas de dire ceci à ses disciples : « Vous ne saurez peut-être pas « reconnaître le mal que vous étudierez. Dites alors : Il y a « obstruction au foie. Si le malade répond : Non, maître, c'est « à la tête que je souffre ; hâtez-vous de répliquer : Cela vient « du foie. Servez-vous de ce terme d'obstruction, parce qu'ils « ne savent pas ce qu'il signifie, et il importe qu'ils ne le « sachent pas ([1]). » Ce dernier mot est juste et sensé ; mais dans le reste, on peut trouver le germe de toutes les plaisanteries de Molière.

Aussi la croyance dans l'efficacité de la médecine n'était-elle peut-être pas aussi fortement enracinée dans l'esprit public que le respect pour la personne des médecins. Les moines, comme nous l'avons vu, montraient à cet endroit quelque scepticisme. Jacques de Vitry se plaignait des physiciens qui promettaient tout et ne tenaient rien, et de l'opposition de leurs prescriptions à celles de l'Église : « Dieu « dit : Veillez ; le médecin dit : Dormez. Dieu dit : Jeûnez ;

---

1. Arnauld de Villeneuve, *Cautela medicorum*.

« le médecin dit : Mangez. Dieu dit : Mortifiez vos corps ; le
« médecin dit : Flattez-les. » Tous ces torts d'une part, toutes
ces médisances de l'autre devaient ébranler quelque peu le
crédit généralement accordé aux membres de la docte Faculté.
Nous allons, du reste, examiner de plus près leur science et
leurs procédés ; car c'est assez parler des médecins : il est
temps d'en venir à la médecine elle-même.

C'est à Montpellier qu'on allait de préférence étudier cette
partie, à moins qu'on ne voulût pousser jusqu'à Salerne, dont
la vieille école, fondée par les Bénédictins, jetait encore un
vif éclat. La faculté de Paris était moins célèbre ; son enseignement est moins connu, quoiqu'elle ait produit dès lors
des sujets distingués. Lorsqu'un étudiant voulait parcourir
tout le cycle des connaissances humaines, il allait apprendre
la médecine à Montpellier après avoir appris la théologie à
Paris et le droit à Bologne ou à Orléans. L'école de Montpellier obtint, en 1220, les mêmes privilèges que l'Université
de Paris, ce qui augmenta encore l'affluence de ses élèves, et
il fut réglé par ses statuts que nul ne pourrait y enseigner
sans avoir fait preuve de capacité devant l'évêque et les
professeurs. En 1281, Jacques, roi de Majorque et seigneur
de Montpellier, confirmant les privilèges antérieurs, ordonna,
en outre, de punir avec sévérité quiconque exercerait ou
professerait la médecine sans avoir été examiné et licencié.

On étudiait cette science dans Hippocrate, dans Galien,
dans Paul d'Égine, ou dans leurs commentateurs arabes Avicenne, Rhazès, Averroès. En effet, les Arabes s'en occupaient
beaucoup au moyen âge, et les Juifs suivirent leur exemple.
Plusieurs de ces derniers arrivèrent même à forcer la consigne
qui leur interdisait d'exercer la médecine. Alphonse de Poitiers,

le propre frère de saint Louis, employa dans ses provinces du midi un médecin juif, contrairement aux canons. Plus tard, d'autres princes chrétiens ne se firent aucun scrupule de l'imiter : le roi René, par exemple, trouva en Provence des praticiens fort habiles appartenant à la race israélite ; mais la plupart étaient convertis au christianisme : tel fut le père du fameux Nostradamus. Les médecins français empruntèrent surtout aux Orientaux l'usage de certains remèdes simples, comme la manne, le séné, la casse, et de divers médicaments composés, en trop grand nombre même, comme les sirops, les juleps, les électuaires. Mais, malgré le secours de ces étrangers, la thérapeutique restait à peu près dans l'enfance. Des remèdes anodins, comme le sirop de violettes, passaient pour avoir une grande vertu. On cherchait et l'on croyait trouver des panacées universelles, des antidotes souverains, pouvant guérir ou prévenir tous les maux. Actuarius et Roger Bacon lui-même ont donné dans ce travers. Actuarius composait son antidote de cannelle, d'euphorbe, de mandragore, de safran, de myrrhe, de pavot, de rue, de poivre et de miel. Bonne recette à essayer pour ceux qui tiennent à vivre longtemps ! On employait aussi l'euphorbe contre la fièvre quotidienne, et la scammonée contre la fièvre tierce : ces inflammations périodiques faisaient le tourment des praticiens d'autrefois, comme la fièvre typhoïde fait encore celui de leurs successeurs. On traitait la goutte au moyen d'onctions : c'était bien ; mais on prétendait la guérir par là en quatre mois : c'était difficile. Il est vrai qu'en fait de prétentions et de charlatanisme nous avons vu de nos yeux plus fort que cela. Gilbert l'Anglais nous cite des cas de goutte et de rhumatisme articulaire dont il triompha au moyen de saignées intelligemment pratiquées. La saignée, chacun le sait, était, elle aussi, une espèce de remède universel ; mais on en abusait peut-être moins qu'au temps de Molière, car les traités qui en recommandent l'usage indiquent aussi les précautions à prendre à cet égard. D'autre part, certaines substances, regardées actuellement comme des auxiliaires très précieux de la médecine, commençaient à être employées et à rendre les plus grands services : le soufre, pour le traitement des maladies de peau : le sucre (denrée inconnue des anciens), pour la préparation des médicaments de toute espèce ; etc. La nomenclature pharmaceutique s'enrichissait peu à peu ; elle apparaît déjà assez fournie dans Vincent de Beauvais, qui a consacré quatre livres du *Speculum doctrinale* à un abrégé des sciences médicales. Jean de Saint-Amand s'en est occupé également, et a posé sur la recherche des remèdes en général des règles d'une justesse incontestable : « Les principes de la « raison, dit-il, s'obtiennent par l'intelligence ; les principes de « l'expérience s'obtiennent par les sens; et comme les principes « de l'expérience nous sont plus connus que ceux de la raison, « nous devons rechercher par voie d'expérimentation la con- « naissance des médicaments simples [1]. » Bien raisonné ; mais l'expérimentation, bonne en soi, ne saurait être poussée trop loin sans avoir lieu aux dépens du malade, et, d'ailleurs, l'effet réel d'une matière médicamenteuse a toujours été un problème des plus obscurs, même pour les princes de la science. Il y avait là, toutefois, une bonne intention et un excellent point de départ.

La diagnostique n'était guère plus avancée que la thérapeutique. Cela tient à ce qu'on se bornait trop souvent à

---

1. *Hist. littér. de la France*, XXI, 263.

analyser les résultats sans les causes, et en particulier certains résultats difficiles à énoncer proprement en français. Gilles de Corbeil, Gautier, Richard et beaucoup d'autres médecins nous ont laissé des traités ou des parties de traités *De urinis;* il y en a même qui n'ont pas craint de parler en vers d'un sujet aussi prosaïque. C'était là ce qu'on inspectait avec le plus de soin pour reconnaître la nature ou le degré d'évolution des maladies. Ne rions pas trop cependant ; on sait, en effet, que depuis lors les progrès de la chimie biologique ont donné aux recherches de cette nature une valeur séméiologique de premier ordre. Le tort était d'exagérer le système et de l'appliquer dans toute espèce de cas. Vincent de Beauvais est un des rares théoriciens qui aient échappé à cet excès. Dans le quatorzième livre de son *Speculum*, il présente une nosologie assez méthodique, quoique incomplète, dans laquelle les fièvres de tout genre, les maladies de la tête et de chacune de ses parties, les affections de la poitrine et celles des organes digestifs, l'hydropisie, la jaunisse et beaucoup d'autres infirmités sont énumérées ou décrites avec l'indication de leurs symptômes, de leur marche, de leurs causes ordinaires.

Pour connaître et apprécier ces causes, il fallait avant tout connaître l'anatomie. Or, l'anatomie était-elle l'objet d'une préoccupation quelconque de la part des médecins? On l'a nié, et Daunou répète que le développement de leur art était entravé surtout par le préjugé fort ancien qui interdisait comme sacrilèges les dissections anatomiques. Il ne manque pas de rappeler, à ce sujet, que Boniface VIII, par un décret inséré dans le *Sexte*, menaçait d'anathème ceux qui auraient fait bouillir des cadavres pour les transformer en squelettes. « Les anatomistes, ajoute-t-il, étaient donc forcés de recourir et de s'en rapporter à Galien, sans pouvoir étudier immédiatement le corps humain, ni par conséquent avancer la science qui aspire à le conserver sain ou à le guérir (¹). » On comprend cependant sans peine un scrupule dicté, au fond, par la vénération des morts et l'horreur du sang humain. D'ailleurs, ce scrupule a-t-il véritablement empêché l'étude de l'anatomie ? Plusieurs auteurs, Jean de Garlande, dans son *Dictionarius*, le médecin Richard, dans son *Micrologus*, Vincent de Beauvais, dans la partie du *Speculum* citée tout à l'heure, se sont occupés de décrire minutieusement la structure extérieure et intérieure du corps. Ils l'ont fait principalement d'après les livres, je le veux bien ; mais la dissection n'était cependant pas absolument prohibée. Frédéric II venait de l'autoriser sur les terres d'empire et de créer une chaire pour l'enseignement de l'anatomie. Dans le royaume de France, une licence analogue fut donnée un peu plus tard. Charles VI confirma la permission de délivrer annuellement un cadavre de supplicié à la Faculté de médecine de Montpellier, et, ce jour-là, comme le dit Victor Le Clerc, il avait recouvré la raison ; ainsi cela se pratiquait déjà antérieurement. La chirurgie, du reste, avait besoin de l'anatomie, et la chirurgie, comme nous allons le voir, avait ses écoles et ses praticiens.

Saint Louis en personne créa, en 1260, sur la proposition d'un homme de l'art, nommé Jean Pitard, un collège de chirurgiens, régi par des statuts sévères, qui furent complétés et développés sous Philippe le Hardi, puis sous Philippe le Bel, dans un règlement célèbre. Antérieurement la chirurgie était très arriérée, s'il faut s'en rapporter aux plaintes un peu intéressées de l'italien Lanfranc, qui était venu de Milan

---

1. *Hist. littér. de la France*, t. XVI, p. 98.

pratiquer à Paris. Elle n'était guère exercée que par les barbiers, et l'on sait combien longtemps ces derniers en ont partagé le privilège avec les spécialistes. Cependant, dès sa première croisade, saint Louis avait auprès de lui un chirurgien de profession, Pierre de Soissons, auquel il donna, en 1252, une rente de vingt livres. A partir de la fondation de ce prince, on vit surgir un plus grand nombre de ces praticiens, et leurs procédés, d'abord assez barbares (car ils allaient jusqu'à traiter la folie par des incisions dans le crâne), durent se perfectionner par des études plus sérieuses. Roger de Parme, qui apporta en France les doctrines du médecin arabe Alboukasis, écrivit vers cette époque une *Practica chirurgiæ* dénotant déjà une certaine entente de la matière : dans un premier livre, il traite des plaies ou lésions de la tête ; dans un second, des lésions du cou ; dans un troisième, des lésions des différents organes ; dans un quatrième enfin, de celles de la colonne vertébrale et des fractures des jambes ou des pieds. Il caractérise brièvement la nature de chaque accident, et indique ensuite le mode de traitement à suivre. Roger de Parme eut plusieurs imitateurs, et il est à remarquer que tous les auteurs qui ont écrit sur des matières chirurgicales étaient en même temps médecins. La médecine et la chirurgie ne formaient qu'une seule science ; ou, si on les considérait comme deux branches différentes, elles étaient néanmoins enseignées par un même professeur et pratiquées par un même individu. Un décret de Boniface VIII et une ordonnance de Philippe le Bel eurent beau prescrire la séparation de ces deux arts : leur union continua de subsister, au moins en théorie, et l'on entendait encore Lanfranc déclarer, en 1298, que nul ne saurait être bon médecin sans être bon chirurgien, ni bon chirurgien sans être bon médecin. Principe fondamental et trop longtemps méconnu, auquel sont revenus de nos jours les esprits les plus éclairés. Les clercs médecins ne pouvaient cependant exercer la chirurgie ; ce qui se comprend, car ils n'auraient pu opérer, dans certains cas, sans violer la décence imposée à leur habit, et, en outre, ils auraient eu presque toujours à verser le sang, ce qui leur était interdit.

Les femmes paraissent, au contraire, avoir été admises, au moins à titre d'auxiliaires, dans quelques opérations chirurgicales. Elles pratiquaient la saignée par les ventouses, comme il résulte d'un fabliau intitulé *la Saineresse ;* et il n'est pas rare, dans les romans, de voir des damoiselles soignant de leurs mains blanches les chevaliers blessés. Le traitement des plaies faisait partie de l'éducation des jeunes personnes de qualité ; leurs frères, leurs pères, leurs maris recouraient à leurs talents en revenant de la guerre ou des tournois. Et ce n'est pas seulement en France que l'exercice de la médecine était toléré chez les femmes : en Angleterre, en Allemagne, en Italie, un assez grand nombre l'abordaient ; bien plus, il leur était concédé par les lois, et même elles étaient seules autorisées à traiter certaines maladies de leur sexe [1]. Ainsi, l'étonnement que nous éprouvons en voyant aujourd'hui nos Facultés de médecine fréquentées par quelques aspirantes doctoresses, nos pères ne l'éprouvaient point, et ce privilège, tombé depuis en désuétude, tournait plutôt à l'avantage des mœurs qu'à leur détriment.

Du reste, ce que les femmes faisaient la plupart du temps par dévouement, les chirurgiens laïques avaient l'ordre de le

---

1. V. Roquefort, *Poésies de Marie de France*, II, 198 ; Chiappelli, *Studii sull' esercizio della medicina*, Milan, 1885, in-8°, p. 8.

faire par charité: il leur était enjoint de soigner gratuitement les malheureux et les incurables, et cette obligation fut inscrite par saint Louis dans la charte même de leurs privilèges. En beaucoup de pays, le médecin des indigents était, comme l'avocat des pauvres, une institution traditionnelle. Il était indemnisé ordinairement par l'État ou par les municipalités. Mais, dans l'esprit de l'Église, tout homme de l'art devait strictement des soins désintéressés aux malades qui n'étaient pas en situation de les rémunérer : saint Antonin déclarait même coupable de péché mortel celui qui ne prêtait pas aux pauvres le secours gratuit de sa science et de ses médicaments (1).

La charité, c'est là, en effet, le grand moyen par lequel le moyen âge parvint à suppléer à l'insuffisance de ses connaissances médicales. En multipliant partout les hôpitaux, les maladreries, les léproseries, il rendit à l'humanité souffrante plus de services que les savants n'en pouvaient rendre. Au treizième siècle, d'après Mathieu Paris, la chrétienté ne comptait pas moins de dix-neuf cents léproseries : aussi, devant la guerre acharnée qu'on lui faisait, le fléau de la lèpre disparut-il bientôt de l'Occident, tandis que nous n'avons encore pu venir à bout d'extirper la syphilis.

En résumé, l'infériorité scientifique de nos pères, bien que réelle, était loin d'être aussi grande qu'on l'a cru. Ils ont été, on me permettra de le répéter, d'infatigables chercheurs, et souvent d'heureux trouveurs. Qu'on explore l'un après l'autre, et plus minutieusement encore, tous les coins du vaste domaine de la science : on y verra régner, de leur temps, non la loi de l'immobilité, mais la loi du progrès. Notre civilisation tout

---

1. S. Antonin, *De confessione*, part. III, ch. 6; Chiapelli, *op. cit.*, p. 21.

entière est fille de la leur, et, s'ils ont, avec des instruments imparfaits, avec des ressources bornées, accompli tant de prodiges et préparé tant de conquêtes, ceux qui ont profité du travail ingrat de ces rudes défricheurs ne leur en doivent que plus de reconnaissance.

Table des Matières.

PRÉFACE. 5

CHAPITRE PREMIER.
LA LANGUE.

Origine de la langue française. — Part tout à fait prépondérante de l'élément latin dans sa composition; influence des livres saints et de l'autonomie française. — Déformation graduelle des mots et de la syntaxe chez les peuples latins. — Premiers monuments de l'idiome vulgaire. — Ses progrès et son énorme extension au XIIIᵉ siècle. — Règles grammaticales suivies à cette époque. — Le latin des clercs et des écoles; son usage. — La connaissance du grec, des langues orientales, des langues vivantes. 9

CHAPITRE DEUXIÈME.
L'ENSEIGNEMENT.

L'instruction primaire; multiplicité des petites écoles dans les villes et dans les campagnes. — L'enseignement secondaire et supérieur. — Organisation de l'Université de Paris; prospérité de ses écoles. — Objet et division des études universitaires. — Faculté des arts. — Facultés de droit, de médecine, de théologie. — Méthode d'enseignement; rôle de l'élève et du professeur. — Examens et collation des grades. 37

CHAPITRE TROISIÈME.
LA THÉOLOGIE.

La théologie considérée comme la science supérieure et universelle. — La scolastique; naissance et développement de cette méthode générale; ses avantages et ses inconvénients. — Ses principaux adeptes: Albert le Grand, Alexandre de Halès, saint Thomas d'Aquin. — La *Somme*, ouvrage capital du Docteur angélique; plan de cette vaste encyclopédie religieuse. — Méthode particulière de l'auteur; exemples de ses démonstrations. — Réaction anti-scolastique ; Guillaume d'Auvergne, saint Bonaventure. — Conversation de ce dernier avec saint Louis.   65

CHAPITRE QUATRIÈME.
LA PHILOSOPHIE.

Union étroite de la philosophie et de la théologie. — La dialectique. — Influence dominante d'Aristote ; abus de ses doctrines. — La philosophie de saint Thomas transfigure celle d'Aristote. — Système suivi par le grand philosophe chrétien ; sa théorie sociale. — L'économie politique et la morale ; exemples divers.   92

CHAPITRE CINQUIÈME.
LA RHÉTORIQUE.

Rang assigné à la science de la rhétorique. — Son caractère général ; abus de la tropologie. — Premiers essais de l'éloquence politique. — Le barreau ; exercice et règles de la profession d'avocat. — Les jurisconsultes ; Philippe de Beaumanoir. — L'éloquence sacrée ; les sermons. — La *Rhétorique divine* ou l'art de prier Dieu.   118

CHAPITRE SIXIÈME.
LA POÉSIE LATINE.

Amour des contemporains pour la forme versifiée. — La poésie liturgique. — Substitution du syllabisme, du rhythme et de l'assonance au mètre et à la prosodie antiques. — Causes de cette révolution ; ses progrès. — Les hymnes. — Les proses. — Les tropes. — La poésie extra-liturgique ; sa forme classique ; sa froideur. — Poèmes didactiques, historiques, satiriques.   154

CHAPITRE SEPTIÈME.
LA POÉSIE FRANÇAISE : POÉSIE ÉPIQUE.

L'épopée nationale. — Origine et formation des chansons de geste. — Modification de leur forme primitive au XIIIe siècle ; la *Chanson de Roland* rajeunie. — Décadence de la littérature épique vers la fin de cette période; les romans de la Table-Ronde. — Les éditeurs des poèmes populaires ou les jongleurs. 180

CHAPITRE HUITIÈME.
LA POÉSIE FRANÇAISE : POÉSIE DRAMATIQUE ET LYRIQUE.

Le mystère ou le drame sacré engendré par les tropes liturgiques. — Son développement graduel. — Forme revêtue par ce genre de composition au XIIIe siècle. — Préparation des acteurs; mise en scène. — Décadence du théâtre du moyen âge. — Les troubadours. — Les poètes lyriques français. — Genres divers. — La fable et le fabliau. 200

CHAPITRE NEUVIÈME.
L'HISTOIRE.

Conception différente de l'histoire dans l'antiquité et dans le moyen âge. — Les études historiques sous saint Louis : Vincent de Beauvais; son érudition, ses recherches. — Les archives des monastères et de la royauté. — Les chroniqueurs; leur multiplication. — Chroniques latines et chroniques françaises. — Les grandes chroniques de Saint-Denis. — Villehardouin. — Joinville. — Les hagiographes. 227

CHAPITRE DIXIÈME.
LA BIBLIOPHILIE ET LES COLLECTIONS DE LIVRES.

Origines des bibliothèques. — Collections des couvents, des églises, des écoles. — Le goût des livres chez les princes et les particuliers. — Plan d'une bibliothèque idéale au XIIIe siècle. — Devoirs du bibliothécaire. — Installation des livres : local, armoires, pupitres, chaînes, etc. — Communication et prêt des manuscrits. — Ex-libris et marques bibliographiques. 257

CHAPITRE ONZIÈME.
LA GÉOGRAPHIE.

L'idée de la science géographique. — Récits de voyages et itinéraires. — La sphéricité de la terre connue et expliquée. —

Mappemondes et cartes. — Notion des contemporains sur les différentes contrées de l'Europe et de l'Asie ; explorations du frère Brocard, de Marco-Polo, etc. — L'Afrique traversée dans sa région centrale. — L'Amérique abordée par les missionnaires bien avant le XVIe siècle. 287

CHAPITRE DOUZIÈME.
LES SCIENCES MATHÉMATIQUES.

La cosmographie. — L'astronomie et l'astrologie ; guerre faite à cette dernière. — La géométrie. — L'arithmétique et la numération décimale ; singulier abus de l'art de compter. — Rareté des connaissances algébriques. 313

CHAPITRE TREIZIÈME.
LES SCIENCES PHYSIQUES ET NATURELLES.

L'observation introduite dans les sciences physiques par Albert le Grand. — La boussole. — Les verres convexes et les lunettes. — La poudre à canon. — Découvertes prédites par Roger Bacon. — La chimie et l'alchimie. — La zoologie et les bestiaires. — La physiologie ; l'étude de l'âme unie à celle du corps ; théorie du vitalisme. 329

CHAPITRE QUATORZIÈME.
LA MÉDECINE ET LES MÉDECINS.

Défiance de quelques esprits à l'égard de la science médicale. — La médecine exercée et spiritualisée par les clercs. — Curieux manuel professionnel : rôle moral et matériel du médecin ; qualités requises chez lui ; ses procédés ; ses honoraires. — Renommée des médecins de Paris. — Satires contre leurs pareils. — École de Montpellier. — La thérapeutique ; recettes singulières. — La diagnostique ; l'uroscopie. — L'anatomie et la chirurgie. — Les femmes médecins. — La charité dans la médecine. 345

Imprimé par la Société de St-Augustin, Bruges.

www.ingramcontent.com/pod-product-compliance
Lightning Source LLC
Chambersburg PA
CBHW050258170426
43202CB00011B/1739